오히려
최첨단
가족

오히려 최첨단 가족

성취의 시대, 우리가 택한 관계의 모양

박혜윤 지음

프롤로그 •••

가족 안에서 살아남기

1.

친한 친구가 추석을 앞두고 하소연을 했다.

"나는 며느리로서 할 만큼 했어. 전화도 자주 하고, 명절 땐 물론 매주 한 번씩 시댁이랑 식사하고. 그런데 동서는 제멋대로야. 명절 때 놀러 간다고 아예 안 오기도 하고, 온다고 해도 명절 음식 싫다며 자기 먹을 건 따로 배달시켜서 먹기도 해. 동서가 이러는 건 세상이 좋아진 거라고 이해할 수 있어. 그런데 진짜 화나는 건 시어머니 태도야. 나한텐 그리도 엄격하셨으면서, 동서의 행동에 대해서 언급하면 좋은 게 좋은 거라며 그냥 넘어가자고 도리어 날 나무라시는 거야. 내가 화나는 건 며느리의 역할을 하기 싫어서가 아니라 이런 시어머니의 차별 대우라고."

가만히 듣고 있던 내가 말했다.

"오히려 잘됐네. 너도 동서처럼, 아니면 더 심하게 해도 되잖아. 그랬는데 시어머니가 뭐라고 하면, 그때 왜 차별 대우 하시냐고 따지면 돼. 누가 더 막 나가나 대결하는 좋은 기회라고 생각되는데!"

그러자 친구가 말도 안 된다며 고개를 젓는다.

"난 그럴 성격이 못 돼. 마음이 불편한 걸. 내 도리는 하고 싶고, 저런 건 아이들에게 보여주고 싶은 모습도 아니야."

"그럼 더더욱 잘된 거야. 지금처럼 기회가 될 때마다 불평은 계속 해. 대신 즐겁게! 동서 덕분에 네가 얼마나 좋은 며느리인지 분명하게 보여줄 기회가 생긴 거잖아. 아이들한테는 가족에 대한 의무나 역할에 대해 네가 원하는 메시지가 분명히 전달될 거고, 좋은 며느리라는 네 만족이나 확신도 더 명확해지지 않겠어? 이 세상이 시켜서 억지로 좋은 며느리 노릇을 하는 게 아니니까."

2.

둘째 아이가 몇 번이나 심각한 표정으로 고민을 털어놨다.

"나 걱정이 있어. 엄마는 음식 간 맞추는 능력을 타고났다고 했잖아. 언니도 그 능력을 물려받았고. 그런데 난 그 능력이 전혀 없으면 어떡하지?"

나는 어려서부터 수분과 재료의 양을 보고 목표로 하는 당도와 짠 정도를 직감적으로 맞출 수 있다. 큰아이도 요리를 시작하면서 그런 감각이 있음을 알게 됐다. 아직 둘째는 간 맞추는 요리를 시작하진 않았지만, 옆에서 보조하며 요리 과정을 지켜보기 때문에 이런 걱정이 들었나 보다.

"잘된 거야. 간 맞추는 능력이 없을까 봐 걱정하는 걸로 충분해. 걱정했으니까 언니나 엄마한테 얻어먹으면 되잖아. 네가 못하는 걸 정확히 알지 못했다면 다른 사람에게 얻어먹는 일이 그다지 즐겁지 않을걸?"

3.

고등학생인 큰아이가 어느 날 걱정스러운 말투로 말했다.

"학교 수업이랑 방과후 활동 때문에 아르바이트 시간을 많이 확보하지 못할 것 같아. 매니저가 분명 나같이 시간을 많이 못 내는 사람부터 해고할 거야. 나 잘리면 어떡하지?"

나는 그게 무슨 문제냐는 듯 태연히 웃으며 답해주었다.

"네가 무슨 문제를 일으킨 게 아니라, 단지 그런 이유로 해고되는 거라면 오히려 잘된 거야. 일 안 해도 되잖아."

"돈 벌어야 해."

"네가 직접 벌어서 용돈 쓰는 건 좋은 일이야. 그렇지만 네가 직접 벌려는 노력을 다 했는데도 어쩔 수 없이 해고되면 결국 엄마가 용돈을 주겠지. 처음부터 무조건 받는 것도 아니고, 네가 애썼는데도 어쩔 수 없어서라면 일을 안 해도 용돈 받는 일이 얼마나 즐겁게 느껴지겠어? 아르바이트 때문에 친구들을 못 만나는 것도 아쉬워했잖아."

"그래도 내가 번 돈으로 쓰는 기분이 좋아."

"그래, 그 기분을 열심히 느끼는 건 좋은 거야. 그런데 열심히 하다가 안 되면 엄마한테 용돈 받는 것도 좋은 거야. 처음부터 손 벌리는 거랑은 완전히 다른 거지. 네가 꽤 노력해본 후니까 네가 가족들한테서 무얼 얻는지 더 분명히 느낄 수 있을 거야. 무조건 의지해서도 안 되지만, 네가 해야 할 일을 하고 나서도 안 되는 부분을 남들한테 의지한다는 건 잘된 일이야. 그 순서만 잘 지키면 돼. 혼자서 모든 걸 해결하며 살 필요는 없어. 그럴 수 있는 사람은 아무도 없고. 가족은 가장 좋은 자원이잖아."

가족과의 관계에서 우리 대부분은 최고도 아니고, 그렇다고 심각한 문제가 있는 사람도 아닌 '적당한 사람'이 된다. 그런데 그 적당함이라는 게 대체 어느 정도를 의미하는지 알아내는 것은 생각보다 어렵고 복잡한 일이다. 사회적 기준으로는 능력 있고, 성실하고, 돈 잘 벌고, 공부를 잘하면 꽤 괜찮은 사람이라고 평가받을 텐데, 가족의 일원이 되면 그런 경쟁력을 갖추는 것만으로는 충분하지 않을 때가 많다.

나는 중학교 1학년 때 갑자기 공부를 잘하게 되었다. 그전까지는 '석두(일명 돌머리)'라는 별명을 가질 정도였는데, 갑자기 그 시기에 머릿속에서 뭔가 확 바뀌었다. 그런데 이런 나 자신의 변화보다 더 놀라웠던 것은 따로 있었다. 부모님이 갑자기 다른 사람이 된 것이다.

아빠는 원래 과묵한데다 스스로 못다 이룬 꿈이 많아서 자식에게는 아무런 관심이 없었는데, 갑자기 내게 시선을 두기 시작했다. 공부를 잘하게 됐다는 것은 그저 석두 시절과 비교해서 상대적으로 그렇게 됐다는 건데, 아빠의 기대는 정말이지 무시무시했다. 상상도 못할 정도로 높은 목표로 압박을 시작한 것이다.

여기까지는 으레 그럴 법한 시시한 이야기인데, 엄마의 변화가 겹쳐지면서 이야기는 상당히 코믹해졌다. 엄마는 아빠와 반대로 갑자기 나에 대한 공격을 시작했다. 동생이 공부를 못하는 것, 가정 불화, 엄마의 불행까지도 갑자기 내 탓이 됐다. 엄마는 나를 원망하거나, 내게 신세한탄을 쏟아 놓기 시작했다. 공부를 잘하기 때문에 너그러운 마음을 가져야 한다는 논리였다.

그러니까 아빠를 위해서는 공부를 더 잘해야 했고, 엄마를 위해서는 다시 석두로 돌아가야 하는 곤란한 상황에 빠진 것이다. 그리고 이런 상황을 지속시킨 제 3의 요인이 있다. 부모님이 합심하여 가족의 자원을 나에게 퍼붓기 시작한 것이다. 가족에게 받은 만큼 압박과 독설을 받아 내고 받아치면서 시끄럽게 살았다.

공부를 잘하는 것, 나의 능력을 키우는 것이 상당히 골치 아픈 일임을 깨닫는 데에는 오랜 시간이 걸리지 않았지만, 이 상황을 박차지 못하고 20여 년을 보내 버렸다. 가족들 관심사의 중심이 되는 것은 꽤 중독적임과 동시에, 아빠나 엄마의 기대를 다 맞출 수도 없었다.

이런 가족관계 역학에서는 객관적인 성취나 성공, 실패의 기준이 적용되지 않는다. 특정한 사건이나 사람이 원인을 제공하는 것도 아니다. 관계의 구조가 형성되면 바퀴가 돌 듯 반복되며, 이 상황이 점점 강화되곤 한다. 이걸 깨닫는 데에 정말 오랜 시간이 걸렸다.

하지만 결론은 지극히 간단했다. 아빠의 높은 기대를 거부하거나 엄마의 부당한 무례함에 분노하다 보니, 나는 사회적 성공이 절대적으로 좋은 것인지 의심하는 사람이 되었다. 당시에는 고통스러웠던 가족관계에서의 일들이, 알고 보니 나라는 사람을 만드는 중요한 자극이었던 것이다. 바로 '적당히' 살아남아서 나 자신이 되어가기. 우리는 서로를 괴롭히고 있다고 생각했는데, 그 시각 자체가 나의 착각이었다. 괴로워하면서도 끈덕지게 버텨온 그 자체가 바로 나의 과정이자, 나 자신이었으니까.

이제는 가족의 형태도 다양하고, 같은 형태라도 그 관계의 성격이 모두 다 다르다. 이젠 가족이라도 서로 잘 맞지 않으면 교류하지 않아도 딱히 살아가는 데에 지장이 없다. 이런 시대에도 계속 가족과의 관계가 지속되고 있다면, 그 안에는 나라는 사람을 만들어주는 무언가 있기 때문일 것이다. 물론 그것이 서로 긍정적 도움을 주는 관계라면 더 분석해볼 필요가 없겠지만, 만약 고통이라면 우리는 적당히 살아남는 법을 궁리해봐야 한다. 좋은 부모, 좋은 자식, 좋은 배우자, 좋은 며느리나 사위가 되려고 애쓰거나 혹은 상대가 왜 그런 좋은 가족이 되지 못하는지 원망하는 것에서 벗어나서 말이다.

이 책은 우리 가족이 그렇게 '적당하게' 살아가는 실험을 담은 책이다. 좋고 나쁜 것을 떠나 이 시대에는 혼자 사는 것도, 다양한 형태와 관계를 맺고 살아가는 것도 충분히 가능하다. 그런데 어떤 모습으로 살아도 인간이 타인과 '함께'라는 소속감을 추구한다는 사실에는 변함이 없다.

우리가 현재 전통적인 4인 가족을 유지하고 있는 것은 이 형태가 특별히 더 좋아서라기보다는 소속감과, 개인의 고유성 및 자유라는 상반된 욕구를 충족하는 데에 서로가 필요하기 때문이다. 우리는 정해진 역할에 맞추는 것이 아니라, 우리에게 맞는 방법들을 찾아가며 살고 있다.

말은 때로 우리의 생각을 제한한다. '가족', '자식', '양육'이라는 말은 변함없이 쓰이고 있지만, 실제 그 말들의 의미와 형태는 고작 한 세대 전과도 매우 달라졌다. 이렇게 새로운 사적 인간관계를 제대로 지칭하는 언어가 없는 것이다.

우리 가족을 '최첨단 가족'이라고 부른 이유가 바로 여기에 있다. 우리는 기존의 익숙한 4인 가족과는 다르게 살고 있는데, 여기에 딱 붙일 말이 없어 약간의 유머를 섞어봤다. '최첨단'이라는 말 자체가 기존의 것과 다르기만 하면 어디든 갖다 붙여도 되지 않을까? 어차피 변화란 게 그런 거니까. 새로운 걸 다양하게 실험해보다가 그중 채택되어 세상을 진짜 바꾸는 큰 흐름이 되는 건 어쩌다 한두 개뿐이다. 따라서 우리의 모습이 미래의 가족을 뜻하는 것이 아니라, 우리 삶의 실험 자체가 언어가 따라가지 못하는 한 변화의 방향이란 뜻이다.

실험이라고 해서 대단한 건 아니다. 가족 구성원으로서 정해진 역할이 좀 느슨해지면 개인의 성격과 취향이 드러나는데, 그걸 서로 용인하거나 혹은 함께하거나 협조한다. 구체적으로 가족의 돈 이야기, 다툼, 집밥 먹는 방식, 아이가 자라는 과정, 집 공간을 함께 사용하는 방법 등의 이야기를 할 것이다.

여러분 각자의 가족에 맞는 모습을 찾아가는 과정이 일반적 기준에선 엉뚱하고 이상하다고 해도 괜찮다는 나의 생각이 잘 전달되었으면 좋겠다.

_박혜윤

차례

프롤로그 가족 안에서 살아남기　　　　　　　　　　**005**

1　개인들이 함께 산다는 것　　**015**

우리가 원하는 가족의 모양　　　　　　　　　…**017**
가족, 유전자를 공유하다　　　　　　　　　　…**026**
다르지만, 가족인 걸로 좋아　　　　　　　　　…**033**
죽도록 싸우며 상대를 인정하기　　　　　　　…**039**
느슨하기에 오래 지속 가능한　　　　　　　　…**044**
타인에게서 '나' 찾기　　　　　　　　　　　　…**051**
좋아하는 마음을 스스로 지킨다　　　　　　　…**057**
미움마저 새롭게 해석하는 자유　　　　　　　…**062**

2　비로소 나의 세계가 완성되었다　　**069**

내 아이를 소개합니다　　　　　　　　　　　…**071**
세상은 주관식이다　　　　　　　　　　　　　…**078**
그게 정말 큰 문제일까?　　　　　　　　　　　…**085**
배움 자체와 배우고 싶어지는 경험　　　　　　…**090**
모두가 성장하는 싸움의 기술　　　　　　　　…**097**
내 아이 키울 곳을 찾아서　　　　　　　　　　…**106**
넌 엄마 닮아서 잘 살 거야　　　　　　　　　　…**116**
실수 대처, 유일한 조기교육　　　　　　　　　…**123**
인터넷의 습격: 권력자 대 협력자　　　　　　　…**129**
마음에도 면역이 필요하다　　　　　　　　　　…**140**
말 안 듣는 애로 키우기　　　　　　　　　　　…**151**

3 세상의 시스템, 우리 식대로 살기 — 157

내가 원하는 경제 교육 ···159
각자에게 돈의 의미는 다르다 ···163
가족이 돈 쓰는 방법이 다르다면 ···175
시골 부동산 아저씨의 진짜 금수저 이야기 ···181
나의 성공은 내가 정한다 ···190
무조건 이기는 삶 ···196
진짜 보상은 남의 쓸모가 되는 것 ···203

4 우리가 선택한 가족 실험 — 209

천상천하 유아독존, 우리로 함께 살아가기 ···211
가족을 내버려둘 수 있는 용기 ···217
먹는 일의 사소함과 위대함 ···229
경쟁력 있는 집밥 ···236
집밥, 노동 나눔이라는 멤버십 ···248
완전한 이별도, 완전한 속박도 없는 관계 ···256
솔직하고 당당하게 ···263
우연이기에 더 아름다운 ···267
가족의 효용 ···272
무엇이든 열려 있는, 최첨단 가족 ···278

에필로그 우리 가족을 소개합니다 ···284

1

개인들이
함께
산다는 것

아무리 오래 함께 있어도
전혀 불편하지 않은 것,
딱 그 정도로 만족한다.
더 좋은 내가 될 필요가 없으니까.

우리가 원하는 가족의 모양

어느 날, 고3 큰아이의 친구가 우리 집에 놀러왔다. 가족들끼리도 서로 친한 꽤 가까운 사이다. 아빠는 전문직 종사자이면서 집수리는 물론 아이들과 함께 가구도 직접 만들고, 엄마는 재택근무를 하며 텃밭을 돌보면서 그 수확물로 온갖 것들을 만든다. 가공식품은 아이들이 먼저 알아서 멀리하고, 인터넷보다는 나무와 돌, 흙과 같은 자연을 이용해 세 아이들이 놀 만한 것을 찾아 온 가족이 같이 즐긴다. 한마디로, 어느 모로 봐도 열심히 사는 아름다운 가족이다.

이 친구와 우리 아이들 틈에 끼어 같이 이야기를 하게 됐다. 우리 큰아이는 아이를 넷쯤 낳는 것이 꿈이라고 했는데, 이 친구는 아이를 안 낳거나 하나만 낳겠다고 했다. 이유는 자기 부모님이 고생하고 힘든 것을 보면 너무 가엾다는 것이다(참고로 이 친구는 동생들 돌보는 일에 자발적으로 참여하는 기특한 아이다). 보고 자란 대로 생각하게 되는 모양인지, 우리 집 둘째가 나서서 반대 의견을 냈다.

"우리 엄마는 오히려 우리를 낳아서 힘들지 않고 엄청 편하게 살고 있어. 나도 아이를 낳으면 그렇게 키울 거야."

그 순간, 내가 어린 시절부터 가졌던 한 가지 의문점이 떠올랐다. 나의 부모님은 사회적 능력이나 성실성, 가족에 대한 헌신과 희생에 있어서 매우 훌륭하셨으나, 우리 집은 격렬한 불화가 끊이지 않았다. 이 원인이 궁금하기도 했지만, 그때 더 의아했던 것은 우리 집과 달리 싸우지 않고 화목한 주변 가정이 항상 부럽지만은 않았다는 점이다. 물론 싸우는 순간에는 공포가 극에 달해 소련에서 핵폭탄을 터뜨려 지구가 사라져 버리기를 기도하기도 했지만, 그 순간만 지나고 나면 어떤 면에서는 화목한 가정의 친구들보다 내가 더 멋대로 사는 자유를 누리는 게 아닐까 의심을 품곤 했다.

큰아이의 친구와 같이 훌륭한 가족을 가진 아이들은 가족에 대한 사랑과 걱정 때문에 일종의 부담을 갖고 있었다. 물론 그것은 자발적인 아름다운 마음이며 살아가는 행복일 테지만, 때때로 버거울 수도 있지 않을까? 반면 나는 어차피 성인만 되면 무조건 탈출한다는 마음으로 살았으니 가족에 대한 부담 없이 삶의 실험들을 맘껏 해볼 수 있었다. 또 가족끼리 화목하다고 해서 그밖의 스트레스, 가령 학업이나 일과 같은 장래에 대한 고민과 불안, 인간관계의 갈등이 나보다 가벼운 것 같지도 않았다. 사는 것은 어차피 다 힘든데, 나는 함께 웃고 떠들 친절한 사람들을 가족의 외부에서 찾았을 뿐이다.

그래서인지 나는 성인이 되어서도 줄곧 가족이라는 시스템이 현대 자본주의 사회에 잘 맞지 않는다는 주장에 동의해왔다. 최근 사회적으로 늘어나는 다양한 가족의 형태, 즉 혼자 사는 1인 가구, 마음 맞는 친구들끼리 계약에 따라 주거 생활을 공유하는 느슨한 공동체의 출현은 사회적으로 너무나 개연성이 있어 보인다. 나도 형태상으로는 4인 가족을 꾸리긴 했지만, 이런 실험을 하고 싶었다. 우리 인식 속에 박혀 있는 '화목한 4인 가족'이 아닌 다른 무엇을 말이다.

시배스천 영거는 『트라이브, 각자도생을 거부하라』에서 내가 실험하고 싶은 가족에 관해 잘 서술하고 있다. 본래 가족에 대한 주제를 본격적으로 다루지는 않지만, 현대 사회가 개인들을 고립시키는 방식이 인간이라는 종의 특성과 어울리지 않는다는 점을 꼬집는 책이다. 나는 현대 사회에 대해 개탄하는 대신, 4인 가족 사이에서 인간의 종 특성에 맞는 관계를 경험할 수 있는지가 궁금했다.

영거는 북아메리카 대륙에 백인이 식민지를 개척하던 시절의 원주민과 백인 사회를 비교한다. 안전한 문명사회에 사는 백인이 보기에 원주민 사회는 미개했다. 물질적으로 열악하고, 식량 확보를 위해 굶는 경우도 많았으며, 정착하지 못하고 유목을 해야 했고, 잔인한 풍습도 많았다.

그런데 이해할 수 없는 현상이 벌어진다. 백인들이 포로로 잡히거나 어쩌다 그들과 접촉하고 나면, 나중에 구출되어 백인 사회에 복귀하고 나서도 결국 원주민 사회로 되돌아가는 것을 택하는 경우가 빈번했다. 그런데 어찌된 일인지 원주민들은 백인 사회를 경험하고 나서도 기를 쓰고 원래 자기 부족으로 탈출했다.

생존의 위협에 매일 노출되는 미개한 삶을 자발적으로 택한 백인들의 증언은 매우 흥미롭다. 이들 삶에서 개인의 사유 재산은 말에 실을 정도에 한정된다. 유목을 해야 하기 때문이다. 따라서 빈부 격차가 크게 날 수가 없다. 사냥과 전투에 능한 전사들은 여러 아내를 거느리기도 하지만, 그들이 가진 것들을 모두 다음 세대에 물려주기가 힘들다. 사냥과 전투 능력은 누구에게나 공평하게 열려 있는 기회니까. 특히, 여자들의 삶은 가장 극명한 차이를 보인다. 결혼을 하지만 남편이나 가사 노동에 종속된다는 개념이 거의 없고, 원하면 이혼하기도 어렵지 않다. 이러한 자유 덕에 원주민들은 자발적으로 부족 전체에 충성한다.

물질적 풍요와 축적이 가능한 백인 사회에서는 끝없이 더 많이 일할 수 있다. 당연히 경쟁이 생긴다. 남들보다 더 일해서 빈부나 신분 격차를 벌리고자 할 테니 말이다. 결론적으로 굶주림이나 자연재해, 맹수의 공격 등의 위험과 함께 사는 원주민들이 일상적으로 보면 백인보다 더 많은 자유 시간을 누린다. 그에 반해 백인 사회에서는 밤낮 없이 누구나 열심히 일하면서도 대부분의 사람들이 상대적 박탈감에 시달린다.

원주민들이 빈둥거리고 놀아도 죽을 위험에 처해 있으니 마음이 편할 리 없을 거라고 예상한다면, 그 역시 틀렸다. 영거는 2차 세계 대전 당시 장기간 독일의 공습에 시달렸던 영국 런던을 비롯해, 이전에 전쟁을 겪은 여러 도시민들에 대한 연구를 소개한다. 이들은 공통적으로 놀라운 정신력을 보여준다. 평범한 시민들이 당장 죽을 수도 있는 매일을 자신의 평범한 일에 집중하며 보냈다. 나아가 무질서 상태가 되기는커녕, 자신보다 힘든 일을 겪는 타인을 돕는 일에 적극 나섰다. 더욱 놀라운 것은 불안, 우울증, 자살 시도 등의 정신 질환이 공통적으로 현격히 줄어든 것이다.

이런 전시 상황은 앞서 언급한 미국 원주민이 처한 상황과 심리적으로 비슷해 보인다. 생존의 위협이 코앞에 있지만, 함께하는 사람들 사이에 빈부나 신분 격차가 그다지 중요하지 않게 되었다. 무엇보다 자신의 행동 하나하나가 전체의 생존에 직결되니 자신이 즉각적으로 의미 있는 존재라고 느끼게 된 것이다. 인간에게 있어 자신의 삶은 남들에게 쓸모 있을 때 의미 있다는 뜻이다.

인간이 다른 영장류보다 우위에 설 수 있던 진화적 환경이 바로 이런 것이다. 영거는 원주민들이나 전시의 시민들이 특별히 도덕적으로 우월하고 현대 자본주의를 사는 사람들이 타락했다거나, 오늘의 사회가 문제가 있다는 식으로 가치 판단을 하지 않는다. 영장류에서 인간으로 진화한 시기가 농업 정착 시절이 아니라, 생명의 위협이 높은 상황에서 커다란 사냥감을 잡기 위해 소규모 집단의 사람들이 힘을 모으던 시절에 이뤄졌다는 사실 또한 이러한 생존의 법칙과 맞아떨어진 듯 보인다.

나 개인이 아니라, 내가 속한 전체를 위하는 인간종이 살아남아 우리의 조상이 되었다. '인간은 사회적 동물'이라고 할 때의 진정한 의미는 남들과의 관계에서 나의 이익을 취한다는 것이 아니라, 내가 속한 사회의 이익이 나의 이익과 명확히 구분되지 않는 상태를 뜻한다. 따라서 비겁함이나 다른 부족민을 속여서 개인 재산을 축적하는 것은 죽음으로 갚아야 할 심각한 범죄이다. 부족의 존속은 각 개인의 생존과 밀접하게 연결되어 있기 때문이다.

현대 사회는 대규모의 사람이 복잡한 관계로 엮여서 익명성을 가지고 살아간다. 따라서 개인의 능력을 냉정하게 평가받고, 거기에 따라 생존이 결정된다. 이 시대에는 주변 사람을 이기고, 그 위에 올라서는 것이 생존의 법칙이다. 그렇다고 해서 우리가 문명의 발전을 되돌려 맹수의 공격이나 배고픔을 두려워하고, 전쟁 상태에서 살기를 바라는 것은 아니다. 다만 문명과 물질이 모든 것의 절대적으로 옳은 해답이 아니고, 이를 얻기 위해 치러야 하는 대가가 있음을 깨닫는 것이 중요하다.

나는 우리 가족이 이런 부족의 정서 상태를 조금이나마 가지길 바랐다. 가족이 현대 자본주의 사회를 기능하게 만드는 소비의 주체로서가 아니라, 이런 사회가 주지 못하는 원시적 부족민으로서의 소속감을 제공할 수 있는지 궁금했다. 부모는 성실히 부양의 의무를 다하고, 아이들은 미래의 경쟁력을 위해 공부함으로써 은혜를 갚는 '거래'의 형태가 아니라, 자유로우나 충성스러운 원주민과 같은 공동체 말이다. 거창해 보이지만 그렇게 어려운 실험은 아니었다.

차이는 간단하다. 사회의 경쟁과 평가 기준을 가족 안에 들이지 않는 것으로 족하다. 어차피 원주민의 삶의 원칙이란 언제든 이동할 수 있을 정도의 단순함이 아니던가? 앞서 말한 원주민이 부족 안에서 누리는 자유를 생각해보자. 바깥에서는 자기 능력껏 내키는 대로 전쟁(경쟁)을 하지만, 가족 안에서 그것은 아무것도 아니라고 여기는 것이다.

부모라고 해서 돈을 많이 벌어야 하는 것은 아니다. 물론 원주민도 굶어죽지 않기 위해 함께 최선을 다했던 것처럼, 부모도 딱 그 정도만 벌고 나면 그다음엔 자유롭게 산다. 다시 말해, 아이를 헐벗지 않게 하고 상식선에서 양질의 음식을 먹이기만 하면, 아이를 좋은 학교나 학원에 보내줘야 할 의무는 없다. 대신 아이 역시 남을 해치는 일이 아니라면 공부를 열심히 하거나 부모 말을 잘 들어야 할 의무도 없다. 부모이기 때문에 아이들과 열렬히 놀아주는 것도 하지 않는다. 아이와 노는 건 나의 자유 시간에 내가 재미있어서 노는 것이지, 아이를 정서적·인지적으로 훌륭하게 성장시키겠다는 목적이 아니다. 그런데도 아이들과 노는 시간은 결과적으로 상당히 많아진다. 아이들의 발달 기준을 고려하지 않고 그냥 재미로만 놀면, 정말이지 어른도 즐거운 놀이들이 무궁무진하다.

이렇게 되면 저절로 부족(가족)의 생존에 어린아이들까지 직접 기여하게 된다. 아이들은 취학 연령만 되면 가족 안과 바깥세상의 규칙이 완전히 다르다는 것을 직감한다. 바깥에서는 아무리 친절해도 모든 것이 경쟁이고 정해진 틀에 따라야 하는 요구가 있지만, 가족 안에서는 엄청난 자유를 느낀다. 물론 이 자유는 부족(가족)의 존속을 위한 충성심으로 연결된다. 가령, 가족이 함께 살기 위해 필요한 가사 노동은 특히 중요하다.

아이들이 다른 집 아이들처럼 장난감이나 전자 기기들을 사달라고 조를 것 같지만, 거의 대부분의 시간을 가족과 함께 보내면서 물건에 대한 욕구가 어른들보다 훨씬 낮다. 가족은 일상에서 서로의 엔터테인먼트가 되어준다. 그래서 장보러 갈 때도 혼자서 가는 법이 없다. 카트를 끌고, 가격을 확인하고, 세일 품목을 알려주고, 예산 안에서 각자 사고 싶은 것이 다르면 서로 설득하는 모든 과정이 마치 게임과 같다. 예전의 부족 사회라면 생존을 위한 사냥이었겠지만, 현대에는 생존의 위협이 없으니 오락이 된다.

현대적 기준으로 보자면 상대적으로 물질 면에서의 부족함이 있을 것이다. 하지만 부족(가족) 전체가 함께 견디면 물질적 결핍은 그렇게 불행한 일처럼 여겨지지 않는다. 전쟁을 겪던 도시민이나, 생존의 위협 앞에서도 즐겁고 태연했던 원주민들처럼 말이다. 영거의 말대로 인간은 평등하게 함께 겪는 불행에서 오히려 의미를 찾는 존재로 진화해서 그런 것 같다.

인생은 물론 자연의 모든 것이 그렇듯 공짜는 없다. 얻는 것이 있으면 잃는 것도 있는 법. 이런 가족을 만들면 남들에게 보여줄 만한 성취나 성공은 애당초 포기해야 한다. 사회적 성취뿐 아니라, 아름다운 식탁과 인테리어 같은 것도 없다. 희생적이고 성실히 노력하는 모범적인 부모가 되는 것도 글렀고, 가족 드라마에 나오는 화기애애한 시간도 많지 않다. 집이 좁아서 개인 방을 가질 수가 없으니 온 가족이 거의 모든 순간에 한 공간(주로 거실)에 있지만, 거기서 우리는 각자 자유롭게 자기가 하고 싶은 것을 한다.

가족(부족)의 생존을 위해, 부모나 아이들 모두에게 공통적으로 엄격하게 적용되는 규칙이 있다. 서로에 대한 '비난'은 절대 금지다. 부모의 잔소리나 아이들의 불평도 없다. 애써서 돈을 벌지 않고, 애들도 자기 하고 싶은 대로 사니 규칙이 있건 없건 애초에 그런 불평의 마음이 들지도 않는다. 자기 마음대로 할 자유가 있으므로 하고 싶은 것이 있으면, 필요할 때에만 다른 가족원의 협조를 구하면 된다.

이제는 나의 친정 부모님이 왜 그렇게 불행했는지 이해할 것 같다. 힘겨운 세상에서 가족들에게 물질적 풍요와 기회를 최대한으로 주려고 갖은 애를 쓰셨을 것이다. 이에 대해 자식들 역시 최선을 다해 경쟁력을 갖추어야 했다. 밖에서 겪는 이런 버거운 스트레스를 나의 친정 가족들은 가족원 서로에게 풀었다. 물론 우리와 달리 화목한 가족도 있다. 하지만 그런 가족 역시도 이런 경쟁에서 자유롭지 못하다면 의도치 않게 애정으로 인한 부담감과 죄책감을 서로에게 얹어줄 것이라 추측한다.

물론, 나 역시 다른 집 아이들이 열심히 공부하고 스펙을 쌓는 동안 우리 아이들이 뒤처지면 어떻게 살아갈지 걱정될 때도 있다. 그럴 때는 우리 넷이 공동으로 사냥하는 원주민처럼 힘을 나눠 뭐라도 하면 살아갈 수 있으리라 위안한다. 어차피 원주민이건 백인이건, 불화하는 가족이건 화목한 가족이건, 생존한다는 것이 쉬울 리는 없을 테니 말이다.

가족,
유전자를 공유하다

얼마 전, 남편과 싸웠다. 그런데 평소와 다르게 그날은 내가 도저히 진지해질 수가 없었다. 웃음이 나오는 걸 간신히 참아가며 엄숙한 표정을 지으려고 애를 썼는데, 결국은 들켰다. 남편이 "나는 기분 나빠 죽겠는데, 넌 왜 웃어?"라고 더욱 화를 냈다. 사연인즉슨, 다음과 같다.

평소 저녁 식사 때보다 한 시간쯤 이른 시간, 남편이 밥 먹자고 해서 식탁으로 갔다. 점심 때 슈퍼마켓에서 산 초밥이 있었는데, 남편이랑 같이 한 개씩 먹고는 너무 맛없어서 도저히 못 먹겠다고 남겨 둔 것이다. 화학 성분 냄새가 나는 싸구려 식초를 쓴 것 같았다. 남편은 바로 옆에서 컴퓨터를 하고 있었고, 둘째와 나는 싼 재료를 써서 단가를 낮춰 돈 버는 이야기나 크림치즈와 연어, 와사비 맛의 조화 등에 대해 잡담하며 그 초밥을 다 먹어 버렸다. 남편이 그제야 화를 냈다.

"어? 내 건 한 개도 안 남기고 다 먹어 버렸어?"

"별로 맛도 없었어. 그래서 먹고 싶을 거라고 생각 못했는데."

"맛이 문제가 아니라, 내 생각은 아예 안 한 게 섭섭하다고!"

남편은 언성이 높아졌다. 난 도무지 이해할 수가 없었다.

"그게 왜 섭섭해?"

"솔직히 말해봐. 내 생각은 안 했지?"

"안 했지."

"바로 그게 섭섭하다고."

"그게 왜 섭섭해? 우리가 천천히 수다 떨면서 먹고 있을 때 옆에서 다 보고 듣고 있었잖아. 그렇게 먹고 싶었으면 당신 것도 남겨 달라고 말할 수도 있는데."

"나는 음식이든 뭐든 당연히 널 챙겨주는데, 넌 내가 그렇게 해주는 것도 모르지? 미안하지 않아?"

"뭐가 미안한 거야? 초밥이 맛있었다면 당신한테 먹고 싶은지 물어봤을 거야. 그건 확실해. 그런 것도 아닌데, 당신을 위해 뭘 하라는 거야?"

"내 생각을 너무 안 하는 게 섭섭하다는 거야."

"난 그게 왜 섭섭하단 건지 이해가 안 가. 나는 내가 먹고 싶으면 스스로 적극적으로 챙겨. 남이 나를 챙겨줄 거라고 기대하지 않아. 사실 당신이 뭔가 한 입 먹어보라고 나눠주면 성가시다는 느낌이 들기도 해."

이런 식으로 계속 티격태격했다. 싸움 자체는 사소하고 따분한 내용이었는데, 내가 웃음을 참을 수 없던 것은 그 순간 유전자의 놀라운 힘을 느꼈기 때문이다. 내가 자라면서 보아온 부모님의 싸움이 떠올랐다. 가족이나 함께 있는 사람과 음식을 나눠 먹지 않고 자기 거만 챙겨 먹는, 아주 사소한 습성이 유전이라니! 내 아빠가 딱 이때의 나 같고, 내 엄마가 남편의 입장으로 화를 내며 섭섭해했다.

부모님의 싸움 중 그나마 강도가 약한 싸움이었는데도 이런 기억이 유독 선명한 이유는, 그때 나의 느낌이 특이했기 때문이다. 자라는 동안 부모님이 싸우면 나는 항상 엄마 편이었다. 그런데 딱 이런 싸움만큼은 '엄마가 왜 화를 내지? 음식이 모자라서 배고픈 것도 아닌데, 뭐가 섭섭하다는 걸까?'라고 생각했으니까. 그 당시에는 내가 아빠와 닮은 사람이기 때문이라는 생각은 못하고, 어떤 절대적인 기준으로 봤을 때 엄마가 이상하다고만 생각한 것이다. 온순한 성격의 아빠는 엄마가 "남 생각을 안 하고, 정이 없다."고 공격할 때, 풀이 죽어서 진짜 죄지은 사람처럼 가만히 듣고만 계셨다. 어쩐지 부당한 것 같다는 느낌이 있었지만, 역시 엄마 말대로 아빠가 냉정한 것이 문제라고 넘겼다. 그런데 이날 남편의 불평을 들으니 부모님 생각이 나서 참을 수 없이 웃음이 나온 것이다.

내가 대학을 졸업하고 처음 미국에 왔을 때 겪은 문화 충격 가운데 신선하고 좋았던 것 중 하나가 함께 음식을 먹는 방식이었다. 식당에서 주문할 때 서로 뭐 먹을지 의논하지 않는 것 말이다. 한국에서는 으레 메뉴를 조정해서 같이 나눠 먹는 것이 일반적이지만, 미국에서는 보통 각자 먹고 싶은 것을 시켜 자기 것만 먹었다. 각자의 음식을 나눠 먹는 것이 오히려 예외적인 경우였다. 또한 오늘 특별 메뉴가 뭔지, 어떤 메뉴를 추천하는지를 동행자가 아닌 웨이터와 의논하는 것도 신기했다. 아는 사람들끼리 우연히 혹은 가볍게 만나도 자기가 가져온 과자나 음식들을 "먹어볼래?" 권하지 않고 혼자 먹는다고 해도 전혀 이상하게 보지 않았다.

그런데 미국에서 자랐음에도 불구하고, 큰아이는 남편을 닮아서 음식을 시킬 때 가족들한테 각자 다른 것을 시키게 하고, 한 입씩 나눠 먹자고 한다. 남편이랑 첫째는 나눠 먹고 서로 퍼주느라 정신이 없는데, 나와 둘째는 "난 내 거 다 먹을 거니까, 너 먹고 싶은 거 먹어."라며 거절할 때가 많고, 옆에서 부산하게 음식 교환하는 걸 좋아하지 않는다.

1950~1960년대 식량 사정이 좋지 않던 한국의 시골로 돌아가보자. 내 아빠는 당시 먹을 것이 없어서 쓰러졌던 이야기, 산에 가서 나무껍질을 벗겨 먹은 이야기를 자주 하신다. 어느 날, 내가 할머니랑 이야기하다가 이를 언급했더니 할머니가 어이없다는 듯 반론을 풀어놓으셨다.

"그건 네 아빠 성격이 이상해서 그런 거다."

식량이 넉넉지 못했던 건 사실이지만, 꼭 굶지 않아도 되는데 아빠가 굳이 굶고 다녀서 할머니가 애를 먹었다고 했다. 당시에는 나눠 먹는 문화가 강해서 다들 그렇게 먹고 살았다는 것이다. 특히, 한 가족 같던 집성촌이라서 다른 집에 가면 끼어서 얻어먹고, 애들끼리 다니며 밭에서 아무거나 따 먹고 그랬단다. 그런데 아빠는 굶었으면 굶었지, 자기 몫의 음식이 아니면 가족끼리도 같은 그릇에 있는 음식을 나눠 먹기 싫어했다는 것이다. 남편과 옥신각신 싸우고 있는 동안, 옆에 있던 둘째가 한마디했다.

"엄마는 적당히 맛있는 건 혼자 다 먹지만, 너무 맛있는 건 꼭 남겨줘. 그럼 된 거 아니야?"

딸의 이 한마디에 잠시 정적이 흘렀다. 그러나 남편은 여전히 서운해하고 있었고, 나는 부모님을 생각하며 웃고는 있었지만, 그렇다고 억울함이 다 가라앉지는 않았다. 식탁에는 점심에 먹다 남긴 케이크도 있었다.

둘째는 그 케이크가 먹고 싶어서 싸움이 끝나기만 기다리고 있었다. 정적을 틈타 둘째가 케이크를 먹고 싶다고 얘기했고, 나는 그러라고 했다. 둘째가 기분 좋게 먹기 시작했는데, 남편이 "아빠도 한 입 먹어보자."며 둘째가 먹고 있던 케이크를 조금 퍼 먹었다. 그러자 아이의 표정이 일그러지며 급기야 눈물을 뚝뚝 흘렸다.

"난 케이크 안 먹을래. 아빠 다 먹어."

둘째가 케이크를 밀어주자, 남편은 완전히 당황해하며 말했다.

"아빠한테 케이크 좀 나눠주는 게 싫어? 그게 울 일이야?"

나는 속으로 쾌재를 부르며 남편에게 말했다.

"그게 아니라니까. '이 케이크는 내 거다.' 생각하면서 먹고 있는데, 방해받는 게 싫은 거야. 애가 화내는 것도 아니고, 그럴 바엔 그냥 안 먹겠다고 포기하는 거잖아. 그러니까 아빠한테 케이크 먹으라는 건 진심이야. 당신이 먹으면 돼."

"그게 무슨 말도 안 되는 소리야? 이렇게 많이 남았는데, 나눠 먹으면 더 좋은 거 아닌가?"

"'아빠한테 케이크 주기 싫다.', '초밥 나 혼자 다 먹고 싶다.' 그런 게 아니라니까! 내 음식에 집중할 때 주변에 신경 쓰기가 싫은 거라고."

결국 남은 케이크는 남편이 다 먹었다. 서로에게 이구동성으로 말했다.

"도대체 이해가 안 가."

그러면서 둘째를 끔찍하게 좋아하는 남편이 넋두리를 한다.

"지금은 어려서 그렇지, 앞으로 둘째한테 많이 상처받겠다. 슬퍼서 어떡해? 나는 뭐든 해주려고 하는데, 애는 너처럼 서운하게 굴겠지?"

"그렇겠지. 그런데 당신이 둘째를 예뻐하는 이유가 무심하게 아빠가 챙겨주는 걸 잘 받아서 그런 거잖아."

둘째나 나는 주변 사람들이 직접 표현하지 않는 걸 먼저 세심하게 알아차려서 챙겨주진 않지만, 대신에 스스로 원하는 것을 확실하게 알고서 그것만 확보하면 남에게 더 요구하거나 불평, 잔소리가 없다. 내 아빠가 언제나 잘못한 사람처럼 보였던 것도 지금 생각해보니, 아빠는 불평불만이 없어서였던 것 같다. 문제 제기를 하는 사람은 언제나 엄마였다.

얼마 후, 엄마와 통화를 하며 이 기쁜 소식을 알려주고 싶어서 한참 이야기했다. 유전일 뿐이지 아빠가 엄마에게 매정하게 대했던 것이 아니며, 엄마가 섭섭한 기분이 든 것도 엄마의 유전적 성향이니 이런 기억에 대해 마음이 편해지시기를 바랐다. 그랬더니 엄마는 배려심 없고 무정한 아빠 때문에 상처받았다는 하소연을 전처럼 끝없이 늘어놓았다. 내 생각이 짧았다! 언제나 한탄하는 것도 엄마의 타고난 성향이고, 이는 바뀔 수 없을 텐데⋯⋯. 나는 괜한 소리를 했다는 것을 깨닫고, 다른 핑계를 대며 서둘러 전화를 끊어 버렸다.

학문적으로 '유전이냐, 환경이냐' 논쟁은 '닭이 먼저냐, 달걀이 먼저냐'처럼 따져봐야 아무 의미가 없는 질문으로 판명된 지 오래이다. 유전과 환경은 따로 떨어질 수 없으니까. 따지고 보면 가족이라도 정확하게 같지는 않다. 모든 것은 유전과 환경의 복잡한 조합이고, 그것도 딱 정해진 것이 아니라 시간이 흐르면서 변한다.

그럼에도 불구하고 가족의 일원으로 상대를 보고 있으면 도저히 유전을 생각하지 않을 수가 없다. 함께 유전자를 나누고 환경을 공유하고 있으니 복잡하기도 하고, 동시에 간단하기도 하다. 과학적 진실과는 거리가 있겠지만, 그래도 상대를 복잡하게 이해하는 데에 도움이 된다. '나는 왜 이럴까?' 하는 자책 혹은 '저 인간은 도대체 왜 저럴까?'와 같은 원망이 들 때, 유전자의 내력을 찾아보는 것이다. 나 혹은 저 사람의 문제나 의도가 아니라, 우리도 어쩔 수 없는 뿌리가 있는 행동이라고 말이다.

리처드 도킨스가 주장한 '이기적 유적자'라는 개념은 끊임없는 논쟁 대상이다. 인간의 자율성과 독립성, 고유성은 착각일 뿐이고, 겨우 유전자의 존속에 이용당하는 존재인 것처럼 그려져서 학문적 진실을 따지지 않는다 해도 어쩐지 믿어서는 안 될 것 같다.

하지만 이날 초밥과 케이크로 인해 벌어진 싸움을 통해 나에게 유전자를 물려준 나의 아빠와, 내가 유전자를 물려준 둘째 아이를 새롭게 이해했다. 또 나와 다른 유전자를 가진 남편의 섭섭함을 완벽하게 이해하진 못해도 웃을 수는 있었다. 내가 고유하고 독립적인 존재가 되기를 바라는 욕구는 여전하지만, 세대를 이어받는 거대한 유전자의 일부인 것도 어쩐지 좋다. 내 자신을 애써 바꾸지 않아도 되고, 가족을 억지로 이해하거나 너무 미워하지 않아도 될 것 같으니 말이다. 그런 유전자의 존재를 확인하게 해주는 것 역시 가족의 효용 중 하나인 듯 싶다.

다르지만,
가족인 걸로 좋아

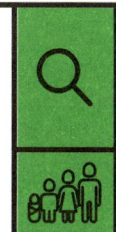

'우리는 사이좋은 부부일까?'

이는 나와 남편의 해결되지 않은 (수많은) 논쟁거리 중 하나이다. 우리 주변에는 떠올리기만 해도 미소가 나올 정도로 사이좋은 부부들이 많다. 우리처럼 자주 싸워대는 부부만 있는 건 아니다. 어느 날 내가 물었다.

"우리처럼 사이가 안 좋은 게 정상일까, 아니면 그들처럼 화목한 게 정상일까? 어떻게 저렇게 안 싸울 수가 있지? 신기해."

"우리가 사이가 안 좋은 건 아니지."

남편의 입에서 나온 의외의 답에 놀라서 되물었다.

"그럼 좋아?"

"이 정도면 좋은 거야."

"이게 좋은 거면…… (지인 중 모범적인 부부들을 나열하며) 그들은 뭔데? 사이가 좋다는 건 그들 정도는 돼야 하는 거야."

"우리도 그들 정도는 된다고 생각해."

"아니, 우리는 어제도 싸웠잖아. 나는 데이터가 있어."

나는 우리 사이가 괜찮은 편이라는 남편의 말을 반증하기 위해서 최근에 싸운 예들을 하나씩 나열했다.

"넌 왜 우리 관계를 부정적으로 보는 거야?"

"부정적인 것도, 긍정적인 것도 아니야. 그냥 보는 거지. 일단 우리가 사이좋은 건 아니라고. 그리고 이게 사실일 때 엄청난 장점이 있어! 첫째, 이렇게 사이가 안 좋은데도 이혼하지 않고 살고 있다는 게 대단한 업적을 이룬 것처럼 느껴지면서 기분이 좋아. 둘째가 진짜 중요한 건데, 내키는 대로 살아도 되는 거지! 어차피 사이가 안 좋으니까 서로 너무 참고 노력할 필요가 없잖아. 성질내고 싶으면 실컷 내고, 미울 땐 미워하고."

남편은 미간을 찌푸리면서 "으악! 듣기 싫어. 또 궤변이다!" 소리치고 자지러진다. 남편과 나의 관계뿐 아니라, 우리 가족은 드라마 속에서처럼 서로 아끼고 화목하게 모든 것을 공유하진 않는다. 다만, 우리는 각자 자기답게 제멋대로 사는 것을 서로 봐주는 사람들이 되기로 했다.

남편은 아이들한테 서운해할 때도 있고, 때로 화내기도 한다. 큰아이는 대놓고 반항하진 않지만 은근히 깐죽거린다. 이날도 아빠 말에 "아빠가 항상 그렇지, 뭐."라고 반응했다. 나한테 그러면 나는 "맞아, 엄마가 좀 그렇지?"라고 아이 말을 받아치고 깔깔 웃었을 것이다. 아이에게 주로 나의 게으름, 부주의함, 무신경함을 지적받는데, '나는 그런 사람이니까 앞으로도 계속 이렇게 해도 되겠군!' 하는 마음이 들어서 화가 나기는커녕 한참 자학 개그를 같이 한다.

하지만 이건 나의 성향이고, 남편은 아이한테 무시당했다고 여기고, 깐죽대는 큰아이에게 굉장히 화를 냈다.

"넌 모르면 좀 가만히 있어!"

이때 긴장이 고조된다. 큰아이는 온순한 성격이라 말대꾸도 안 하고, 바로 "죄송해요."라고 하지만, 불편한 긴장감과 소리 없는 반항은 계속된다. 그리고 나는 이 상황 역시도 너무 재미있다. 그래서 아이가 뻣뻣해지는 순간에 끼어들어 얘기했다.

"그래, 아빠가 가만히 있으라면 가만히 있어봐. 정지, 정지! 어허, 움직이지 말고 그 자세로 가만히 있어. 아니, 가만히 있으라는데!"

그러면 아이도 같이 웃는다. 아빠는 여전히 화난 표정이지만, 아이는 엉거주춤하던 동작을 멈추면서 장난을 친다.

아이들이 어렸을 때는, 남편이 아이들에게 화내지 못하게 하려고 꽤나 노력했다. 하지만 아이의 지적 발달 수준이 높아지면서 화를 잘 내는 남편 쪽은 내버려두고 아이들의 시각을 교정해주려고 한다.

"아빠가 왜 화를 내는지 네가 다 이해할 필요는 없어. 아빠는 그냥 화가 나는 거야. 그렇다고 네 잘못도 아니야. 네가 잘못했는지 아닌지는 아빠가 화를 내든 안 내든 상관없이 네 스스로 판단하는 거니까."

여기서 중요한 것은 남편 스스로 자기가 화를 잘 내는 사람임을 인정하는 것이다. 그렇다고 화를 줄여야 하는 것도 아니다. 사람들이 자신의 단점을 인정하는 것에 두려움을 느끼는 이유는, 인정을 하면 그것을 고쳐야 하는 고행길이 시작되기 때문이다. 변화란 두려운 것이니까.

'아빠는 화를 낸다. 그냥 그대로 둔다. 그게 아빠니까.', '아빠는 화를 잘

내는 게 단점이야. 하지만 고칠 필요는 없어. 그건 아빠 자신의 일이니까.'

이런 사고의 흐름이다. 어떻게 보면 우리는 화목한 가족이라기보다 좀 냉정한 관계이기도 하다.

이번에는 우리 둘째에 관한 이야기다. 이 아이는 인간관계에서 집중력이 끝내준다. 현재 집중하는 사람이 아니면 주변에 대한 관심이 하나도 없다. 친구나 친척 집에 놀러 가면 며칠 밤이 지나도 엄마, 아빠를 보고 싶어 하기는커녕 자기 없이 뭘 하는지조차 궁금해하지 않는다. 하지만 함께 있는 상대방에게는 온전히 집중한다. 며칠 만에 만나서 "엄마, 아빠 생각 많이 했어?"라고 물어보면 곰곰이 생각하다가 "아니! 거기 있는 사람들이랑 뭔가를 하다 보면 엄마, 아빠는 생각이 안 나."라고 답한다. 그래서 아이에게 장난삼아 말했다.

"네가 나중에 커서 독립하면 우리 가족은 널 만나기 힘들겠다. 전화도 안 하고, 우리 생각도 안 날 거 아니야."

그러자 아이가 생각해보더니 고개를 저었다.

"그렇게 되진 않을 것 같아. 엄마랑 나만 있다면 둘이 똑같으니까 그렇게 될 수도 있을 텐데, 아빠랑 언니는 우리랑은 다르잖아! 둘이서 우리한테 전화도 하라고 하고, 만나야 한다고 막 시킬 거야."

둘째의 이런 성격은 나를 닮은 것이 맞다. 나도 이런 성향 때문에 자라면서 굉장히 많이 혼났다. 주기적으로 전화하고, 부모님을 보고 싶어 하고, 도움을 요청하고……, 이런 것들을 하지 않는다고 말이다. 그리고 나 역시 오랫동안 이게 내 단점이라고 여기며 살았다. 하지만 이런 점이 나의 장점도 단점도 아닌, 집중의 성향일 뿐이라는 것을 날 닮은 둘째를 키우며 깨달았다. 지금 나와 함께하고 있는 사람에게 분산되지 않는 완전한 관심을 주는 성향 말이다. 그래서 아이들은 엄마인 나의 무심함을 그냥 있는 그대로 보아준다.

둘째는 조그만 일에도 시시때때로 화를 낸다. 화낼 때 눈이 가늘게 째져서 정말 못생겼다. 그런데 그 얼굴이 꼭 만화에 나오는 심술궂은 캐릭터 같다. 아이가 화내는 것을 한 걸음 떨어져서 마치 만화와 같은 상황이라고 생각하면 너무 웃기다. 그래서 둘째가 화내면 다른 가족들은 깔깔 웃는다. 아이는 따라 웃거나, 때로는 분이 가실 때까지 혼자서 실컷 화를 낸다. 더 어렸을 때는 자기를 놀리는 것 같다며 분노하면서 더 울었다. 그럴 때마다 설명을 해주었다.

"너는 집중력이 좋아서, 마음에 안 드는 한 가지 때문에 생기는 분노도 엄청 큰 거야. 그런데 다른 가족들은 똑같은 일이 벌어져도 다른 좋은 부분에 대해서도 동시에 생각하기 때문에 너처럼 화가 심하게 나지 않거든. 네가 그런 사람인 게 싫지 않아. 물론 네가 이해되는 건 아니야. '저렇게 심하게 화날 일이야?' 생각이 들지. 하지만 네 집중력은 대단하다고 생각해. 그래서 네가 집중할 때도, 네가 화낼 때도 좋아. 그렇다고 엄마가 이해도 안 가는데, 네가 화나는 거 다 이해한다고 하면 좋겠어? 아니면 막 혼내주면 좋겠어? 물론 너는 화나는데 다른 가족들이 웃으면 기분이 나쁠 수 있지만, 너도 우리를 있는 그대로 봐줘야 해. '저 사람들은 나처럼 화가 안 나는구나.'라고 말이야. 그러니까 너는 네 마음대로 화를 내고, 우리는 네가 그러는 게 웃기면 그냥 웃는 거야."

지난 연말에는 큰아이가 내게 편지를 써주겠다고 하더니, 자기 친구들한테만 실컷 쓰고선 내겐 아무것도 없다. 물론 둘째는 해주겠다는 생각조차 안 했다. 나도 내가 내키는 것 이상으로 아이들을 기분 좋게 해주려고 크리스마스를 챙겨준 적이 없다. 우리는 가족끼리 뭔가를 챙기지는 않지만, 대신 아무리 오래 함께 있어도 전혀 불편하지 않은 것, 딱 그 정도로 만족한다. 더 좋은 내가 될 필요가 없으니까.

가족이라면 꼭 함께 해야 하는 일이 따로 정해진 것도 아니고, 전부 다 이해하고 수용해야 할 필요도 없다. 상대를 참아주지 않아도 서로 다름을 인정하는 것만으로 우리가 함께라고 생각한다면 그것으로 충분하다.

죽도록 싸우며 상대를 인정하기

남편과 싸웠다. 아니, 정확하게 말하자면 본격적으로 싸우지도 못하고, 싸우려다 말았다. 나이가 드니 전투력이 약해진 걸까? 사실 우리가 만나면서부터 서로 너무 달라 생기는 똑같은 패턴의 싸움이라 너무 뻔해서, 싸우다가 시시하게 흐지부지된 것이다.

함께 산 지 20년 가까이 지난 지금까지도 우리는 서로 이해하지 못한다. 다만 둘이 똑같은 마음이라는 것을 알게 됐다. 상대에 대해 '도대체 인간이 어떻게 저런 말도 안 되는 생각을 할 수가 있지? 저 사람도 나를 이렇게 이상하게 여기고 있구나.'라는 마음 말이다.

역사를 거슬러 우리가 처음 싸웠던 때는, 결혼 준비를 하며 남편의 턱시도를 고르면서였다. 당시 남편은 100킬로그램을 돌파한 거구였다. 순한 웃음을 짓는 커다란 남자가 나의 이상형인데, 젊을 때 남편의 피부는 한국 남자치고는 드물게 황색을 띠지 않는 밝은 핑크 톤이었다. 그래서 나는 크림색 턱시도가 잘 어울릴 것 같다고 추천했다. 그러나 남편은 더 뚱뚱해 보이기 싫다면서 검은색을 고집했다. 검은색이 좋아서라면 당연히 그의 취향을 존중해줬을 테지만, 단지 남들 눈 때문에 그러는 것이 마음에 들지 않아 심하게 싸웠다. 이것이 우리가 서로 참을 수 없을 만큼 공격한 첫 사건이고, 이때 나의 주장은 이랬다.

첫째, 남편은 그렇게 중요한 사람이 아니다. 하객 중 우리를 진심으로 관심 있게 보는 사람은 열에 한둘 정도일 것이다. 우린 지극히 평범한 사람들이니까. 만일 우리가 유명인이라서 '저 남자는 밝은 색을 입어서 더 뚱뚱해 보인다. 옷 입을 줄 모르는 돼지네.'라는 비난을 잔뜩 받았다 쳐도, 그건 사람들이 옷이나 남의 몸에 대해 평가하기를 즐기는 것일 뿐, 진정한 관심은 아니다. 따라서 남의 눈을 고려해서 선택할 필요가 없다.

둘째, 아름다움이란 보는 사람의 눈에 달렸다. 대부분 남편이 뭘 입었는지 관심 없겠지만, 누군가 그의 뚱뚱함을 보고 괴롭거나 불쾌한 감정이 든다던가, 혹은 비웃었다고 치자. 그가 괴로운 것에 대해 우리는 책임이 없다. 타인의 마음을 왜 조절하려고 하는 것인가? 그거야말로 오만이다. 남편을 보고 부정적 감정을 가지는 것은 상대방의 자유이고, 그것을 존중해야 한다. 당연히 남편도 스스로 마음대로 느낄 수 있고, 나 역시 마찬가지다. 내가 핑크색 돼지 남자를 좋아하고, 마른 남자를 보면 날카로워 보인다고 자유로이 느끼는 것처럼 말이다.

셋째, 의미는 내가 정하는 것이다. 검은색을 입으면 날씬해 보이고, 밝은 색을 입으면 뚱뚱해 보이는 것은 사실이다. 하지만 모든 사실이 의미 있는 것은 아니다. 의미는 내가 부여하는 것이기 때문이다. 남편이 검은색 턱시도를 입었다고 해서 사람들이 과연 '저 사람은 날씬하다.'고 생각할까? 나라면 '저 사람은 뚱뚱한 걸 감추려고 검은색을 입었구나. 그러고 보니 정말 뚱뚱하네.'라고 생각할 것 같다. 반면, 남편이 밝은 옷을 입었다면 다른 것이 보일 수도 있다. 가령 큰 키, 선한 미소, 자신감 등을 먼저 볼 수도 있지 않은가? 물론 누군가 "저 사람이 뚱뚱한가요, 날씬한가요?"라고 질문한다면 "뚱뚱합니다."라고 답하겠지만, 그런 걸 대체 누가 묻겠는가?

마지막으로 가장 중요한 이유, '단 한 명'과 '많은 사람' 중 누구를 생각해야 할까? 내가 의미를 정한다고 해서, 세상 모든 것을 내 고집대로만 해야 한다는 뜻은 아니다. 모든 인간은 타인의 시선을 필요로 한다. 하지만 그 타인이란 누구여야 할까? 남편의 크림색 옷을 진심으로 좋아하는 나의 시선과, 뚱뚱한 사람은 검은색을 입어야 한다고 여기는 불특정 다수의 사람(게다가 이는 실재가 아닌, 남편의 맘속에만 존재한다)의 시선 중 과연 누구를 더 기쁘게 해야 의미 있는 것일까?

이렇게 긴 설득 과정을 거쳤음에도, 남편은 결국 고집대로 검은색 턱시도를 입었다. 우리의 길고 긴, 반복되는 싸움의 서막은 이렇게 시작되었다.

이번에 싸운 주제는 신간 홍보용 유튜브 동영상을 만드는 일 때문이었다. 나는 동영상은커녕 사진도 잘 안 찍는 사람이다. 시각적인 감각도, 욕구도, 감정도 거의 없다. 그런데 출판사에서 영상 제작을 부탁해온 것이다. 내가 찍은 영상은 화면 떨림이 심했다. 감각이 모자라니 제대로 찍힐 리 없었다. 나는 대강 찍는 대로 출판사에 보내주자고 했다. 그런데 여기에서 남편이 제동을 걸며 싸움이 시작되었다. 그는 영상의 수준이 떨어진다고 하더니, 급기야 짜증을 내며 찍지 말자고 했다.

"출판사에 못하겠다고 말해."

"아니야, 해야 돼."

"그러면 제대로 하든가. 이게 뭐야?"

"나한텐 이 정도가 제대로 하는 거야."

남편이 푹 한숨을 쉬며 말했다.

"그러게 지금까지 사진 한 장 제대로 찍어본 적 없으면서 왜 하겠다고 덥석 수락한 거야? 이걸 하면서 즐거운 것도 아니잖아. 늘 멋대로 사는 사람이 왜 이건 거절 못한 거야?"

"이게 재미있는 거야. 못할 줄 알고, 실패할 줄 아는 것 말이야. 그리고 이 영상을 보고 한 명이라도 더 책을 살 수도 있는 거잖아."

"그럼 더 잘 나올 수 있게끔 장비를 마련하든가."

한심하다는 듯 말하는 남편에게 나도 지지 않고 대꾸했다.

"그건 안 되지. 장비가 있어도 예쁘게 못 찍을 가능성이 높잖아. 찍는 기술이 부족한 걸 뻔히 아는데, 돈을 쓰고 나면 당연히 욕심이 생기고, 조회 수도 신경 쓰게 될 거라고."

"그런 욕심이 있어야 최선을 다하게 되는 거 아니야? 그런 태도로 하면 발전이 없잖아."

"왜 내가 하는 일은 무조건 잘되고 성공해야 한다고 생각해? 망하고 실패하는 사람이 세상에 엄청 많은데, 내가 그중 한 사람이면 안 되나? 그리고 그런 실패를 많이 하다 보면 내가 어떤 사람인지도 잘 알게 돼. 실패를 많이 할 수 있으려면 한 번에 올인 하면 안 돼. 다음 시도를 할 수가 없게 되니까. 찍어 달라고 요청한 사람이 있다는 건 정말 소중한 기회야. 한 사람이라도 열심히 볼 테니까. 그럼에도 못 쓸 정도라고 거절당하면 그것 역시 명쾌하고. 당신이 내 말에 동의하지 않는다면 내가 알아서 찍을게. 안 도와줘도 돼."

동영상을 잘 찍는 특별한 사람들이 이 세상의 동영상 수준을 높이는 것은 잘 안다. 하지만 거기에 나까지 동참할 필요는 없다고 생각한다. 세상을 발전시키기보다는, 나는 이런저런 경험들을 통해 내가 어떤 사람인지 알아가는 것이 더 좋다. 이런 내 생각을 말했지만, 그럼에도 계속 티격태격하면서 동영상을 찍으러 산책로로 나갔다.

결국은, 남편이 다 찍고 나는 속 편하게 햇볕이나 받으며 산책했다. 그나마 남편이 나보다 잘 찍으니까. 내가 모자라면 옆에서 도와주는 사람이 생긴다는 것은 20년이 지나고 깨달은 사실이다. 나는 "무조건 하자! 대강 하면 돼!" 이렇게 바람 잡고, 결국 실행하고 뒷마무리를 하는 것은 남편이다.

턱시도 색깔을 가지고 싸울 때나 동영상을 만들면서 싸우는 거나, 결국 우리는 20년이 지나도 똑같은 사람들이다. 나는 내가 밝은 색 옷이 좋으면 남 신경은 안 쓰고 그냥 입고, 동영상 찍을 실력 따위 없어도 뻔뻔하게 찍어 버린다. 반면 남편은 남들의 기대에 맞는 완성도를 중시한다. 이왕에 하려면 부끄럽지 않을 정도로 최선을 다하는 걸 보여줘야 하는 성격인 것이다. 이러니 같이 사는 내내 둘 다 서로 이해하지 못하고 신경질이 나 미칠 지경이 된다.

아마도 우리는 영원히 서로를 이해하지 못할 것이다. 그리고 때로 서로를 죽도록 미워할 것이다. 하지만 이렇게 나를 미워하는 상대를 그냥 있는 그대로 인정하기로 한다.

느슨하기에
오래 지속 가능한

　가족의 종말, 가족의 해체. 가까운 미래의 꽤 그럴듯한 시나리오이다. 이미 확실히 시작됐다. 1인 가구가 주류를 넘보고 비혼, 만혼, 무자녀가 타당한 인생의 선택지 중 하나가 되었다. 그렇다고 '혼자 사니까 무조건 너무 좋다.'라는 사람도 그렇게 많지는 않은 듯하다. 사람은 무리 지어 사는 동물이라는 사실이 바뀔 리는 없을 테니 말이다. 그러나 함께 사는 가족이 반드시 혈연관계여야 하는지에 대해 의심하는 것은 타당해 보인다.

　고전연구가 고미숙 작가는 「신동아」에 실린 '함께 사니 행복한가? 행복한 가족은 환상이다'라는 칼럼에서 핵가족이 개인과 사회에 미치는 해악에 대해 지적했다. 지금의 핵가족은 외부와 단절된 채 아파트로 대변되는 부를 축적하고자 하는 욕망에 의해서만 작동하고, 가족끼리는 서로를 감정의 쓰레기통으로밖에 보지 않는 현실을 지적했다. 결국 핵가족은 차차 없어질 수밖에 없다고 진단한다.

이런 주장에 나는 전적으로 찬성한다. 내가 태어나 자랐던, 부모와 두 자녀로 이뤄진 핵가족이 딱 이랬다. 가정불화가 끊이지 않았는데, 각자는 지극히 모범적이었다. 부모님은 모두 성실하고 겸손하고 검소했다. 남들과 다툼이 생기면 손해 보는 쪽을 택하는 사람들이며, 각자는 아빠와 남편, 엄마와 아내로서 해야 할 모든 의무를 완벽하게 해냈다. 불행한 가정에 흔히 등장하기 마련인 가정 폭력, 음주와 도박, 사치, 사업 실패, 고부갈등, 무관심 등 그 어떤 것도 없었다. 나와 내 동생도 큰 사고 안 치고 멀쩡하게 컸다. 그럼에도 단언컨대, 모두 공평하게 지옥을 살았다. 문제는 훌륭한 4인 가족을 만들기 위해 각자 해왔던 '헌신'에 있었다. 부모님은 서로 똑같은 주장을 하면서 가족들에게 화를 냈다.

"내가 이렇게 뼈 빠지게 일하고 너희를 위해 희생하는데, 알아주지를 않아. 배가 부른 거야."

물론 이 주장은 사실이었기에 반박할 수 없었다. 하지만 이 분노가 향하는 자식이나 상대 배우자도 절대 가만히 있지 않고 싸움에 열을 올렸다.

"나도 죽을힘을 다해서 의무 이상을 하고 있어. 내가 대체 뭘 잘못했어?"

이 주장 역시 사실이었다. 공부든, 돈 버는 것이든 자신을 위한 것이 아니었다. 학생은 공부만 잘하면 되고, 어른은 남에게 손 벌리지 않고 돈만 잘 벌면 되는 것이 사회가 정해둔 계약이었으니 말이다.

우리 모두는 가족 바깥에서의 행동이 훨씬 쉽고 편했다. 중간보다 조금만 더 잘하면 그만큼 인정받기 때문이다. 그러나 가족 안에서는 스스로와 서로에게 부여하는 기준이 조금 더 높은 정도가 아니라, 완벽 이상이었다. 그리고 그에 대한 보상을 바라다가 결국 서로를 미워했다.

이런 불행의 이유가 자본주의 정신을 충실하게 반영하기 때문임을 나중에야 깨달았다. 우리 가족을 끝없는 욕망과 연결시키기란 쉽지 않았다. 왜냐하면 몇 번의 전 국가적 경제 위기를 견뎌낸 것도 부모님의 특별한 통찰력이나 능력 때문이 아니라, 경제 팽창 시기에도 소비나 빚을 늘리지 않는 극도로 검소한 태도 덕분이었으니까. 하지만 이런 검소함은 그 자체로 어떤 철학이 아니라, 경제 확장 시기에 허리띠를 졸라매서 어떻게든 큰 부를 일구려는 탐욕이었음을 나중에야 깨달았다. 고미숙 작가의 지적처럼, 이것이야말로 우리나라가 기적 같은 경제 성장을 이룬 원동력이었을 것이다. 그러니 현재 우리 사회 전체가 누리는 풍요에 대해 감사함을 느끼는 것은 당연하다.

  하지만 새로운 시대를 살기 위해 과거를 복제하고 존경해야 할까? 이전에는 절대 빈곤을 떨쳐야 한다는 명확하고 타당한 목표가 있었고 가족만이 가장 확실한 방패막이었지만, 지금도 과연 그러한가? 가족관계 속의 끝없는 욕망은 돈에만 한정된 것이 아니다. 서로에게 거침없이 감정을 쏟아내고, 자신이 희생한 만큼 상대에게도 과도하게 요구한다. 여전히 서로에게 가족이라는 이름으로 끝없는 희생을 기대한다.

  그렇다면 가족을 해체하고 새로운 대안의 공동체를 만들면 될까? 고미숙 작가의 경우에는 같이 공부를 하는 지적 공동체를 선택해서 살고 있다고 했다. 하지만 나는 아무리 부러워도 그런 모임에 참가하지는 못할 것 같다(이건 순전히 내 개인적인 성향 문제다). 대학교 때 나도 자연스럽게 여러 세미나와 스터디 모임, 동아리 등에 참여한 적이 있었다. 그런데 이런 모임에서도 가족관계에서 느꼈던 답답함을 벗어날 수 없었다. 가족과는 달리 불편하면 탈퇴하면 그만이긴 하지만, 결국에는 어쩐지 비슷하게 느껴졌다. 읽기 싫은 텍스트도 읽어야 하고, 순서를 정해서 발제와 발표를 해야 하고, 말하고 싶어도 참아야 하고, 듣기 싫어도 들어야 했다. 게다가 뒤풀이 모임도 내 성향에는 잘 맞지 않았다.

다시 한 번 강조하지만, 이건 순전히 나의 개인주의적 성향의 문제다. 다들 만나면 좋은 사람들이고 배우는 것도 많았다. 하지만 나의 경우에는, 모든 사람의 욕구가 같을 수 없는데도 굳이 참아가며 모임에 참여하고 싶지는 않았다.

그러다 어느 날, 가장 마음에 드는 스터디 모임이 만들어졌다. 정확하게 말하자면 '모임'이라고 할 수 없었다. 중세영어 수업에서 모인 사람들이었는데, 이 수업의 텍스트는 옛 영어라 두 개의 사전을 가지고서 한 단어씩 찾아 읽어야 했다. 대여섯 명이 읽어야 할 텍스트를 분배해서 각자에게 할당된 부분의 단어의 뜻만 나눠 찾기로 했다. 이메일이 대중화되기 전이라서 함께 모여 손 글씨로 써온 단어장을 돌려가며 베껴 썼다.

리더가 있는 것도 아니고, 의견을 내고 경청하는 형식이 있는 것도 아니었다. 또 그 텍스트를 무조건 읽어야 할 의무도 없었다. 당연히 뒤풀이도 없었다. 이게 무슨 공동체고 협력이냐고 할지도 모르겠다. 그런데 놀랍게도 친구들이 적어 놓은 단어를 베껴 쓰다 보면 그 텍스트가 정말 읽고 싶어졌다. 단어를 다 찾아도 해석이 만만치 않았는데, 다른 친구들도 읽고 있을 거라는 상상만으로 용기가 났다. 그리고 모두 당연히 알 것 같은 단어도 과도하게 뜻을 달아줬다. 서로 말하지 않았지만 배려하고 있던 것이다. 나는 모르는 단어인데, 다른 친구가 찾지 않고 넘어갔다면 창피할 테니 말이다. 분명 해석하기 위해서 혼자 분투했지만 외롭지 않다는 기분이 들었다. 물론 현실적으로 혼자 해야 할 단어 찾기 노동이 덜어진 것도 컸다. 형식과 구조를 유지하는 그 어떤 것도 없어서 좋았다.

내가 새로 만드는 가족도 이런 식의 느슨한 관계이기를 바랐다. 나는 아이를 낳아 또 다시 핵가족을 만들기 위해 결혼했는데, 행복해지겠다는 생각은 애당초 없었다. 서로에게 더 나아지거나, 더 채우거나, 더 좋은 무엇이 되어야 한다는 기대 없이 관계가 저절로 오래 지속될 것이라는 이해만으로 가족을 지탱할 수 있는지 실험해보고 싶었다. 행복을 구하지 않고, 의무도 없으며, 더 발전하기 위한 목적이 아니라 그냥 현재의 나로도 충분한 관계가 가능할지 궁금했다.

그래서 나의 가족은 기념일이나 생일, 각종 축하 행사는 처음부터 하지 않았다. 앞에서 말한 것처럼 아이라고 해서 학교 공부를 열심히 해야 할 의무도 없고, 어른이라고 해서 돈을 벌어 가족을 부양해야 하는 것도 아니다. 공부하고 돈 버는 것은 가족을 위해서가 아니라, 스스로의 이유가 있으면 족하다. 그 이유도 각자 다를 것이다.

며칠 전, 친구 집에 놀러 갔다 온 둘째가 친구 가족의 이야기를 들려주었다(이 가족 역시 화목하고 좋은 가정이다).

"저녁 시간이었어. 식사도 다 준비돼 있었고. 그런데 우리랑 있던 친구 언니가 전화를 받고서는 갑자기 울면서 자기 방으로 가는 거야. 온 가족이 따라 들어가서 무슨 일이냐고 묻더라고. 거기까지는 괜찮았어. 그런데 그 언니가 울부짖으면서 '혼자 있을 거야. 다 저리 가!' 이러는 거야. 그런데도 가족들은 계속 언니를 달래줬어. 차려진 밥도 안 먹고서. 우리 집 같앉으면 울고 싶은 사람은 울게 두는 거라고 나머지는 열심히 밥을 먹었을 텐데. 결국엔 가족들이 우는 언니를 달래서 데리고 나왔는데, 난 너무 이상했어. 그런데 저 집이 정상이고 우리가 이상한 거 아니야?"

둘째의 말처럼 우리 가족은 같은 상황이 벌어졌다면 울고 싶은 사람은 그냥 내버려두었을 것이다. 물론 속이 상해서 당사자가 가족들에게 이에 대해 대화하고 싶다고 말한다면 당연히 이야기를 나누지만 말이다.

우리 가족이 함께하는 시간 중 가장 행복에 가까운 순간을 꼽으라면, 거실에 모여 각자의 일에 몰두해 있을 때이다. 때로 사춘기 큰아이는 혼잣말로 숙제나 학교에 대한 불평을 중얼거리고, 둘째도 마음에 드는 책이 없다며 성질을 부리곤 한다. 불평에 대해 함께 의논하거나 문제를 해결해주는 것은 당사자가 다른 사람들에게 그러기를 요청할 때다. 그럴 때에는 기쁜 마음으로 머리를 맞댄다.

부모인 남편과 나도 거실에서 각자 고료를 받는 의무적인 글을 쓰기도 하고, 스스로 내켜서 아무 글이나 쓰기도 한다. 보통 뭘 쓰는지는 서로 모른다. 내가 어렸을 때처럼 힘들게 돈 버는 부모를 우대하는 분위기는 없다. 역시 아이들이 공부하는 것도 자기 선택일 뿐이다. 다만 함께 사는 사람으로서 해야 할 의무인 집안일은 이런 일들보다 항상 우선한다. 중세영어 스터디에서 각자 맡은 부분의 단어를 찾아야 했던 것처럼. 하지만 분명한 것은 혼자 사는 사람이 해야 할 가사 노동보다는 적을 수밖에 없다. 모두 나눠서 하기 때문이다.

코로나 이후 일 년여 만에 초등학교 4학년인 둘째가 등교를 하게 되었다. 같은 방에서 자는 언니를 깨우지 않기 위해서 전날 저녁에 갈아입을

개인들이 함께 산다는 것   049

옷을 거실에 내놓고, 7시에 혼자 일어나 살금살금 걸어 나와 조용히 도시락을 싼다. 8시쯤 나가는데, 그 시간까지도 나머지 식구들은 여전히 꿀잠을 자고 있다. 학교에서 돌아온 둘째가 자랑한다.

"히터가 들어올 때 '웅' 하는 소리가 나잖아. 그때까지 기다렸다가 도시락 뚜껑을 닫았어. '딱' 소리가 나면 나머지 가족이 깰 수도 있으니까."

사실 나머지 세 식구들은 느지막하게 일어나 둘째가 없는 것을 확인한다. 그러면서 서로 둘째의 귀여운 짓들을 떠올리며 이야기한다. 식구들을 안 깨우려고 조심하는 기특한 점에 대해서도 말하지만, 말도 안 되는 이유로 떼쓰는 것에 대해서도 이야기한다. 그러나 우리는 서로의 착한 행동과 나쁜 행동을 구분하지 않는다. 남을 해치는 일이 아닌 이상 그 사람 자체인 것으로, 그리고 각자 자기가 하고 싶다고 스스로 정한 일을 해내는 것으로 충분하다. 그에 대한 좋고 나쁨을 평가하지 않는다.

인간은 근본적으로 외롭고 불안한 존재다. 하지만 가족과 함께하는 동안은 이 외로움도 달콤해진다. 우리는 서로의 외로움을 달래주거나 행복을 줄 수는 없지만 대신 각자의 외로움, 불안, 부족함을 서로 인정해준다. 지금까지의 가족이 더 많은 재산을 모으고 더 경쟁력을 갖춘다는 목표를 가지고 있었다면, 앞으로의 가족은 (여전히 존재한다면) 더 발전하지 않고 지금 그대로여도 괜찮다고 서로에게 말해주는 관계여야 할 것이다.

타인에게서 '나' 찾기

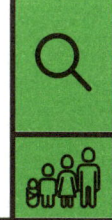

언제부터인지 모르겠는데, 큰아이가 소설책을 읽어서 녹음한 지가 꽤 되었다. 일종의 오디오북을 만드는 것이다. 일주일에 두어 번씩 한 번에 2시간 가까이 책을 소리 내서 읽는다. 이유가 궁금해서 물었다.

"그거 왜 하는 거야? 숙제야?"

"아니, 그냥."

아이가 머쓱하게 웃는다. 내막을 들어보니 소설이 좋은 것도, 소리 내서 책 읽는 게 좋은 것도 아니란다.

"그럼 대체 왜 하는 건데? 심심해? 아니면 전에 얘기한 것처럼 성우가 되고 싶어서 연습하는 거야?"

"사실은 말이지······, 엄마가 그랬잖아. 사람은 누구나 남한테 인정받고 싶은 욕구가 있고, 그걸 채울 방법을 찾아야 한다고. 이게 내가 찾은 방법 중 하나야. 이 녹음 파일을 학교 채팅방에 올리면 이걸 듣고 좋아하는 애들이 있어. 인정받는 기분이 들어서 좋더라고."

"그렇구나! 그걸 알게 돼서 기분 좋겠다. 그러니까 너는 오디오북을 녹음하는 자체보다는 그걸 들어주는 사람들의 반응이 좋다는 거지?"

"응, 그리고 녹음하는 것도 싫진 않아. 사실 재미있기도 해. 하지만 진짜 목적은 남들이 좋다고 해주는 반응이 좋아서 그런 게 맞아."

"멋진데! 몇 명쯤 들어?"

"다섯 명은 확실히 듣고, 그보다 몇 명 더 들을 수도 있어. 이 애들은 수업을 위해서 책을 읽어야 하는 게 싫거나 힘든데 내가 읽어주면 좋대. 내가 이런 방식으로 도움이 되면 기쁠 뿐, 프로 성우처럼 나중에 저작물을 팔거나 직업을 삼을 목적은 없어."

이렇게 만족과 기쁨을 느끼는 이 아이의 성품은 더할 나위 없이 기특하다. 하지만 오늘 진짜 하고 싶은 이야기는 동전의 뒷면에 대한 것이다. 바로 이러한 점이 아이를 힘들게 하는 원인이 되기도 하기 때문이다. 자기가 하는 일에 대해 기대한 만큼 인정을 받지 못하거나, 자신이 공들이는 일에 누군가 같이 하자고 다가오는 것에 대해서는 예민해진다.

아이는 친구들과 공원에 피크닉을 가기로 하고서 도시락을 싸기로 한 적이 있었다. 몇 주 전부터 미리 레시피북이나 유튜브를 뒤져 메뉴를 고민하고, 요리 연습을 하고, 색깔과 모양을 맞춰 용기에 예쁘게 데커레이션 하는 것도 궁리하며 열성적으로 준비한다. 그럴 때 내가 나서서 도와준다고 하면 싫어한다. 그리고 혼자 사서 고생을 한다. 다행히 그날은 친구들이 너무 행복해하고 많이 칭찬해줘서 즐거운 경험으로 마무리되었지만, 만일 친구들이 아이의 수고를 대수롭지 않은 것처럼 여겼다면 아이는 굉장히 속상해하며 화냈을 것이다. 이런 자신의 성향에 대해 아이가 내게 말한다.

"나도 알아. 남들 도움을 받으면 더 큰 일도 더 쉽게 할 수 있다는 걸. 하지만 난 그게 불편해."

"네가 정성 쏟는 만큼 상대가 반응해주지 않는 것에 대해 네가 상처받는 건 불편하지 않아?"

"내가 원하는 만큼 상대가 찬사와 감사를 표현하는 사람인지 먼저 작게 테스트 해봐야 한다는 걸 깨달았어. 어렸을 때는 사람들이 다 다른지 몰랐어. 그래서 언제든 정성을 쏟고서 상처받기도 했거든. 아직도 잊을 수 없는 일이 있어. 초등학교 3학년 때 내가 진짜 열심히 그림 그려 만든 카드를 선생님께 드렸는데, 집에 갈 때 보니까 교실 쓰레기통에 처박혀 있는 거야."

큰아이의 이런 성품은 나로서는 도무지 이해가 안 된다. 나와는 완전히 다르기 때문이다. 나는 뭔가를 하는 동기에 다른 사람이 별로 포함되지 않는다. 남을 이기거나, 감동시키거나, 도우려는 생각이 희박하다. 그냥 내가 재미있게 보이는 것을 한다. 바로 그 점 때문에 어떤 일에도 싫증을 잘 내고 끈기가 없다. 다른 사람을 위한 것이거나, 혹은 다른 사람의 평가를 신경 쓰면, 하기 싫어져도 더 지속할 동기가 되고 완성도도 높아질 것이다. 나는 그렇지 못하는 대신에, 다른 사람의 도움을 받거나 공을 나눠 갖는 일에 불편함을 느끼지 않는다. 다른 사람이 비난해도 최초의 불쾌감은 느끼더라도 이를 쉽게 잊어버린다.

그러므로 내가 좋아하는 책도 아니고, 녹음 같은 일에는 특별한 관심도 없는데 오디오북을 만드는 일이란 나에겐 있을 수 없다. 다른 사람들을 돕는 것에 관심이 없는 게 아니라, 애초에 수업을 위해서 오디오북을 들으려는 사람이 있다고 생각이 미치질 못한다. 나 같으면 수업 때문에 읽어야 할 책이 재미있으면 직접 읽거나, 읽기 싫다면 차라리 점수를 포기하고 다른 재미있는 것을 할 것이다. 그러니 아이가 열중하는 이 일이 내 입장에서 보면 시간 낭비처럼 보이기도 한다.

따지고 보면, 나는 나와 너무 다른 큰아이를 보면서 내 자신에 대해 배웠다. 아이를 키우기 전에 나 자신에 대한 생각은 별게 없거나, '나는 뭐든 용감하게 하는 사람이야.', '나는 너무 끈기가 없어.', '나는 사람을 좋아하지만 친구가 많진 않아.'와 같이 단편적이었다. 이런 나의 특징들이 도대체 무슨 의미가 있고, 이를 가지고 어떻게 살아가야 하는지도 알 수 없었다. 나의 특성 하나하나가 유기적이라기보다는 일관성 없는 개별적인 것이라고 느껴졌기 때문이다.

큰아이가 어렸을 때는 아이가 단지 온순하다고만 생각했다. 엄마가 원하는 것을 잘 알아채는 아이였으니까. 하지만 아이에게 내가 이해하지 못하는 고집이 있음을 조금씩 발견해갔다. 특히 아이의 성격을 물려준 아빠는 아이를 나보다 더 섬세하게 챙겨주는데, 아이는 오히려 아빠에게 불만이 더 많다. 둘 다 상대의 눈치를 보고, 칭찬과 인정을 원하기 때문이다. 하지만 나는 허술하게 반응하기 때문에 아이가 고집스럽게 완벽을 추구하는 것에 대해 무심하게 넘어가 버린다. 그러다 아이가 나를 도와주면 그것을 있는 그대로 굉장히 좋아한다.

17년이 넘는 시간 동안, 큰아이와 함께하며 서로 충돌하면서 알게 된 우리 성품들에 대한 이야기는 어쩌면 다소 복잡할 수도 있다. 내가 이런 이야기를 길게 한 이유는 사람의 성격에 대해서 다음과 같은 이야기를 하고 싶었기 때문이다.

1. 어떤 성품도 장단점이 따로 존재하지 않는다.

큰아이의 경우, 꼼꼼하고 세심한 성격을 갖고 있지만 이런 성품이 때로 남들의 도움을 수용하는 데에 어려움으로 작용하기도 한다. 리더 역할을 잘해내지만, 남들에 대한 기대가 높아서 쉽게 실망하곤 한다. 따라서 이는 좋은 성격도, 나쁜 성격도 아니다. 다만, 꼼꼼함과 높은 기대감이라는 다른 두 성품이 사실은 하나의 특성에서 나왔음을 알게 되는 것이 중요하다. 따라서 이런 성격을 고치기보다는 자신에게 어울리는 맥락을 만들고 찾아 나가야 한다.

2. 내가 이해할 수 없는 타인을 사랑하면, '나'에 대해 배우게 된다.

남편이나 큰아이는 내가 살면서 만난 적이 거의 없는 성격의 타인이다. 처음에는 이렇게 다른 남편과 싸우면서 그를 그저 '특이한' 사람이라고 생각했다. 그런데 큰아이를 키우며 생각해보니, 이런 성향의 사람들을 그동안 내가 피해왔다는 사실을 알았다. 혹은 아마도 이런 사람들이 나를 멀리했을 수도 있다. 내가 이해할 수 없는 이유로 아이가 기뻐하거나 괴로워할 때, 나는 비로소 아이의 눈으로 세상을 볼 수 있었다. 그래야 아이에게 설명을 해줄 수 있으니까. 그러면서 나 자신을 다시 생각해보게 되었다.

3. 사람은 관계 안에 존재한다.

아이든 어른이든 모든 사람에게 타인의 사랑, 관심, 인정이란 마치 먹어야 살 수 있는 것처럼 필수적인 것들이다. 하지만 각자 체질에 맞는 음식이 다 다른 것처럼 자신이 필요로 하는 종류와 맥락이 무엇인지 세심하게 알아내야 한다. 그런데 이를 위해 필요한 것도 타인과의 관계다. 큰아이가 상처받으면서 자신에게 필요한 사람들을 알아보는 법을 연구한 것처럼 말이다. 타인의 존재로 인해 나의 욕구나 특성을 참아야 한다는 뜻이 아니다. 오히려 나와 다르고, 나를 괴롭히고, 혹은 나에게 긍정적인 타인 안에서 '나'를 발견할 수 있다. 그런 발견을 토대로 멀리해야 하는 사람도 알게 되는데, 그건 그 사람이 미워서가 아니라 내가 타인과 맺는 관계에 대한 이해에서 온다.

좋아하는 마음을 스스로 지킨다

수많은 사랑의 정의 중 나는 '상대를 있는 그대로 받아들인다.'를 가장 좋아한다. 나 역시 그런 사랑을 하는 사람이고 싶다. 그런 마음만으로 성급하게도 이미 그런 사람이라도 된 것 같은 은밀한 자기만족감에 빠지기도 하지만, 그때마다 이런 생각이 와장창 깨지는 데에는 오랜 시간이 걸리지 않는다. 아이들이 한창 예뻐 보일 때 문득 정신을 차리고 보면, 아이들이 내가 원하는 대로 혹은 내가 시키는 대로 행동할 때인 것이다. '저러면 애한테 문제일 텐데.'라며 걱정스럽고 짜증이나 화가 날 때도, 뒤돌아 생각해보면 내가 다른 일로 피곤했거나 아이들이 내 뜻대로 안 될 때이다. 다른 사람이나 세상에 대해서도 마찬가지다. 사랑한다는 건 도대체 뭘까?

지난달 남편이 혼자 한국을 다녀왔다. 두 아이들이 돌아온 아빠에게 말했다.

"아빠, 보고 싶었어."

"왜?"

"아빠가 밥을 먹어 치워주니까."

매끼 식사에서 남편은 전체의 절반을 먹는다. 그런 남편이 없으니 음식이 남고, 두 끼를 내리 같은 것을 먹곤 했다. 나는 편했는데, 아이들은 연속으로 같은 음식을 먹는 것이 별로였나 보다. 남편은 실망한 표정과 말투로 묻는다.

"고작 그런 이유로 내가 보고 싶었던 거야? 조금 기분이 나쁜걸. 내가 밥 먹어 치우는 사람이야?"

"맞아, 아빤 그런 사람이잖아. 그것도 좋은 거 아니야?"

남편은 사랑받고 있음을 확인하고 싶었고, 그저 남은 밥을 먹어주는 것은 너무 사소한 일이라고 느꼈다. 내가 옆에서 설명을 거들었다.

"좋은 거지. 당신은 그 자체로 대체 불가능한 사람인 거잖아. 아무 노력 하지 않아도 있는 그대로 인정받는 거라고."

비슷한 예로, 그동안 남편과 내가 수십 번 반복했던 대화가 있다. 보통 남편의 질문으로 시작한다.

"너는 나랑 왜 결혼했어?"

"결혼은 애 낳으려고 했지. 왜 당신이랑 한 거냐면…… 키가 크고 뚱뚱해서."

그러면 남편은 실망한 말투로 받아친다.

"참나, 그게 말이 돼? 키 크고 뚱뚱하기만 하면 다른 건 개차반이라도 상관없다는 거야?"

"키 크고 뚱뚱한 사람이 많을 것 같지? 찾아보면 정말 드물어. 살만 많아서 뚱뚱하면 안 되고 어깨가 넓은데 살까지 두둑이 붙어야 한다고. 진짜 특별한 거야."

솔직한 이유를 설명해주면 남편은 더욱 맘이 상한 말투이다.

"아, 기분 나빠."

"기분이 왜 나빠? 당신이 착하고 훌륭해서, 나한테 잘해줘서, 돈 잘 벌어서 결혼했다면 기분이 좋겠어? 그러면 얼마나 피곤해? 계속 착하고, 잘해주고, 돈도 잘 벌어야 하잖아. 잘생겨서 결혼했다면 늙으면 끝인 게 확실하지만, 당신은 계속 키가 크고 높은 확률로 뚱뚱할 예정이잖아."

"말은 되는데, 그래도 기분 나쁘지. 내가 아무것도 아닌 것처럼 느껴진단 말이야."

"나 만나기 전을 생각해봐. 키가 너무 커질 때, 뚱뚱해질 때, 너무 거구가 되는 게 아닌가 걱정했을 때를 말이야. 이런 미래가 오리라고 상상이나 했어? 당신에게 걱정거리였던 살이 오히려 결혼하는 데에 완벽한 조건이 되다니! 삶이 아주 잘 통합된 기분이 들지 않느냐고. 내가 당신을 있는 그대로, 당신은 키가 크고 뚱뚱한 게 핵심이란 걸 내가 찾아낸 거잖아. 그게 사랑이 아니고 뭐겠어?"

물론 이렇게 아무리 설명해줘도 남편은 어쩐지 기분이 나쁘다고 했다. 결혼하면서부터 박이 터져라 싸우고 심각하게 이혼을 생각해본 적도 있다. 그러면서 나는 본능적으로 극한 이기심을 갖게 됐다. 만일 이 남자가 내 인생에서 사라지고 나면 결국 나 혼자 남을 테니 말이다.

그런데 나 자신만을 지키겠다고 생각하자, 아이러니하게도 이 남자에 대한 사랑을 떠올리게 됐다. 남편이 어떤 사람인지도 잘 모르면서 너무 좋아서 더 오랜 시간을 함께하고 싶어 했던, 바로 나 자신의 마음을 지켜 내고 싶다고. 결혼이나 이 남자에 대해 오판했던 나, 혹은 결혼생활에서 잘못을 저지른 내가 아니라, 이 남자를 그토록 좋아했던 나를 지키기로 한 것이다. 그 강함 끌림이 바로 큰 키와 커다란 덩치였다. 아무리 별거 아닌 시시한 이유라도 그를 사랑했던 이 이유만큼은 도저히 부정할 수 없다.

사람들이 흔히 "인물 보고 결혼하면 오래가지 못한다."라고 하지만, 나는 확실히 내가 그토록 좋아했던 거대한 몸 때문에 다른 싫은 점들을 견딜 수 있었다. 쉽게 납득할 수 있는 이유들보다 거대한 몸에 대한 설렘은 지극히 확실한 '나'만의 것이고, 그 대상이 바로 '그'만의 것이었으니까.

'결혼하기를 정말 잘했다. 이렇게 내 맘에 쏙 드는 몸을 가진 남자와 결혼하다니, 얼마나 행운이고 다행이야!'

그때 나는 사랑을 지키는 법을 새로 배웠다. 사랑을 지킨다는 것이 반드시 좋은 관계를 지속하고 내 마음에 드는 시간만 의미하는 것은 아님을. 내가 싫어하는 상대의 부분까지 받아들일 수 없다면, 내가 좋아하는 확실한 이유 하나라도 지켜 내는 것이다. 꼭 가족관계가 아니더라도 마찬가지다. 옆에 있는 친구가 싫어지는 마음이 생길 수도 있으며, 각자의 마음이 어긋날 수도 있다. 그러나 사랑하는 대상이 내 앞에 있어도 없어도, 그를 사랑하는 내 마음만큼은 지킬 수 있다.

남편이 어떤 사람인지도 모르고 좋아하고, 결혼하고, 그를 알아가면서 미워하는 과정을 거치며 알게 된 나의 취향, 즉 키 크고 뚱뚱한 남자를 좋아한다는 것은 그저 막연히 내 이상형을 그리는 것과는 완전히 다르다. 그와 내가 함께 겪은 많은 일들 가운데에서 내가 그에게서 찾아낸 것이기 때문이다. 물론 나의 기본적인 성향은 그대로겠지만, 거기에 구체적인 맥락과 독특성이 입혀지고, 내가 지켜 내야 할 이유를 제공한 사람이 바로 남편이다. 당연히 키 크고 뚱뚱한 사람이라고 해서 내가 무조건 다 좋아하진 않을 것이다. 나의 수많은 취향 중 하나의 의미를 부여해주는 상대가 남편이었을 뿐.

물론 언젠가 나도 더 성숙해져서 진정으로 상대를 있는 그대로 봐주는 사랑을 할 수 있게 되길 간절히 바란다. 나와 생각이 다르고, 심지어 나에게 손해를 끼치고, 나를 비난해도 분노하는 마음이 들지 않게 말이다. 그런 날이 오기 전에 내가 할 수 있는 일은 내가 좋아하는 그 마음을 지키는 일이다. 너무나 사소해서 남들이 보기엔 아무것도 아닐지라도, 내가 좋아하는 마음을 온전히 지켜 내기 위해 할 수 있는 일이 있다. 남들이 외모는 중요한 게 아니라고 해도, 뚱뚱한 게 뭐가 좋으냐고 해도, 내가 바로 그 때문에 가슴이 뛰었다는 '나' 자신을 굳게 믿는 것 말이다.

아이가 아빠를 그리워하는 이유가 자상하고 멋진 아빠인 것보다 똑같은 밥을 두 번 먹지 않게 해주는 사람인 것도 비슷한 이유로 소중하다. 아빠가 아이의 삶에서 얼마나 구체적인 경험을 함께했는지를 느낄 수 있지 않은가. 남들과 비교해서 혹은 남에게도 있는 아빠라서가 아니라, 다른 누구와도 바꿀 수 없는 경험을 공유한 사람이기 때문에 사랑하는 것이다.

미움마저 새롭게 해석하는 자유

"엄마는 언니를 더 예뻐하지만, 나를 더 좋아하잖아."

어느 날 둘째가 말했다. 명확히 설명할 수는 없지만, 딱 맞는 말이라고 생각했다. (날 닮아서) 주변 눈치는 아랑곳 않고 내키면 당장 해 버려야 하는 둘째가 예쁘단 생각은 쉽사리 들지 않는다. 내 말을 고분고분 따르지 않으니 말이다. 그런데 이 애가 인상을 팍 쓰면서 제 성질을 못 이겨 고집스러운 표정을 지을 때, 귀여워서 미쳐 버릴 것 같다.

그런데 사십 대 후반을 달리는 남편도 간혹 그렇게 귀여울 때가 있다. 바로 꾸역꾸역 밥을 욱여넣어 먹을 때! 사실은 이것도 내가 남편에 대해 늘 불만스러운 점이다. 남편은 굉장히 빨리 먹는데, 음식을 두 번쯤 씹고 삼켜 버린다. 같이 밥을 먹다 보면, 이 사람이 덜 씹은 커다란 음식 덩어리를 목구멍으로 꿀떡 밀어 넣는 동작이 눈에 딱 걸린다. 살짝 덜컹하면서 목과 턱의 근육이 미세하게 일시 정지하며 경직된다. 이럴 땐 마치 내 목구멍이 꽉 막히는 것 같다.

  게다가 이런 미친 속도로 밥을 먹으니, 이 사람은 거대한 하나의 위장으로 변해 버린다. 주변에서 무슨 이야기를 해도 듣지 않고, 음식 맛도 신경 쓰지 않고, 아무것도 보이지 않는 것처럼 음식을 투입하는 기능만 하는 존재처럼 보이는 것이다. 너무 꼴 보기가 싫어서 십수 년을 살며 이 문제로 수도 없이 옥신각신했다.

  그런데 놀랍게도, 최근에는 가끔 이렇게 먹는 모습이 여전히 보기가 좋은 것은 아닌데, 어째 귀엽다는 감정이 피어오르는 것이다. 이 신기한 감정을 설명하기 위해 우리가 만난 최초의 이야기를 해야 한다.

  남편과 나는 회사 입사 동기로, 여섯 명의 합격자 중 둘이었다. 합격 발표를 하고 정식 입사 전 지방연수원에서 며칠 숙박하며 오리엔테이션을 했는데, 낮에는 외부 강사들의 교육 프로그램에 참가하고 저녁에는 으레 술자리가 이어졌다. 이 저녁 회식 모임은 은근히 긴장되는 시간이다. 당장 일에 투입되면 마주하게 될 회사 선배들이 쫙 깔린 데에다, 당연히 그들은 신입들이 어떤지를 평가하고 싶어 할 것 아닌가. 그런데 나는 이런 긴장 상태를 오래 유지하지 못하는 편이다.

  이날도 듬성듬성 끼어서 지난날의 무용담을 읊어 대는 선배들을 겨우 견디면서 다른 사람들을 힐끔힐끔 구경하고 있는데, 한 사람이 딱 눈에 들어왔다. 그는 바로 남편이었다! LA갈비의 뼈 부분을 솜씨 좋게 쥐고서 끈질기고 섬세하게 고기를 뜯어 먹고 있었다. 모두가 대강 허기만 채우고 양손을 식탁 아래로 하고선 바른 자세로 선배들의 이야기를 경청하고 있는데, 열댓 명 중 유일하게 그 혼자서 먹고 있는 것이다. 그것도 다른 사람의 눈에 띄지 않을 만큼 조용하고 유연하게.

홀린 듯 그 이상한 사람을 구경했다. 내가 그렇게 정면으로 쏘아보는데도 전혀 모르고 남들이 남긴 고기까지 다 먹어 치웠다. 그 식탁에서 회사에서의 자기 이미지에 신경 쓰지 않고 자신만의 세계에 빠져 있는 것을 전혀 감추지 않은 사람은 그렇게 딱 둘이었다. 한 사람은 차갑게 식은 LA갈비를 하나도 남기지 않기 위해, 다른 하나인 나는 '저 사람이랑 사귀어야겠다.' 궁리하면서.

욱 하는 성질을 못 참고 울고 소리를 지르는 둘째나, 꾸역꾸역 음식을 밀어 넣는 남편이 귀엽다고 생각하는 것은 조금 이상한 일이다. 이런 특성들을 내가 좋아하게 됐다거나 내 성격이 너그러워진 건 아니다. 이 이상한 감정은 우리가 무수히 반복해온 우리의 역사다. 아이가 화내고, 남편이 꼴 보기 싫게 밥 먹는 상황이 또 펼쳐지는데, 이상하게도 이런 상황이 내게 다시 주어진 새로운 기회처럼 느껴졌다.

'역사란 무엇인가?'

이에 대해 갑자기 다시 생각해봤다. 역사는 과거에서 현재로 흐르면서 현재에 서 있는 내가 해야 할 의무를 부여하는 것 아니던가? 한 민족이나 국가의 역사만 그런 것이 아니다. 개인의 삶에서도 부모님께 감사하고, 그분들의 희생이 헛되지 않게 잘 살아야 하며, 내 자신의 과거 행동과 선택을 현재 책임져야 한다.

그러니 고집 센 아이를 낳았으면 책임지고 견디며 사랑으로 보살펴야 한다. 아이의 문제 행동을 걱정하고 내가 문제인지를 걱정하는 것도 당연한 일이다. 마찬가지로 음식 앞에서 위장으로 변하는 남편을 내가 선택했으니, 이 역시 스스로 책임져야 한다. 견디면서 사는 것도, 이혼하는 것도 결국 내 잘못된 선택을 인정하는 셈이다. 어쨌든 이 모든 것은 과거의 역사를 고정해 두고서, 이에 따른 인과로서 현재를 보는 관점이다.

물론 내가 원하는 방향으로 변화시키기 위한 시도들을 해보았고, 실패했다. 그것이 우리의 역사다. 그런데 언젠가부터 그런 상황에 닥쳤을 때, 내가 무엇인가 해야 한다는 생각으로부터 벗어났다. 바로 그런 감정에서 상대방이 귀엽다고 느껴진 것이다. 아이는 여전히 화를 내고, 남편은 꾸역꾸역 먹지만 과거의 나, 아이, 남편을 자유롭게 해방시켰다고 생각하니 웃음이 나왔다.

아이는 화내면서도 자신이 곧 낄낄 웃을 것임을 안다. 아이가 그렇게 화내고 잠시 후 날아갈 듯 기분 좋아진 이야기들을 함께 나누는, 바로 그것이 우리 역사다. 남편에게도 "또 그렇게 먹는다!"라면서 나만 기억하는 우리의 첫 만남에서부터, 덕분에 싸워온 이야기들을 한다.

우리의 역사를 반복해 이야기하면서 우리가 정해진 대로 행동할 필요가 없고, 이 순간 우리에게는 비슷한 상황에서 새로운 시도들을 할 수 있다는 용기를 얻는다. 역사로부터 배우는 것이란, 정답이 아니라 이미 일어난 일들이 그 맥락에서만 가능한 일이었다는 깨달음이다. 지금 이 순간은 언제나 한 번도 만난 적 없는 새로운 맥락이니까.

역사학자 유발 하라리는 『사피엔스』에서 역사의 쓸모에 관해 설명하면서 서양의 잔디밭을 예로 든다. 미국 사람들은 잔디밭 관리에 정말 목숨을 걸 정도다. 옷은 대강 입는 사람들이 자기 집 잔디밭은 조금이라도 지저분하게 되는 것을 못 견딘다. 잔디밭을 푸르게 관리하려면 비용도 엄청나게 들어가고, 그렇다고 잔디밭에 딱히 실용적인 목적이 있는 것도 아니다. 그럼에도 불구하고 이들이 잔디밭에 이토록 신경 쓰는 이유가 뭘까?

이에 답하기 위해 필요한 것이 역사다. 역사적으로 귀족들은 많은 하인을 거느려야 유지할 수 있는 푸른 잔디의 크기로 권력과 지위를 자랑했다. 그러다 귀족이 없어진 지금은 타당한 이유가 사라졌는데도 잔디밭의 관리가 관습처럼 되어 버렸다는 것이다. 이런 역사를 안다는 것은, 잔디밭을 없애는 용기의 출발점이 된다. 이것이 바로 이 책이 말하는 역사의 효용이다. 즉, 현재 우리를 자유롭지 않게 억압하는 것들로부터 탈출하기 위해 필요한 게 바로 역사라는 것이다.

개인의 역사, 과거의 나 자신의 선택이나 주변 사람들의 반복되는 행동들이 때로 우리를 옭아매는 것 같을 때가 있다. 상대방의 어떤 행동에 대해 실망하고 화나는 것은 원인에 대한 정당하고 당연한 결과라는 생각이 자연스레 들기도 한다. 지금까지 해온 대로 하는 것이 가장 타당한 것 같기도 하다. 분명히 우리는 과거에서 흘러왔고, 원인이 있으면 당연히 그 결과와 반응이 있기 마련이다. 그런데 우리를 자유롭게 하는 것은 그런 것들이 사라지는 것 때문이 아니다. 오히려 바로 그 제약이야말로 진정으로 우리가 자유를 택할 기회가 되기도 한다.

위장이 되는 남편을 사랑했다가 미워하는 우리 부부의 역사에서 사랑도 미움도 고정된 반복이 아니고, 어쩔 수 없는 결과가 아님을 깨닫게 됐다. 역사가 반복되는 것은 우리에게 굴레가 아니라, 새로운 기회이다. 한 국가나 민족의 역사든, 한 가족의 역사든, 역사를 챙긴다는 것은 현재에 과거와 다른 새로운 선택의 자유를 위한 것이어야 한다. 예전에는 지루하거나 무서워서 끔찍하기만 했던 역사책을 이제는 재미있게 읽을 수 있을 것 같다.

2

비로소
나의 세계가
완성되었다

"넌 엄마 닮아서
엄마만큼은 살 거야.
평범한 삶이라도
즐겁게 말이야."

내 아이를
소개합니다

미국은 9월에 새 학년, 새 학기가 시작된다. 코로나로 인해 대면 등교가 어려워서 초등학교 4학년이 된 둘째가 화상으로 선생님과 만났다. 학부모 면담도 함께 이뤄졌다. 나와 남편, 그리고 아이가 컴퓨터 앞에 앉아서 새로운 선생님과 화상 면담을 했다. 선생님은 질문지를 놓고 하나씩 물어보신다.

"아이 학습과 관련해서 교사인 제가 알고 있으면 좋을 만한 사항을 말씀해주세요."

내가 아이에 대해 설명했다.

"저희 애는 굉장히 빨라요. 교과 내용이나 문제를 차분하게 풀어서 실수를 줄이는 성향이 아니라서 실수가 잦고 놓치는 내용도 많은데, 이해를 못해도 일단 끝까지 놀라운 속도로 나아가요. 쉬지도 않고요. 전에 일주일치 학교 숙제가 한꺼번에 나온 적이 있었어요. 월요일부터 금요일까지 분량이 나눠져 있는데도 애는 받아오자마자 가방만 던져 놓고 몇 시간 만에 숙제를 다 끝내 버렸어요. 그러니 당연히 실수도 많습니다. 아이는 틀린 걸 다시 보고 고치는 것보다 새롭게 하는 걸 더 좋아해요."

선생님이 흥미로운 듯 나의 말을 경청했다. 나는 이어서 더 말했다.

"사실 저희 집은 성적 자체에는 별로 관심이 없어요. 그러니까 아이에게 천천히 하면서 실수를 줄이라고 하고 싶지 않아요. 그냥 아주 많은 양을 아이가 끝내면 또 새로운 걸 주고 또 주고……, 그런 식이었으면 좋겠어요. 책도 그렇게 읽거든요. 그중에 아이가 다시 읽고 싶은 것, 이해 못한 것을 다시 돌아가 살펴보는 건 아이 자신의 마음입니다. 그렇게 빨리 하면서 조금씩 쌓여가는 게 있는 것 같아요. 그 역시 스스로의 선택이라서 좋아요."

"아, 그렇군요. 그러면…… 아이에게 계속 추가 숙제를 내줘야겠군요."

선생님이 슬쩍 웃고 답하시고, 이어서 아이 쪽에도 묻는다.

"그래도 되겠니?"

아이는 해맑게 답한다.

"네, 전 만날 할 게 없어서 정말 심심해요. 계속 숙제 많이 주세요. 재미있어요."

학교 선생님이 아이를 어떻게 보는지는 애나 나나 별로 관심이 없다. 그것도 선생님의 마음이며, 자기 마음대로 보는 것일 테니까. 그 사실을 우리 아이들도 잘 안다. 나는 아이들에게 선생님뿐 아니라 다른 친구들에 대해서도 다음과 같이 이야기를 해주곤 한다.

"세상 사람들은 너의 평가자가 아니야. 그냥 그 사람은 그 사람인 거야.

각자 타인에 대한 평가 기준이 그 사람 자체에 있을 뿐이거든. 그러니까 너를 싫어하는 사람은 그냥 그런 사람인 것뿐이지, 그게 실제 너에 대한 게 아니거든. 마찬가지로 누군가 너를 좋아하고 칭찬해주는 건 네가 훌륭하거나 좋아할 만한 사람이라서가 아니야. 그래서 너를 그렇게 봐주는 그 사람 자체로 정말 소중한 거야. 그런 사람은 잘 간직해야지. 결론은 말이야, 누가 널 싫어하면 최대한 빨리, 그리고 멀리 도망 가. 그 사람의 마음을 네 뜻대로 바꿀 수는 없으니까. 누가 널 좋아하면 그건 '와, 행운이다!' 생각하는 거야. 그런 사람과 가까이 있으면 돼. 그럼 결국 이 세상이 너를 다 좋아하게 돼 있어."

선생님에게 아이에 대해 설명하는 이유는 선생님이 내 아이를 어떻게 봐주길 바라는 것 때문이 아니고, 일 년 동안은 도망 못 갈 내 아이를 위한 방어막 같은 것이다. 그리고 이 방어는 아부나 위협이 아니라, 내가 아이를 보는 시선이 이렇다는 것을 선생님에게 전달하는 것까지만 가능하다. 내가 아이를 보는 시선대로 선생님뿐 아니라 이 세상도 아이를 보게 될 확률이 크다. 그렇다고 무조건 '내 아이가 이 세상에서 최고다.', '내 아이는 단점보다는 장점이 많다.' 식으로 보는 것은 큰 효과가 없다. 내 스스로에게 진실한 것이 아니기 때문이다.

어떤 부모들은 아이를 객관적으로 본다고 착각하는 경우가 있다.

"나는 부모니까 괜찮지만, 밖에 나가서 이렇게 하면 안 될 텐데……. 부모가 아니면 누가 애한테 이런 걸 지적해주겠어?"

이런 부모를 보면 그 아이를 대신해 내가 울고 싶어진다. 내가 그런 '밖에서 만나는' 한 사람인데, 이 애들을 보면 너무나 멀쩡해서 부모에게만 안 괜찮은 아이인 게 아닐까 생각 들기 때문이다.

자기 딸이 뚱뚱해서 고민이라고 입버릇처럼 말하는 엄마가 있었다. 물론 애가 뚱뚱하긴 했다. 그런데 이 엄마가 "얘는 살 좀 빼야 돼."라고 자꾸 말하니까 나도 역시 그 애가 뚱뚱하다는 생각이 저절로 전달된 것뿐이다. 정확하게 말하자면, 조금 통통한 정도여서 엄마가 아무 말도 안 했다면 의식적으로 아이의 덩치에 대해 생각하지 않았을 가능성이 높다. 그렇다고 "넌 안 뚱뚱해."라고 하는 것도 말이 안 되겠지만, 그 아이가 뚱뚱한 것 외에 다른 특징이 없는 사람일 수 있을까?

"아이가 수줍은 듯 은은하게 웃는 모습을 보니 얌전한데 밝은 성격이 함께 있는 것 같아요. 주변 사람들이 도와주고 싶어지고, 궁금해지고, 편한 마음이 들게 하는 특성이 있어요."

내가 말했더니 엄마가 "애가 자기 표현도 못하고, 만날 뒤로 숨기만 해서 걱정이에요. 학교에서도 표현력이 부족한 것 같다고 그러시더라고요."라고 답했다. 예전에 학부모 상담할 때 우리 둘째의 담임 선생님도 그런 적이 있었다.

"아이가 친구들과 어울리지 않고 혼자서만 지내니까 함께 어울릴 만한 친구들과 조를 짜주려고 해요."

그에 대해 나는 이렇게 답했다.

"다른 친구들과 잘 어울리지 않는 건 저나 아이는 괜찮습니다. 아이가 다른 친구들이 노는 걸 혼자 구경하는 것도 좋다고 생각해요. 자기에게 맞는 방식으로, 편안하게 친구 없이 지내는 방법을 연구하는 과정이라고 생각하거든요."

그러자 선생님도 수긍하며 답한다.

"사실 저도 친구를 많이 사귀면서 스트레스 받는 것보다 자기 성격에 맞게 지내는 게 좋은 것 같아요."

그 유명한 낙인 이론은 실험을 통해 선생님이 아이들을 똑똑한 아이로 보는지 아닌지에 따라 아이들의 학업 성취도가 달라진다는 결론을 도출해 냈다. 아이들에 대한 주변의 시선은 그만큼 중요하다. 하지만 주변이 아이를 어떻게 보는지에 가장 큰 영향을 주는 것은 바로 부모가 아이를 바라보는 시선이다. 아이를 똑똑하게 만들려고 하는 것은 이미 내 아이가 똑똑하지 않다고 여기는, 내가 가진 시선이다.

그러나 아이를 무조건 똑똑하다고 보는 것 역시 효과가 없다. 앞서 말했지만 스스로에게 진실하지 않으니 말이다. 뚱뚱한 아이를 보고 날씬하다고 하는 건 말이 안 되는 것처럼. 중요한 것은 아이가 가진, 비교 불가한 특성을 면밀히 관찰해야 한다는 점이다. 우리 둘째가 실수를 잘 하고 무언가를 놓치고 그냥 지나치는 성격인 것도 사실이지만, 그만큼 얼마나 빠른지, 게다가 그 속도로 몇 시간이고 못 박힌 듯 앉아 몰입하는 것도 사실이다. 그 나이라고 생각하기 어려울 정도로 오랜 시간을 말이다. 그런 섬세한 부분과 아이 고유의 특성을 부모가 읽어주는 것이다.

큰아이가 초등학생일 때에도 학부모 상담에서 선생님이 비슷하게 아이에 관한 질문을 했다. 큰아이는 동생이랑 다르게 우유부단하고 느리고 순응적이며 쉽게 만족한다. 눈에 잘 띄지 않아 동생처럼 한눈에 빛나는 아이는 확실히 아니다. 그에 대해 언급하는 선생님께 이렇게 말씀드렸다.

"아이가 배움을 시작하는 처음에는 굉장히 느립니다. 빨리 배우고 번

뜩이는 아이디어를 내놓지는 않지만, 대신 정말로 끈질겨요. 그 시간 동안 겉으로 드러나지 않는 뭔가를 하고 있어요. 체계와 전체 그림을 이해하는 거예요. 그때까지 아이는 꼼짝도 안 하지요. 그런데 그 시간이 지나면 내놓는 완성도가 굉장히 높아요. 순식간이라고 느껴질 정도로요. 그러니까 이 아이는 처음에 느리다고 쉬운 걸 주실 필요가 없어요. 어려운 걸 줄수록 최종 완성도와 수준이 높아집니다."

이렇게 아이를 보는 엄마의 시선은 세상이 아이를 보는 시선을 정하기도 하지만, 더 중요한 것이 있다. 바로 아이 자신이 엄마가 다른 사람들에게 자신을 설명하는 것을 듣고 있다는 것이다. 요새는 입시, 입사 등을 위해 자기소개서를 쓸 일이 정말 많다. 구멍가게를 해도, 사업의 투자를 받을 때에도 자신만의 이야기를 해야 한다. 그 출발을 부모가 만들어줄 수 있다. 내 아이가 세상에서 최고라는 이야기가 아니라, 이 세상에 딱 하나밖에 없는 사람이라는 아이의 고유한 이야기 말이다.

아, 그냥 웃기는 이야기 하나 더. 이날 상담하며 선생님이 둘째에게 또 다른 질문을 한다.

"너는 올해 가장 기대되는 게 뭐야?"

아이가 신나서 답한다.

"내 생일이요!"

"생일에 뭐 할 건데 그렇게 신나?"

"코스트코 피자 먹을 거예요!"

선생님이 일순간 얼어붙었다. 코스트코 피자야말로 가장 싸고 흔하디흔한 음식이 아닌가? 미국에서는 맥도널드보다도 값싸다. 도대체 어떻게 반응해야 할지 몰라서 선생님이 당황하는 것이 괜스레 미안한 나머지, 내가 옆에서 거들어 답을 드렸다.

"평소에 집밖에서 사 먹는 일이 워낙 없어서요."

그제야 얼었던 선생님의 얼굴이 풀린다.

"그렇군요! 저도 건강하게 먹고 싶은데, 잘 안 되거든요."

몇 달 전부터 코스트코 피자를 먹겠다고 벼르고 있는 아이의 생일. 아이한테 선물을 사주지 않으니까 먹는 것이라도 원하는 것을 먹게 해주고 싶었다. 사실 아이가 코스트코 피자를 말했을 때, 나도 의아해서 물었다.

"너무 짜고 기름진데, 그게 왜 그렇게 먹고 싶어?"

그랬더니 아이가 눈을 반짝이며 말했다.

"그렇게 짠 거 먹을 기회가 딱 그때뿐이거든! 엄마가 싱겁게 만들어주는 음식도 정말 좋아. 그런데 코스트코 피자만큼 확실한 불량 식품을 가끔 먹으면 정말 최고라니까!"

아이가 너무 기대하고 좋아하니까 나 역시 코스트코 피자를 기다리게 된다. 왠지 특별하게까지 느껴진다. 우리 식구들 모두 5성급 호텔 식사처럼 특별하게 코스트코 피자를 먹을 예정이다. 아이가 그렇게 특별하게 봐주니까 나의 시선까지 바뀌는 것이 신기하다. 아마 선생님도 코스트코 푸드 코트를 지날 때, '이 피자가 그렇게 맛있나?' 한 번쯤은 생각하시지 않을까?

세상은 주관식이다

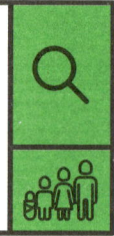

많은 부모들이 아이들에게 옳고 그름을 가르쳐야 한다는 부담을 느낀다. 내 아이가 남들을 배려하고 선의를 실천하는 사람으로 자라길 바라지만, 동시에 이 험한 세상에서 이용당하고 자기 것을 챙기지 못하는 호구가 될까 봐 걱정한다. 옳은 행동을 열심히 가르치기 위해 훈계도 하지만, 때로는 '아이가 커가면서 배우겠지, 부모니까 기다려줘야지.' 생각으로 참고 넘어가기도 한다.

나는 그럴 때 무언가를 구분하고, 중요도의 순서를 매기고, 옳은 정답을 특정해주는 것을 포기한다. 나에게는 모 아니면 도의 양자 선택이 있는 것이 아니다. 아이를 혼내거나 내버려두거나, 나의 이익을 챙기거나 나의 이익을 포기하거나, 두 가지만 있는 게 아닌 것이다. 그럼 도대체 어떻게 할지, 그런 생각도 하지 않는다. 그리고 그냥 상황 속으로 뛰어든다. 나의 결정, 나의 지혜, 나의 행동으로 통제하는 것이 아니라, 모든 시간과 사정에 따라 다른 가능성들이 펼쳐질 것이라고 믿는다.

　며칠 전의 이야기다. 아이를 혼내야 할까, 말아야 할까 고민스러운 순간이었다. 저녁 준비를 하면서 후식으로 먹을 사과를 잘라뒀다. 네 식구가 각각 두 조각씩. 잽싸게 밥을 먹은 둘째가 제일 좋은 사과 두 조각을 먼저 골랐다. 오늘은 먹음직스럽고 큰 조각과 덜 맛있어 보이는 조각의 차이가 유난히 많이 났다. 큰아이는 좋은 것 한 개, 나쁜 것 한 개를 골랐다. 그러자 나쁜 것들만 달랑 남았다. 순간 둘째가 너무 얄미워 보였다. 당연히 혼내주고 싶었다. 하지만 아직 혼낼지 말지 결정하지 않는다. 내가 둘째에게 말했다.

　"우와, 진짜 좋은 거 잘 골랐다. 네가 고른 건 아빠 드리면 좋겠다."
　아이는 당연히 말도 안 된다는 표정이다.
　"뭐? 남은 건 먹기 싫어. 맛없을 거야."
　"정말 그렇구나! 그러니까 맛있는 걸 아빠 드리면 되겠네."
　"왜?"
　"글쎄, 왜일까? 아빠도 맛없는 거 먹기 싫지 않을까?"
　"하지만 내가 골랐잖아!"
　아이의 얼굴이 시무룩해진다.
　"그래, 너 정말 좋은 걸로 잘 골랐어. 그러니까 아빠가 맛있는 걸 먹으면 좋잖아. 아빠는 두 조각 다 맛없는 걸 먹을 거란 생각은 안 들었어?"
　"그럼, 난 뭐 먹어?"
　"음, 남은 거?"
　아이가 눈물이 금세 그렁그렁해지더니 힘 빠진 목소리로 말한다.

"나 그냥 사과 안 먹을래."

"그러고 싶으면 그렇게 해."

아빠는 불편한 표정으로 남은 사과 네 조각을 다 먹었고, 둘째는 방에 들어가서 훌쩍이며 울었다. 저녁 먹은 걸 치우고 났더니 둘째가 다가온다. 이미 기분이 좋아져 있다.

"아까 화 많이 났어? 엄마가 미웠겠다."

"화는 났지만, 엄마가 미운 건 아니야."

"왜? 엄마가 못 먹게 했잖아."

"엄마가 그럴 땐 항상 이유가 있으니까 엄마한테 화가 나지는 않아. 사과를 못 먹어서 화나고 속상하긴 하지. 엄마, 그럼 이유가 뭔지 설명해줄 거지?"

우리는 차근차근 대화를 한다.

"네가 생각하는 이유는 뭐야?"

"사실 잘 모르겠어. 자기가 고른 거 자기가 먹는 게 규칙 아니야? 좋은 걸 무조건 아빠한테 줘야 한다는 게 규칙인지 몰랐어."

"아, 평소에는 자기가 고른 거 먹었지. 근데 그게 규칙이야? 만날 똑같은 행동을 한다고 그게 규칙은 아니잖아. 규칙은 반드시 그렇게 해야만 하는 건데."

"그럼 내일은 어떻게 해? 내가 고른 거 또 아빠 줘야 하는 거야?"

"그것도 규칙은 아니지. 그건 네가 생각해야 하는 거야. 이 세상에 꼭 정해진 규칙은 그렇게 많지 않아. 보통은 사과들이 다 비슷했잖아. 오늘은 특별히 좋은 사과랑 나쁜 사과의 차이가 많이 났어. 이렇게 평소와 다른 순간마다, 내가 먹고 싶은 것과 아빠가 먹는 걸 나누는 세세한 방법 같은 걸 어떻게 다 규칙으로 정하겠어? 세상 일들이 다 그래. 모든 게 잘 생각해보면 다 특수하기 때문에 규칙이라는 게 있기 힘들지."

아이가 어려워하면서도 나의 말에 집중하는 것이 느껴진다.

"그거 알아? 예전에 한국에서는 좋은 건 무조건 제일 나이 많은 남자가 먹는 게 규칙이었어."

"왜?"

"그래. 이렇게 '왜?'라고 질문하는 게 중요한 거야. 엄마가 좋은 사과를 못 먹게 한 건 왜일까? 아빠가 너보다 더 좋아서, 아니면 네가 미워서?"

"둘 다 아닐 것 같아."

"엄마는 네가 무조건 남한테 희생하는 사람이 되기를 바라진 않아. 솔직히 말하면, 네가 언제 어디서나 제일 좋은 사과를 먹었으면 좋겠어. 이 우주 전체에서 제일 중요한 사람이 너에겐 너 자신이거든. 하지만 그렇기 때문에 아빠도 제일 중요한 사람은 아빠 자신이고, 그건 엄마도 그래. 그럼 도대체 누가 좋은 사과를 먹어야 하지?"

나는 이어서 예전에 만났던 어떤 신부님에 관한 이야기를 둘째 아이에게 들려주었다.

대학을 졸업하고 미국에 유학간 지 한 달 정도 됐을 때다. 천주교 학교인 이 학교 캠퍼스에는 노년의 신부님 한 분이 살고 계셨다. 나는 종교가 있던 것도 아닌데 그분을 방문한 적이 있다. 학생들이 "이 신부님을 보면 천사가 있다는 걸 믿게 돼. 종교가 없어도 말이야."라고 하는 말을 여러 번 들어서 궁금증이 생긴 것이다.

캠퍼스에서 우연히 마주쳤을 때, 다짜고짜 신부님께 찾아가도 되는지 여쭤보고선 그 자리에서 약속을 잡았다. 신부님은 실제로 엄청나게 많은 책을 읽고, 친절하고, 극도로 검소하고, 밥도 조금만 먹는 수도자셨다. 존경할 만한 분인 건 분명했는데, 솔직히 천사라는 생각까지는 안 들었다. 어쨌든 즐거운 시간을 보내고 작별 인사를 했다.

그런데 갑자기 장대비가 내리는 것이다. 난 우산을 빌릴 수 있을지 여쭤보았고, 신부님은 어딘가에서 새 우산을 찾아와 내게 가지라고 하셨다. 집 안 모든 물건들은 전부 낡아서 고치고 부서진 것 투성이었다. 아무것도 새로 산 듯한 것이 없었으며, 심지어 사제복도 기워 입고 계셨다. 아니나 다를까 현관 입구에 살이 구부러진 우산이 보였다. 그래서 "제가 이 낡은 걸 가져갈 테니, 신부님이 새 거 쓰세요."라고 했더니 신부님이 진지하게 말했다.

"그건 내 건데, 내 걸 가져가면 난 뭘 쓰겠나?"

"새 걸 쓰시면 되잖아요."

"그래도 여전히 자네가 내 걸 가져가는 거야. 이 낡은 우산은 내 거니까."

나는 어쩐지 답답했다.

"그게 무슨 말씀이세요? 이해가 안 돼요."

"날 우러러보거나, 다른 누구도 불쌍하게 생각하지 말라는 거야. 나는 이기적인 사람이라네. 검소한 것도 아니고, 그저 살 구부러진 우산을 내 거라고 챙기는 사람일 뿐이지. 새 우산은 비가 오는 이 시간, 이 장소에 딱 자네 것일세. 난 자네를 불쌍하게 생각하거나 선행하려는 게 아니야."

난 그 순간, 천사의 모습을 언뜻 본 것 같았다. 사랑보다 더 좋은 무언가를 받은 것 같았기 때문이다. 내 입장을 배려해준 것도 아니고 정확하게 뭐가 좋은 건지 잘 설명하긴 어렵지만, 내가 엿봤던 천사는 선행, 사랑, 연민, 존경 등과는 거리가 있었다. 대신 자연스럽게 다른 사람과 어우러지는 존재였다. 이처럼 설명할 수 없는, 어떤 하나의 규칙과 올바름에 얽매이지 않는 것이 무엇인지에 대해 오랜 의문을 가졌다.

둘째에게 전하고 싶은 메시지도, 먹고 싶은 것을 참고 아빠나 남을 위해 희생하는 게 무조건 옳다는 것이 아니다. 그보다는 옳고 그름에는 규칙이 정해져 있지 않음을 알려주고 싶었다. 그리고 내가 느꼈던 아이에 대한 얄미움도 온전히 표현하고 싶었다. 아이에 대한 사랑도 그대로 유지한 채 말이다. 아이에게 다시 물었다.

"네가 좋은 사과를 아빠한테 양보하면 착한 사람인 걸까? 아니면 네가 좋아하는 사과를 포기하고 괴로워하면 나쁜 걸까?"

"다 아니야. 잘 모르겠어."

"엄마도 잘 몰라. 하지만 네가 좋은 사과를 먹는 게 제일 좋은 거, 맞는 거라는 게 딱 정해져 있진 않다는 사실을 알면 돼. 그건 언제나 달라지는 거야. 그걸 네가 스스로 생각해보면 좋겠어. 넌 아까 맛있는 사과 생각밖에 안 한 거야. 네가 '아빠는 나쁜 거 주고, 나만 먹어야지.' 생각조차 못할 정도로. 상황이 매번 다르다는 것을 네가 알면 돼. 좋은 사과를 먹는 것도 좋지만, 아빠한테 좋은 걸 주는 것도 좋은 일일 수 있다는 걸 말이야."

"응, 하지만 다음에는 생각이 안 날 거 같아."

"그것도 좋고 당연한 거야. 외워야 하는 규칙은 없으니까. 오늘 같은 일이 있을 때 꼭 나쁜 일이라고 생각할 필요는 없다는 것만 기억하면 돼."

아이에게 옳고 그름을 정해서 가르치거나, 가르치지 않는 것은 언제나 복잡한 일이다. 아이 앞에 놓인 이날의 선택처럼 부모로서도 항상 선택에 직면한다.

'애니까 그냥 둘까, 아니면 제동을 걸어야 할까?'

그럴 때 20년 전의 신부님을 생각하곤 한다. 내가 옳은 것을 내가 행하면서도 그것을 규칙으로 삼지 않고, 나와 다른 존재들과 함께 어우러질 수 있기 위해 유연한 사람이 되는 방법에 대해.

그게 정말 큰 문제일까?

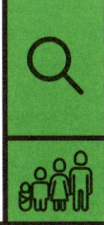

『부모는 관객이다』 출간 후, 종종 이메일로 자녀 교육에 대한 문의를 받곤 한다. 돌 전후 아기부터 대학생 이상 자녀에 이르기까지 다양하다. 물론 사연도, 고민도 다 다르다. 집중해서 문의 내용을 몇 번이나 곱씹으며 신중히 답변을 작성하는데, 개별 사연의 구체적 상황들을 빼고 나면 내 답변의 주제는 하나로 수렴한다. 그리고 이는 육아에 한정된 것이 아니라, 살아가는 모든 일에 적용할 수 있는 것 같다. 답변이 이렇게 된 것은 아마도 자녀 교육에 대한 나의 입장 때문에 그럴 것이다.

나는 양육도 결국에는 부모인 나 자신을 만들어가는 경험의 일부라고 여긴다. 게다가 문의한 사람이 자식이 아니고 부모이기 때문에, 나의 답변은 '자녀를 어떻게 개선시킬까'가 아니라 '부모 스스로 이 고민 과정을 통해 한 사람으로서 어떻게 더 성장할 수 있을까'에 집중한다. 자식을 잘 키우고, 못 키우고의 정답이 있는 것은 아닌 듯하다. 아이가 어떤 인간으로 크는지는 그 본인의 삶일 뿐이다. 아이는 내가 생산해야 하는 상품도, 작품도 아니니까.

　일해서 생산한 무생물도 따지고 보면 내 손을 떠나면서 내가 통제하지 못하고, 예상하지 못할 것들이 된다. 내 의도와 개인적 감정이 많이 투입되는 예술조차 감상하는 사람에 따라 완전히 다른 의미가 되고, 농산물이나 공산품 역시 온갖 사회적 변수에 따라 그 가치가 널을 뛴다. 하물며 사람인 자식을 잘 기르는 방법이 어떻게 따로 있을 수 있겠는가?

　'자식은 마음대로 못한다.'라는 흔한 옛말을 하는 것이 아니다. 오히려 요새는 부모 마음대로 되는 자식도 많아졌다. 전 세계적으로 십 대의 문제 행동이 줄고, 가족과 잘 어울리고, 부모와 사이좋은 아이들이 많아졌다고 한다. 그럼에도 여전히 왜 자식 키우는 일이 어렵다고 느껴질까?

　이에 대한 답은, 어렵지 않아야 한다고 여기는 일이라서 그럴 것이다. '어렵지 않아야 한다.'는 생각은 결국 '자식을 무조건 잘 키워야 하고, 잘 키울 수 있는 방법이 있고, 그 방법을 실천할 수 있다.'고 하는 것과 같다. 이상한 역설이다. 여기에 '육아' 대신 '삶'을 대입해서 다시 생각해보자.

　'삶은 무조건 잘 살아야 하고, 잘 살 수 있는 방법이 있고, 그 방법을 실천할 수 있다.'

　삶에 대한 어마어마한 자신감이 아닌가? 잘 사는 방법이 있다면 열심히 그 방법을 찾아보겠지만, 세상에 그런 방법이란 없다. 그런데 이 명제를 반대로 바꿔보자.

　'삶은 잘 살지 않아도 되고, 잘 사는 방법 같은 건 없고, 따라서 실천할 수도 없다. 그래도 삶은 살아야 한다.'

이는 삶을 '잘'이 아니라 '그냥' 사는 것이 얼마나 어려운지를 인정하는 태도이다. 정답과 방법도 없으니 온전히 주관식으로 답을 써내야 하는 것이다. 이렇듯 무얼 써도 정답이 아님을 알고도 멈추지 않고 계속 써야 하는 것이 바로 삶이다.

육아도 마찬가지인 것 같다. 나는 아이들을 어렵고도 쉽게 키운다. 성적에 관심 없는 것은 물론, 예체능 학원을 거의 보내지 않아 학원비도 안 들고, 아이들을 태워다주는 고생도 하지 않는다. 집안일에 있어서도 아이들이 자기 몫을 하기 때문에 딱히 힘들지 않다. 이렇게 쉽게 키운다는 건 방지기 짝이 없는 소리를 할 수 있는 이유는, 나는 아이를 '잘' 키우는 것에 목적을 두지 않기 때문이다. 그럴 수 없음을 인정했으니까. 아이에게 육체적·심리적 안전만 제공하면 아이는 자신의 모습대로 커갈 것이고, 나는 아이와 함께하는 경험을 통해 나 자신으로 살아가는 것뿐이다. 엄마가 돼서 가장 좋은 것은 바로, 좋은 삶의 방법은 정해져 있지 않으니 나 자신으로 살아가는 길밖에 없음을 깨달은 점이다.

부모들이 아이에 대해 걱정스레 문의하는 내용은 주로 아이의 학업이나 교우관계, 성격에 관한 것들이다. 다행스러운 것은 요즘에는 많은 부모들이 자녀의 성적 향상과 성공보다는, 아이가 행복하게 크는 데에 더 관심이 많다는 점이다. 그런데 아이 스스로 공부 욕심을 내면서 경쟁에 열을 올리고, 친구들 사이에서도 인정받으려고 애쓰다 실망하기도 한다는 것이다. 그래서 부모로서 어떻게 해줘야 할지 모르겠다고 질문을 한다.

아이가 학업이든 친구관계든 실패를 경험하는 것은 당연하고, 실패를 받아들이기 힘들어서 화내거나 의기소침해지는 것 역시 당연하다. 내 아이들도 여러 문제들로 힘들어하곤 한다. 내가 아이를 쉽게 키운다고 해서 아이가 쉽게 크는 것은 아니니까. 아이도 자기 몫의 성장 과제들을 스스로 수행해야 한다. 그래서 나는 "실수할 수 있는 거야. 지금 힘들어도 괜찮아. 슬프겠지만 엄마도 그랬어."와 같은 위로는 하지 않는다. 대신에 솔직한 내 생각을 얘기해주는 편이다.

"엄마는 너와 다른 사람이라서 네가 지금 힘들어하는 게 정확하게 이해되지는 않아. 게다가 엄마는 너보다 오래 살아서 이런저런 일들을 겪으며 감정이 무뎌지기도 했고. 하지만 네가 지금 힘든 건 너만의 중요한 감정이니까 네가 스스로를 이해할 좋은 기회야. 그리고 네 이야기를 듣는 게 엄마에겐 세상에서 제일 중요한 일이야. 누구보다도 너에 대해 알고 싶으니까."

이렇게 다소 냉정하게 말하는 이유는, 엄마인 나도 어떤 정답이나 기준을 갖고 있는 것이 아니라, 모두 다른 무수한 사람 중 한 명이라는 걸 알려주고 싶어서다. 그리고 또 다른 이유는, 내 걱정이 아이에게 전달되지 않기를 바라서다. 엄마가 불안해하면 아이도 '이거 큰일인가 보다.'라고 생각한다. 나는 아이가 엄마의 걱정을 걱정하는 일이 없이, 온전히 자신의 걱정을 했으면 좋겠다. 엄마가 걱정을 안 하고 있어야 스스로를 걱정하는 아이를 위해 더 냉철하면서도 단단하게 무언가를 도와줄 수 있지 않을까?

더 중요한 것은 아이가 겪는 어려움, 혹은 아이를 보면서 드는 나의 걱정들이 정말 그렇게 큰 문제인지를 생각해보는 것이다. 예를 들어, 친구를 많이 사귀고 싶고, 친구에게 실망하는 일은 큰아이가 자주 하는 고민

거리다. 둘째는 같은 나이였을 때의 언니보다 친구가 더 없는데도 이를 문제로 여기기는커녕, 친구가 많고 적음에 대한 인식 자체가 없다. 그래서 큰아이에게 동생을 예로 들어 말해줬다.

"친구가 없는 게 문제가 아니라, 친구를 원하는 마음이 네 고유한 성격인 거야. 동생은 친구에 관심도 없잖아. 더 좋은 건 없어. 네가 친구 때문에 힘들 때는 문제로 느껴지겠지만, 친구들이랑 함께할 일을 네가 주도적으로 하고 나면 그 또한 기쁘잖아. 네가 친구와 함께하는 걸 원하는 사람임을 알면 되는 거지."

물론 사람의 천성이 쉽게 변하지는 않을 테니, 그 괴로움이나 문제가 아이의 마음속에서 금세 사라질 리는 없다. 하지만 문제라고 생각하는 점이 사실은 그냥 나라는 사람으로 살아가는 과정임을 알게 되면 애써 이를 해결하려는 노력을 하지 않아도 된다. 그렇게 쉽게 살면서 나 자신으로 '그냥' 살아가는 일의 거대함을 이해하게 되는 것 같다.

자식을 잘 키우는 방법에는 정답이 없다. 어쩌면 답할 필요 자체가 없을지도 모르겠다. 그러니 자식을 잘 키우겠다는 목표를 세우는 것은 애초에 불가능하다. 아이는 타고난 대로 살아갈 것이다. 다만 우리가 부모로서 할 수 있는 일은 내 자신의 삶을 사는 것이다. 아이를 키우면서 생기는 고민 과정을 통해 부모 역시도 더 나다운 인간이 되는 것, 그게 어쩌면 아이가 우리에게 주는 큰 선물일지도 모르겠다. 육아를 하며 고민이 되고 혼란스러워질 때, 스스로에게 질문을 던져본다.

"이게 진짜 그렇게 큰 문제일까?"

배움 자체와
배우고 싶어지는 경험

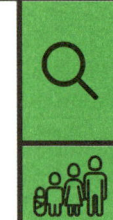

한국에 간 남편과 채팅을 하고 있었다. 둘째가 와서 "아빠가 뭐래?"라고 계속 묻는다.

"너 한글 못 읽어서 그렇지?"

"응! 그러니까 엄마가 읽어줘."

"안 돼. 엄마는 채팅에 집중해야 해."

"아빠가 뭐래? 새싹펜 살 거래, 아님 벌써 샀대? 뭐 먹었대? 지금 한국은 몇 시래?"

아이는 답할 시간도 안 주고서 궁금한 것들을 마구 쏟아 낸다.

"네가 한글을 못 읽으면 어쩔 수 없어. 궁금해도 참아야 돼."

"그럼 이거 하나만 대답해줘. 내가 한글 읽는 거 배우고 나면 지금 채팅한 거 그대로 남아 있어? 그때 내가 다시 읽을 수 있을까?"

"응, 그대로 있을 거야."

"좋아! 한글을 배워야겠어."

"채팅에 네가 궁금해하는 거 하나도 없어. 지루한 어른들 이야기뿐이라서 이거 읽으려고 한글을 배울 필요는 없어."

"그래도 상관없어. 한국에 갔을 때 언니한테 간판이나 메뉴 같은 걸 물어보면 항상 대답을 잘해주는 것도 아니고, 만날 물어보는 것도 답답해. 오늘처럼 이런 경우도 많고, 이제 더 이상 못 참겠어."

"못 참겠다고? 그게 어떤 기분인데?"

"궁금한 게 있을 때 물어보고 싶은데, 물어볼까 말까 생각해야 하잖아. 언니나 엄마, 아빠가 대답을 잘해줄지 눈치 봐야 하고. 다른 일이라도 하고 있으면 '에이 그냥 모르고 말지.' 그런 생각이 들 때도 있는데, 그럼 기분이 되게 나빠. '어쩌면 대답해줄지도 몰라.' 이런 생각도 드는데, 그것도 짜증나."

"그래, 정말 짜증나겠다. 하지만 넌 그런 불편한 거 신경 쓰지 않는 사람이잖아. 그리고 그런 일이 자주 있는 것도 아니고. 그런 이유로 한글을 배울 필요는 없어. 왜냐하면 한글 공부도 엄청나게 짜증나는 일이거든."

"그래? 쉬워 보이는데."

아이가 살짝 꼬리를 내린다.

"물론 오늘 배우는 건 쉬울 거야. 그런데 진짜 짜증나는 건, 오늘 배운 게 내일이면 기억이 안 난다는 거야."

"정말? 엄마도 그래? 나도 그럴까?"

"당연하지! 모든 사람이 다 그러니까."

아이가 의아해하며 묻는다.

비로소 나의 세계가 완성되었다

"그럼 사람들이 어떻게 배워? 말이 안 되잖아. 기억 잘하는 똑똑한 사람도 있는 거잖아."

"똑똑한 사람은 따로 없어. 내일 기억이 안 나면 처음 하는 것처럼 또 하고, 그다음 날에도 기억이 안 나면 또 하고. 그렇게 계속 반복하는 거야. 죽을 때까지 기억이 안 나도 괜찮다고 생각하면서 또 하는 거지. 그러다 어느 날 기억나기도 하는데, 그게 언제가 될지는 아무도 몰라. 사람마다 다 다르거든."

"……"

아이가 좀 놀라워하면서 의기소침해졌다.

"그래도 좋은 소식이 하나 있어. 언어를 배울 때, 결국에는 누구한테나 '그날'이 오긴 와. 왜냐하면 다른 예술이나 운동처럼 특정한 재능을 타고나야 하는 게 아니니까. 말하고 글자를 읽는 건 누구나 다 하는 거잖아. 물론 사람에 따라 아주 오래 걸릴 수는 있겠지. 그래서 한글 배우는 일이 짜증날 거라는 얘기야."

아이의 얼굴이 충격으로 상기된다. 그래서 쐐기를 박을 요량으로 덧붙인다.

"고생스럽게 공부하는 것보다 차라리 한글을 못 읽어서 불편한 게 더 나을 수도 있어. 엄마가 해보니까 오늘 공부한 게 내일 하나도 기억나지 않을 때 진짜 슬프고 비참하거든."

아이가 잠시 고민하더니 내게 묻는다.

"그래도 알게 되면……, 기분이 좋은 거지?"

"아니야, 이미 너무 지쳐 버려서 엄청나게 기쁘지는 않아. 다만 남들이 보기에 하나도 변한 게 없지만, 너는 은밀하게 새로운 우주로 날아가는 거야. '나는 내가 원하는 건 뭐든지 배울 수 있는 사람이다.'라는 걸 알게 돼. 너 지금 그거 알아?"

"몰라."

"괜찮아. 모르고 잘 사는 것도 역시 좋은 거니까. 네가 말했잖아. 언니한테 물어보려고 눈치 보는 거, 궁금해도 참는 거, 그것도 살아가는 연습이거든. 이제 잘하는 것 같은데, 그렇게 살면 돼."

"그렇지만 그건 많이 해봐서 지겨워. 만날 똑같을 상황일 거 아냐. 나 한글 배울래."

"생각해봐야 할 게 또 있어."

"뭔데?"

"엄마가 너를 가르쳐줘야 하잖아. 네가 하루도 빠짐없이 기억이 안 나도 계속 하려는 자세가 아니라면, 엄마의 시간과 에너지 낭비가 되는 거야. 다른 건 하다 말다 해도 되는데, 네 나이에 외국어로 배우려면 한글은 멈추지 않고 쭉 해야 해. 너 계획적으로 매일 뭐 하는 거 싫어하지 않아?"

"엄마의 노예라고 생각하고 할게. 진짜야!"

이렇게 야심차게 선언하더니 아이는 요즘 맹렬히 한글 공부 중이다. 아이를 집요하게 괴롭히는 이런 긴 대화는 우리 둘째를 위한 나름의 특별 대우다.

과외 지도를 하면서 "머리는 좋아서 하기만 하면 잘하는데"라는 평가를 듣는, 그렇지만 실제로는 성적이 좋지 못한 아이들을 많이 만나보았다. 성적이 좋고 나쁜 건 중요한 게 아니다. 이 아이들이 자신이 가진 능력과 단점을 제대로 이해하지 못한다는 점이 더 문제이다. 이런 아이들은 머리가 빠르고, 순간적으로 폭발하는 창의력과 순발력이 대단하다. 우리 둘째도 그랬기 때문에 집안 어른들의 기대가 정말 컸다. 언니보다 잘하겠다고 말이다.

하지만 내가 보기에는, 어렸을 때 생각이 느려서 얼핏 둔해 보이기도 하는 첫째가 학교 성적에는 더 유리할 것이라고 예상했다. 학교 성적은 주어진 내용을 차분히 받아들이고, 남다르게 생각하지 않고, 권위에 쉽게 순응하는 안정적인 성격에 더 유리하다. 물론 모든 아이들이 똑같은 방식으로 공부하지는 않지만, 어쨌든 이렇게 학교 성적에 더 적합한 성향을 타고난 아이는 성적에 대한 피드백을 받으면서, 자신의 장단점을 강화하고 조절하는 기회를 충분히 갖게 된다.

그런데 둘째와 같이 권위와 틀 바깥에서 자기 생각을 빠르게 펼쳐 내는 아이들은 학교생활이 힘들거나 성적이 나쁜 것보다는, 자신의 성향을 발견하고 시험해볼 기회가 많지 않은 것이 문제이다. 자신을 발견하고 강점을 의미 있는 자신만의 것으로 만들기 위해 가장 필요한 것은 정확한 피드백인데, 학교 성적이 그런 역할을 해주지 못하기 때문이다.

둘째처럼 자기 생각이 뚜렷하고 머리 회전이 빠른 것 자체는 장점도 단점도 아닌, 그저 사람의 특성일 뿐이다. 모든 것은 더 높은 가능성으로 잠재되어 있다가 환경과 학습으로 모양이 잡혀가는 것이다. 그 과정에서 자신에게 유리한 환경과 방식을 찾으면, 이것이 장점으로 작용하게 된다.

둘째의 경우, 학습 교육 과정의 초반이나 저학년일 때에 다른 아이들보다 뛰어나 보이는 데에 맹점이 있다. 어릴 때 두각을 나타내는 것에 자만이나 과도한 자신감을 갖게 된다. 그러다 처음 속도만큼의 발전이 없어지면 재빨리 포기해 버린다. 그래서 나는 둘째가 생각하는 속도를 보고 선행학습이나 더 높은 수준의 과제를 부여하는 대신에, 무언가를 배워야 하는 자기만의 동기를 찾아낼 때까지 시간과 공간을 넓게 주기로 했다. 커리큘럼이 정해진 학원이나 학교 공부를 시키는 대신, 이 시공간에서 자기 이야기를 말로 풀어 내도록 도와줬다. 한글을 몰라서 짜증나는 아이의 경험을 이야기로 만들어 내는 것도 그 일환이다.

물론 처음부터 둘째가 대답을 잘한 것은 아니다. "몰라, 그런 걸 왜 물어봐?"라는 대답만 했다. 그럴 때는 나 역시 바로 물러났다.

"알았어. 엄마가 너한테 질문하는 건 엄마가 궁금해서가 아니야. 네가 답하기 어려운 걸 생각해봐야 똑똑해지지. 그걸 도와주려는 것뿐이니까 대답하기 싫으면 안 해도 돼."

같은 또래 아이들이 학습하는 내용이라면 비교적 빨리 습득하고 암기했을 것이다. 하지만 자신이 느낀 감정을 차분히 돌이켜보고, 그걸 말로 설명하는 일은 둘째에게 어려운 일이었다. 그리고 자신이 모른다는 사실을 인정하는 것도, 남에게 도움받는 것도 끔찍하게 싫어한다. 둘째에게는 학습 능력보다, 배움 앞에서 겸손하고 필요할 때 적절히 도움을 요청하는 일이 더 중요해 보였다. 그래서 배움의 동기를 스스로 경험하고 만들어 내는 것, 그리고 배움이 권위에 대한 복종이 아니라 스스로의 선택이라는 인식을 갖게 하는 데에 더 집중했다.

아이가 앞으로 한글 학습을 얼마만큼 오래 견딜지는 모르겠다. 아이가 무엇을 배우느냐보다는 자신의 타고난 성향을 깨닫고 인정하는 것을 바탕으로 자신만의 끈질김의 깊이를 조금씩 더해가는 것이면 충분하다.

또한 둘째를 키우면서 어른인 나 자신의 학습 동기와 능력도 이렇게 소중하고 섬세하게 다루는 연습을 하게 된다. 어떤 목적이나 쓸모가 있어서가 아니라, 배움 자체의 즐거움이 이렇게 나 자신으로부터 나온다는 것을 둘째 덕분에 배운다.

모두가 성장하는 싸움의 기술

아이들이 몇 년 만에 크게 싸웠다. 둘째가 목도리를 짜기 위해 얻은 실을, 큰아이가 되돌려 달라고 한 것이 싸움의 발단이었다. 이 실은 큰아이가 손수 인형을 만들고 팔아 번 돈으로 산 건데, 평소 굉장히 아끼던 것이었다. 동생이 졸라 대는 통에 마지못해 빌려주고는, 아까운 맘이 들어 말을 번복한 것이다. 나중에 다른 걸 자기 돈으로 사주겠다면서 말이다. 벌써 세 번이나 풀고, 며칠째 다시 짠 목도리라서 둘째도 서러워서 폭발했다.

　놀랍게 들릴지 모르겠지만, 나는 아이들끼리의 싸움을 장려하는 편이다. 물론 잘 지내는데도 싸우게 하는 게 아니라, 아이들끼리 자연스럽게 싸우면 마음 놓고 끝까지 싸우게 해주는 것이다. 어떤 부모는 아이들이 공부하지 않는 것은 괜찮은데, 서로 싸우는 건 도저히 못 참겠다고 한다. 바로 내 남편이 그렇다. 아이들이 싸우려고 하면 흥미롭게 지켜보려는 나와는 달리, 남편은 화가 나서 아이들을 혼내고 억지로 싸움을 중지시키려고 한다. 이를 그냥 두도록 하는 게 정말 어려웠다.

"애들이 어떻게 상대를 알아가겠어? 각자 절대 참지 못하는 부분, 너그럽게 봐줄 수 있는 부분을 서로 이해하면서 관계가 만들어지는 게 좋지 않아? 그러려면 싸워야 해. 안 그러면 그냥 남들이 이상적이라고 정해준 대로 '좋은 언니, 좋은 동생'의 기준에만 맞춰 살 텐데, 그건 재미없잖아."

그래도 안 통할 때에는 비장의 한마디를 던진다.

"어른인 우리도 실컷 싸우면서 애들은 왜 못 싸우게 해?"

이 말은 반대로 아이들한테 부부싸움을 설명해줄 때에도 아주 유용하다. 어른이건 아이건 싸울 만한 가치가 있는 싸움을 선택할 줄 알아야 하고, 이런 싸움에선 물러나지 않아야 한다. 물론 부부도 아이들도 처음부터 안 싸우고 잘 지내는 경우들도 있다. 이 역시 매우 좋은 관계이다.

다만, 아이들이 싸울 때 나는 '싸움의 틀'을 만들어주려고 한다. 싸움에는 규칙이 필요하다. 규칙의 존재를 이해하는 것은 인간의 멋진 능력이다. 규칙이란 오늘도 내일도, 그리고 나도 남도 똑같이 지켜야 하는 게 아닌가? 이는 고도의 정신 활동이며, 틀(프레임)에 대한 이해 역시 정교한 사고이다. 보통 이는 놀이를 설명하기 위한 개념인데, 놀이 역시 현실 안에 또 다른 틀을 만드는 작업이다. 즉, 이런 틀은 '논다'는 인식을 갖게 한다. 아이들이 소꿉놀이 할 때 돌을 접시라고 하고, 엄마가 되고, 아빠가 되는 것은 거짓말도 착각도 아니다. 놀기 위해 약속된 액자 안으로 같이 들어가는 것이다.

이 틀을 빨리 이해하고, 공통의 틀을 납득시키고, 틀과 또 다른 틀 사이를 자유롭게 상상하고 이동하는 능력은 평생 유용한 기술이다. 타인과의 관계에서 타인과 나의 독특성뿐 아니라, 거대한 맥락을 볼 수 있기 때문이다. 나는 아이들의 싸움에 이 틀을 만들어주기로 했고, 눈에 보이지 않는 틀을 만드는 데에는 규칙을 설정하는 것이 효과적이다. 또 아이들이 서로 때리는 것에 관해서는 안전을 위해서도 사전 조치가 필요하다.

"때리는 것도 괜찮지만 머리는 절대 안 돼. 머리를 때리면 무조건 그 사람이 다 잘못한 거야. 그리고 언니가 몸이 크고 힘이 세니까 추가 규칙이 있어. 동생을 잡았다가 갑자기 놓거나 밀치면 넘어져서 머리를 부딪칠 수 있으니, 그건 가볍게 해도 치명적이야. 동생의 머리를 보호하는 건 네 책임이야."

그러면서 동생이 머리를 다칠 수 있는 상황과 힘 조절에 대해 설명해주고, 둘째가 주로 쓰는 수법인 언니의 팔다리를 잡아당기는 상황에서 위험을 방지하는 연습을 했다. 싸우지 않는 상황에서, 감정이 격해져 서로 치고받는 상황을 재현하며 규칙을 숙지하는데, 애들 표정이 진지하면서도 흥미로 가득했다(규칙을 배우고자 하는 것은 아이들의 본능적 학습 욕구로 알려져 있다).

그런 다음, 부모는 중계자이자 감독이 된다. 싸움이 시작될 기미가 보이면 하던 일을 멈추고 싸움 현장으로 간다. 구경하러 말이다. 아이들이 서로에 대해 배우는 기회이기도 하지만, 엄마인 나도 아이들을 자세히 연구할 수 있는 정말 좋은 기회다. 마음이 안 맞는 친구나 선생님을 만나서 힘들어할 때, 아이의 특성, 강·약점과 같은 무궁무진한 데이터를 발굴할 수 있다. 이제는 싸움이 시작되면 아이들이 나를 부르는 정도다.

"엄마, 우리 싸울 거야!"

내가 달려가는 동안, 아이들이 서로를 노려보면서 기다리고 있다. 규칙과 틀로서의 싸움판이 잘 형성된 것이다. 싸움은 항상 둘째가 시작한다. 여섯 살이나 많은 언니가 하는 거나 가지고 있는 거라면 뭐든 제일 좋아 보이는 나이니까. 심심하면 언니를 괴롭히는데, 물론 이 역시 놀자는 신호다. 언니는 귀찮으니 참기는 하지만 간혹 매정하게 대한다. 그러면 동생이 울면서 언니나 언니 물건을 공격하고, 그땐 언니도 가만히 안 있는다. 부모 입장에서 보면 언니는 참 쌀쌀맞고 못돼 보이고, 동생은 왜 가만히 있는 언니를 먼저 건드리나 답답한 생각이 든다.

하지만 이때 부모가 아니라 스포츠 중계자가 된다. 주로 전략을 설명한다. 가령, 성질이 급한 둘째가 언니를 먼저 때리는데 큰아이는 천성이 유순해서 바로 때리질 못하고 주저하다 말로 공격한다. 둘째가 감정이 격해져서 달려들며 때리면 그땐 큰아이도 참지 못하고 때리기 시작하는데, 당연히 동생이 처절하게 응징당하곤 한다. 부모로서는 이때가 가장 참기 힘들다. 어린 둘째가 맞으면 큰아이를 나무라고 싶어진다. 하지만 중계자는 다르다. 둘째가 주먹질을 처음 하려고 시도할 때 내가 말한다.

"아, 그러면 언니도 엄청 때리고 싶겠다! 네가 엄청 맞게 되겠지? 그래도 네가 한 대라도 때릴 수 있다면 맞을 만한 가치가 있는 거지?"

때릴까 말까 고민하다 한 대 대차게 때리면 또 내가 말한다.

"언니는 성격이 온순해서 한 대는 맞아주더라."

그러면 큰아이가 안심하는 표정이 된다. 이 아이는 치고받고 싸우기 싫은데, 약해 보이지 않을 명분을 얻었으니까.

"너 한 대만 더 때리면 안 봐줄 거야."

그런데도 둘째는 달려들고 결국 엄청 맞았다. 이런 일이 반복되면서 둘 사이에 암묵적인 규칙 같은 것이 생겼다. 내가 정해주지 않았는데 둘이서 만들어 낸 불문의 규칙이다. 가령, '동생이 한 대 때리는 것은 봐준다.' 같은 것 말이다. 물론 처음 한동안은 둘째가 분을 못 참고 더 때리고, 결국 두들겨 맞곤 했다. 싸움이 끝난 다음, 나와 대화를 한다.

"아까 언니를 한 대라도 더 때리니까 좋았어?"

"아니, 너무 아파. 괜히 그랬나 봐."

"그래도 언니가 한 대는 공짜로 맞아주는 건 착한 거 아니야?"

"좋은 언니는 맞는데, 그래도 미워. 너무 세게 때린단 말이야."

"그건 그렇다. 근데 네가 언니라면 언니처럼 처음 한 대는 맞아줄 거야?"

"아니! 내가 언니라면 처음부터 내가 먼저 때려줬을걸? 아, 다음에는 꼭 기억했다가 한 번만 때려야겠어. 그런데 너무 화나서 싸우는 순간엔 기억이 잘 안 나. 엄마가 싸울 때 옆에서 다시 말해줘."

이런 규칙은 전적으로 두 아이가 함께 만들어 내는 것이라 소중하다. 둘째는 성급하고 다혈질인 자신의 성품을 단점이라고 생각하지 않으면서 조절하는 연습을 하고, 큰아이 역시 자신의 우유부단한 성격을 어떻게 강점으로 만드는지를 경험한다.

마지막으로, 싸움의 규칙 가운데 가장 중요한 부분이 있다. 바로 목적을 잊지 않는다는 것이다. 싸울 만한 가치가 있는 싸움과 그 상대를 의식적으로 선택하는 훈련을 함께 한다. 아이들에게 물어본다.

"언니(동생)가 밉지? 언니(동생)가 네 말을 잘 들어주고 같이 잘 지내고 싶은 거야, 아니면 괴롭히고 복수하고 상처를 주고 싶은 거야?", "언니(동생)가 괴로워하고 힘들어하는 것을 보고 싶어?", "언니(동생)를 평생 가는 단짝으로 만들 수도 있고, 열여덟 살까지만 적당히 참다가 커서는 그냥 서로 안 보고 살 수도 있어. 형제자매 없는 애들도 많잖아."……

감정이 극에 달한 순간을 피해 이런 질문들을 한다. 상대를 괴롭히고 싶다거나, 성인이 되고 나서는 안 보겠다고 답한 적은 아직 한 번도 없다 (아이가 이런 대답을 한다면, 좀 더 광범위하고 전문적인 상담이나 치료가 필요할 것이다). 그러면 대답해준다.

"언니(동생)가 네 말을 잘 듣게 하는 제일 좋은 방법은 너를 좋아하게 하는 거야. 네가 엄마 말을 잘 듣는 이유는, 엄마가 너를 혼내고 때리기 때문이 아니잖아. 그냥 엄마를 좋아하니까, 엄마 말을 잘 듣고 싶어서 그런 거 아니야? 마찬가지로 언니(동생)가 어떻게 하면 널 좋아하게 될까를 연구해보는 거야."

이렇게 가족이 다 같이 싸움을 복기하며 각각의 특성을 연구한다. 큰아이는 참을성이 많고 우유부단해서 동생에게 꽤 너그럽지만, 그만큼 뒤끝도 길다. 둘째는 다혈질이라 먼저 화내고 도발하지만 화해하고 돌아서면 언니를 좋아하고 금세 섭섭했던 걸 잊어버린다. 이런 특성은 사실 어른의 언어다. 아이들에게 '우유부단', '다혈질'과 같은 단어를 설명하기는 어렵다. 대신 아이들은 행동으로 이해하고, 그렇기 때문에 흡수도 훨씬 빠르다. 둘은 언제 서로를 참아줘야 하는지, 서로에게 화가 날 때 잊지 말아야 할 상대의 좋은 점을 기억하는 연습을 한다. 서로 공격해야 할 때도 어떤 점을 피해야 궁극적으로 원하는 목표, '나를 좋아하는 언니(동생)'가

되게 하는지를 행동으로 익힌다.

이렇게 둘과의 관계를 쌓아가는 연습이 진짜 힘을 발휘하는 것은 바로 학교 친구와의 관계에서다. 아이들은 이렇게 좋은 친구가 어딘가에 존재해서 행운처럼 만나는 게 아님을 안다. 시간을 많이 들여 맞지 않는 사람과도 관계를 만들어 나가야 한다는 것도 경험한다. 그러고 나면 친구들 중 처음부터 그럴 가치가 없는 아이를 직감적으로 파악하게 된다. 맞춰가며 정성을 들여야 할 가치가 있는 사람과 무조건 피하는 게 좋은 사람을 구분하는 것이다.

우리 가족은 전자를 '내 사람(my person)'이라고 부른다. 우리는 세상 사람들을 공평하게 대하지 않는다. 그리고 모두와 잘 지내거나, 모두의 인정이나 애정을 받으려 하지 않는다. 그 차별의 이유는 남들이 생각하는 객관적 기준이 아니다. 서로 다른 개성과 취향을 함께 맞춰갈 노력을 하는 사람은 끈질기게 함께하고, 아닌 사람은 애초에 빨리 포기한다. 싸우더라도 서로 포기하지 않고, 서로에 대한 이해가 넓어지는 '내 사람'들을 소중하게 대한다.

누가 그런 사람인지 알아채는 기술을 바로 자매와 싸우며 제 2의 본성처럼 익히는 것 같다. 아이들이 학교 친구나 다른 사람들을 만나고 집에 돌아와 이야기하는 것을 들으면서 나도 함께 배웠다. 경제적 수준, 학교 성적, 누가 봐도 좋은 성격, 내게 무작정 잘해주거나 이익을 주는 등의 기준이 아니다. 그리고 이렇게 '내 사람'의 기준이 있다는 것만 알아도 세상이 달라진다.

사실, 몇 년 만의 이번 싸움은 둘에게 꽤나 극적이었다. 그동안 싸우지 않은 것은 언니가 동생에게 적절하게 당근을 주어왔고, 둘째도 언니한테 이것저것 얻는 재미에 조르기도 하고 아부도 하면서 제 성격을 누르며 지내왔기 때문이다.

그런데 이번에는 언니가 한 방 먹은 것이다. 드디어 둘째가 언니한테 얻은 것들을 집어던져 버렸으니! 사과도 늘 둘째가 먼저 했는데, 이번엔 버텼다. 화도 먼저 내고, 사과도 먼저 하면서 언니가 뭐라도 해주면 쉽게 헤헤거리던 둘째가 한 뼘 자란 것이다. 큰아이도 자기 걸 지키고 싶은 욕구가 늘어났다. 둘째가 조르면 마음이 약해져서 자기 것을 쉽게 포기하고, 나중에 후회하는 것에 대해 다시 생각해볼 기회였다. 못된 사람이 되기 싫어서 처음부터 단호하게 거절하지 못하니까, 결국 치사한 사람이 되어 버리는 것을 말이다.

실을 주고 뺏는 과정에서 둘째도 단단히 화났다. 원래대로라면 비슷한 싸움이 벌어졌을 때, 먼저 사과를 해서라도 언니로부터 얻은 실을 지켜내곤 했다. 그런데 이번에는 며칠 동안이나 짠 목도리를 서러워 통곡하면서도 기어이 다 풀어 버렸다. 둘째의 이런 행동에 솔직히 우리 모두 놀라서 얼어붙었다. 둘째가 정말 정성껏 짠 걸 알고 있었으니까. 아마 큰아이도 동생이 목도리를 지키기 위해 고분고분해질 줄 알았을 것이다. 그리고 이 과정에서 싸움을 부추긴 것은 나다.

"네 실을 못 주겠다고 분명하게 하질 않으니까, 실도 잃고 동생도 불만이야. 처음에 네가 줄 수 있는 거랑 없는 걸 분명하게 구분하지 않은 거잖아."

그랬더니 큰아이가 갑자기 "그냥 다 내놔. 내 거야!" 이렇게 나오기 시작했던 것이다. 당연히 둘째가 울면서 "이렇게 많이 짰는데 어떡해?" 하고 울기 시작할 때, 내가 그랬다.

"네 힘을 보여줘. 보통은 네가 언니한테 줄 게 없잖아. 그런데 네가 진짜 가진 건 너 자신이야. 짜던 목도리를 그냥 줘 버리고 네 자체가 얼마나 소중한지 보여주면 돼. 그거 없어도, 언니한테 구차하게 안 굴어도 잘 살 수 있지 않을까?"

그랬더니 둘째가 용기가 나서 실뿐 아니라 예전에 언니한테 받은 선물까지 다 던져 버렸다. 큰아이는 착한 사람이 되고 싶은 욕구 때문에 거절을 못하고 남들의 기대를 높이다 보니 결국 손해 보는 경향이 있는데, 이에 대한 교훈을 주고 싶었다. 또 둘째에게는 자기 자신의 가치를 좀 더 주장하는 법을 훈련시키고 싶었다.

'이제 큰아이 대신에 둘째랑 놀아줘야 하니 귀찮겠네.'

이런 생각을 하며 있었는데, 몇 시간 후 큰아이가 정식으로 편지를 쓰고, 다시 실도 주면서 동생에게 사과했다. 뒤끝 없는 둘째가 편지를 들고 온 집을 뛰어다니며 세상에서 가장 행복하게 웃으면서 "언니가 나한테 사과했어! 처음이야, 우와!"라고 한다. 우리 가족 다 어리둥절했다. 며칠 동안 짜던 목도리가 날아간 건 벌써 까맣게 잊고 "오늘은 좋은 날이야. 언니 너무 좋아!"라며 자랑하고 다닌다. 둘 다 또 한 뼘 자란 만큼 서로를 이해했을 것이다.

내 아이 키울 곳을 찾아서

"인간이 자신의 환경을 지배하지 못하면 환경에 지배당할 수밖에 없다."

이는 에이모 토울스의 소설 『모스크바의 신사』 중에 나오는 말이다. 한 독자가 이런 질문을 해왔다.

"부모가 만들어주는 환경도 아이에게 중요하지 않을까요? 예를 들면 좋은 학교, 좋은 동네 같은 거요. 아이는 주어진 환경을 평가하거나 거부할 수 없으니, 부모가 아이에게 잘 맞을 환경을 제공해주기 위해서 노력해야 할 것 같아요. 꼭 좋은 학군, 잘사는 동네가 아니더라도 아이를 존중하는 선생님, 마음껏 뛰어놀 수 있는 안전한 환경 같은 조건이 갖춰진 곳 말이에요."

아이를 존중하는 선생님, 안전한 환경, 글로벌 시민으로 성장할 수 있는 문화적 혜택……, 이런 것들이 가장 잘 갖춰진 곳은 한국의 강남과 같이 전 세계의 학군 좋은 중상층 주거지인 경우가 많다. 학군에 따라 집값이 열 배도 넘게 차이가 나는 것은 한국뿐 아니라 이곳 미국도 마찬가지다. 뭐든 가치에 따라 값을 매기는 자본주의 사회에서 그렇게 긴 시간에 걸쳐 커다란 돈의 차이가 난다면, 이런 곳들이 충분히 그럴 만한 가치가 검증됐다고 봐도 무리가 없을 것이다. 하지만 나는 내 아이들에게 최선의 교육 환경을 제공하기 위해 조금 다른 전략을 택했다. 그 선택의 배경을 설명해보려고 한다.

자본주의 사회에서 돈으로 표상되는 좋은 학군이라는 집단의 지혜를 이 세상에 딱 하나밖에 없는 내 아이, 내 가정에 곧바로 적용하는 것은 그렇게 간단하지 않다. 이 세상에 유일무이한 나, 내 아이에게 맞는지를 따지자면 99퍼센트의 성공 확률조차 충분하지 않다. 1퍼센트의 확률에 내가 속하면 그것은 100퍼센트 실패이니까.

그래서 나는 좋은 학군과 환경이 확률적으로 안전할 거라는 데에 동의는 하지만, 내 아이를 위해서 '무엇이 어떻게 좋을지'를 생각해보지 않을 수 없었다. '맹모삼천지교(孟母三遷之敎)'는 결코 과장된 말이 아니다. 인간은 어울리는 사람과 주변 환경에 엄청난 영향을 받는다. 특히 자라나는 아이들은 더욱 그렇다. 그렇기에 더욱 더 100명 중 90명에게 좋은 환경이라고 해서 '그냥' 따를 수는 없었다.

'좋은 학군'에 대한 나의 의구심은 교육 관련 연구나 통계 자료의 장기 예측력이 현저하게 떨어진다는 데에서 출발했다. 좋은 학군의 대학 합격률은 그 아이들의 중년 이후 수십 년간 이어지는 삶을 설명하지는 못한다. 교육은 죽을 때까지 그 영향이 이어지는 일이 분명한데 말이다.

예를 들면, 교육학 연구 중 아이들의 읽기 이해 능력을 도와주고 측정하는 프로그램들에 대해 생각해보자. 이런 연구 대부분이 길어봤자 고작 2, 3년 후를 측정하는데, 그마저도 효과라는 부분이 많이 상쇄된다. 서너 살의 아이에게 글을 가르치면 당장 글 읽는 능력이 생기는데, 이는 같은 나이에 글을 안 배운 아이에 비하면 엄청난 발달 수준이다. 하지만 그렇다고 서너 살에 글을 읽던 아이들이 열 살이 되어서도 다른 아이들에 비해 높은 수준의 독해력을 가진다는 보장이 없는 것이다.

좋은 환경의 의미에 대해 생각해볼 만한 「뉴욕타임스」의 칼럼 하나를 소개한다. '나는 대학을 잘못 선택했는가?'라는 제목의 글에서 제닌 카포 크루셋은 자신의 이야기를 들려준다. 그녀는 저소득층 가정에서 태어났지만, 아이비리그인 코넬 대학을 나와 교수가 되었다. 우리가 좋은 환경과 좋은 학교에 기대하는 딱 그것대로이다. 그러나 그녀가 들려주는 진짜 이야기는 좀 다르다.

크루셋 교수가 다닌 코넬 대학은 입학설명회부터 남달랐다. 고상한 전통과 경제적 풍요로움이 압도적이었고, 사회 각 분야에서 영향력 있는 자리를 차지한 동문들이 즐비했으며, 나중에 이 일원이 됐을 때 든든한 인적 지원을 갖게 될 것을 상상하기 어렵지 않았다. 그녀가 지방 주립대에 갔다면 전액 장학금을 받아 공짜로 대학을 마쳤을 것이다. 그러나 훌륭한 교육 혜택을 받지 못했던 그녀의 엄마는 자신이 누리지 못한 사회적 특권을 딸에게 주고 싶었다. 그래서 막대한 학자금 탓에 무리하게 대출을 받아서라도 그녀가 코넬에 가도록 지원해주었다. 하지만 눈부신 사회적 성취를 이룬 후, 그녀는 회의감을 갖게 됐다고 고백한다.

'그렇게 심한 경제적 부담을 지고 코넬을 선택한 게 과연 옳았을까?'

그녀의 가족들은 코넬을 위한 투자가 미래를 위한 것이라고 예상했다. 하지만 그 투자할 만한 미래가 무엇인지는 명확하지 않았다. 그게 무엇이든 그녀가 앞으로 어떤 사람이 되는가를 결정하는 문제였다. 즉, 그게 그녀의 삶을 어떻게 변화시킬지 알 수는 없었지만 값비싼 일류 학교에 가면 인생에 더 많은 선택지를 가질 줄 안 것이다. 사회적으로 보면 꽤 성공한 것처럼 보이는 크루셋 교수는 일류 학교를 선택한 것에 왜 만족하지 않을까? 그녀는 직접적인 답변 대신 다음의 두 이야기를 들려준다.

자신처럼 성적이 우수했지만 아이비리그 대신 지방 주립대를 선택했던 친구는 고향에 남아서 충분히 만족스러운 대학 교육을 받고, 그에 맞는 직업과 멋진 집을 가지고, 가족과 행복하고 여유롭게 산다.

두 번째로 그녀는 자신의 치아를 교정한 이야기를 한다. 그녀의 엄마는 중산층 아이들이 치아 교정을 해서 다들 고른 치아를 가진 것을 알고, 딸에게도 무리하게 교정을 해줬던 것이다. 그런데 오랜 시간이 지나 자신의 치아는 원래 타고난 모양을 찾아가려고 애쓰고 있다면서 그녀의 글은 마무리된다. 직접 언급하지는 않았지만, 자신이 코넬에 다니면서 그 졸업생다운 성취를 위해 치른 희생과 고통을 암시한다. 그것이 과연 그토록 가치 있는 것이었는가에 대한 회의를 지우지 못하는 것이다.

좀 더 직접적인 대답을 원한다면 『공부의 배신』을 읽어보면 좋다. 예일대 교수인 윌리엄 데레저위츠는 이 책에서 자신의 천재 학생들에게서 직접 들은 이야기를 들려준다. 예일대 학생들은 역시 예의 바르고 자신감이 넘치며 뭘 시켜도 완벽하게 완수해 내는, 우리가 꿈꾸는 엄친아, 엄친딸들이었다. 그런데 무엇이 문제였을까?

이 아이들은 정해진 성공이라는 틀 밖에서는 생존이 불가한 존재가 되었다. 데레저위츠는 설정된 틀에 자신의 삶을 맞춰야 한다는 압박으로부터의 불안과 두려움이 훌륭한 인재들을 헛똑똑이로 만든다고 주장한다.

이게 무슨 뜻인지 더 구체적으로 이해하기 위해 말콤 글래드웰의 『다윗과 골리앗』에 소개된 '큰 연못, 작은 연못' 이야기를 살펴보자. 일류대 출신이 평균적으로 훨씬 많은 연봉을 받는 것이 사실이다. 하지만 이들의 능력을 일류대가 만든 것인지에 대해 의문을 가져봐야 한다. 이미 똑똑한 아이들을 선별적으로 뽑아 이들을 더 똑똑하게 만드는 데에 일류대가 기여했다면 평균 연봉의 차이는 지금보다 더 커야 하는 것이 아닐까?

이 책에서 소개하는 일류대 출신 변호사 등의 고소득 전문직을 가진 사람들의 이야기가 흥미롭다. 이들은 처음부터 변호사가 되고 싶은 게 아니다. 순수과학이나 공과 계열에 꿈이 있던 아이들이 일류대 교실에서 무수한 천재들 사이에 묻히며 자신감을 잃고 저절로 꿈을 포기한다. 그러고는 어쩔 수 없이 그나마(?) 변호사라도 되는 것이다. 똑같은 꿈을 가진 아이들 중에는 일류대보다 떨어지는 대학을 가서, 자신의 능력에 대한 신뢰를 간직하는 아이들도 있다. 일류대가 아닌 곳에서는 꽤 똑똑하다고들 해주니 말이다. 결국 자신이 꿈꾸던 분야에 진출하여 능력과 수입 면에서 일류대 출신보다 뒤지지 않는 삶을 산다.

변호사가 됐으니 그래도 일류대를 가는 게 나은 걸까? 일류대 안에서 경쟁에 밀려 자신이 진짜 하고 싶은 분야는 엄두도 못 내고, 남들의 기준에 맞춘 성공의 길을 택할 수밖에 없는 이들의 이야기는 단지 고소득자들의 배부른 고민일까?

그런데 어쩌면 지금 한국 정도의 경제 수준을 가진 나라에서는 배부른 자의 고민을 해야 하는지도 모른다. 상대적 빈곤도 분명히 심각한 문제이다. 하지만 어쨌든 우리는 당장 굶어죽는 절대 빈곤에서는 벗어났다. 이 정도의 풍족한 사회에서 태어났다면 내 아이가 아무리 돈을 많이 벌지언정, 자신이 하고 싶지 않은 일을 하며 남들 눈에만 성공한 것처럼 보이는 삶을 사는 것보다, 아이가 평생 좋아하는 일을 멈추지 않고 찾으며 도전하는 것도 좋은 선택지 중 하나가 된다. 일류대 아이들이 쉽게 가지지 못하는 기회가 바로 이런 자기만의 도전, 독특한 경험을 하는 용기와 자부심이라는 게 위 두 저자의 생각이며, 나 역시 동감한다.

좋은 학군의 교육 환경이 우리 아이에게 이득을 주는 것이 아니라, 우리 아이가 그 틀에 자신을 맞추면서 성공의 틀과 공식을 강화시키는 데에 일조하는 게 싫다. 내 아이가 환경의 권위를 유지시키는 데에 하나뿐인 자기 삶을 희생하는 것이 아니라, 환경이 아이에게 봉사하도록 하고 싶다. 그래서 내 아이만의 가능성과 경험을 빛나게 해주는 환경을 찾아주고 싶다.

큰아이가 5학년까지 다닌 초등학교는 흔히들 말하는 괜찮은 환경의 학교였다. 영재로 선발된 아이들만 모아 고등학교 졸업까지 앞선 진도의 별개 프로그램으로 진행된다. 당연히 친구들도 똑똑하고 비슷한 중산층 출신에, 어려서부터 고등학교 졸업까지 쭉 함께한다. 그러니 그냥 평범하게 따라만 가도 아이비리그까지는 아니더라도 적당히 좋은 대학은 무리 없이 갈 수 있을 것 같았다.

그러나 내가 아이를 위해 찾은 곳은 '경계'였다. 아이디어는 자연의 평범한 이치에서 얻었다. 앞에서도 말했듯, 온갖 교육학 이론과 실험은 단기적·집단적으로는 말이 되지만 막상 내 아이만을 위한 결정에는 그다지 도움이 되지 않는다. 아이의 일생을 고려한 결정이라면 자연의 공부가 더 현실적이고 분명한 영감이 된다. 자연의 생명력과 다양성이 폭발하는 지점이 바로 경계가 아닌가? 바다와 강, 육지와 바다, 숲과 초원……. 이렇게 다른 환경이 만나는 경계에서 생명의 모든 가능성들이 피어난다.

어린아이는 아직 진짜 자기 색깔을 모른다. 그래서 아이에게 특권의 기회가 아니라, 자기 모습을 찾아갈 기회를 주고 싶었다. 나는 도시와 시골, 빈부의 계급이 서로 만나 섞이는 곳을 찾았다. 시골도 아니고 도시도 아니고, 부자 동네도 아니고 가난한 동네도 아닌 경계 지역 말이다. 어떤 계급이나 집단, 가치관도 압도적인 주류가 될 수 없는 동네였다.

그렇게 찾은 학교에서 우리 아이들은 갑자기 공부 천재로 알려졌다. 좋은 학군에서는 어림없던 일이다. 그런데 더 고무적인 것은, 공부 천재라고 그다지 부러워하거나 추켜세우지 않는다는 점이다. 고등학교만 졸업하고 열아홉, 스물에 결혼해서 아이를 낳고 시골 일자리를 찾아 살아가는 아이들도 아주 많으니 말이다. 근처 농장에 살면서 앞으로 농사를 꿈꾸는 아이들도 있다. 그래서 공부를 잘하는 것은 모두가 추구해야 할 절대 가치가 아니라, 그저 한 아이의 독특성으로 받아들여진다.

여기엔 중산층도 심심치 않게 있다. 근교라서 도시를 기반으로 전문직을 갖고 일하면서 말을 탈 만한 넓은 땅을 원하는 사람들이 모인 작은 단지도 있다. 이렇게 섞여 있는 학교에서는 왕따가 있어도 한 삶을 뭉갤 정도의 폭력으로 발전하기 어렵다. 한 그룹이 압도적 다수일 수 없으니, 만일 그 그룹에 잘 맞지 않는다면 다른 그룹을 찾으면 된다.

　내가 특히 이런 다양성을 염두에 두고 아이들의 교육 환경을 찾은 것은 인간 집단 역학의 특성 때문이기도 하다. 위에서 소개한 크루셋 교수가 도대체 뭘 후회하는지는 쉽게 이해하기 어렵다. 그 원인을 구체적으로 밝히지는 않았지만, 내가 추측한 이유는 다음과 같다. 인간은 집단 내에서의 서열을 정하고, 비교하고, 경쟁하는 특성을 가진 동물이다. 그런데 집단 구성원의 다양성이 떨어지면, 즉 하나의 기준으로만 경쟁하게 되면 그 경쟁은 필요 이상으로 과열된다.

　공부를 잘하는 아이들만 모아 놓은 초일류 대학생들은 밖에서 보기에는 다 똑똑한 아이들처럼 보인다. 하지만 막상 그 안의 아이들끼리는 더 치열한 경쟁과 비교 때문에 속으로는 다들 자신의 학습 능력에 대한 의심 속에 산다. 부자들도 마찬가지다. 평범한 사람이 보기에 수백억, 수천억 자산가라면 돈에 대한 고민은 하나도 안 할 것 같은데, 부자끼리 모이면 이들의 부유함에도 서열이 있다. 그래서 이들은 놀랍게도 아직 돈을 많이 벌지 못했다고 진심으로 아쉬워한다. 이런 경쟁은 결코 건강하지 않다.

　나는 내 아이가 한 가지 경쟁 원칙에 매몰되지 않기를 바란다. 공부의 필요와 그 나름의 즐거움을 스스로 느끼는 것과, 균일한 개인들이 모인 집단에서 차별과 더 높은 서열을 위해 비교하고 열등감과 불안을 느끼며 공부하는 것은 완전히 다른 것이다. 경쟁을 통해 발전하고 성장하는 것은 자연에서처럼 다양성이 전제될 때 가능한 일이다. 각자 자신으로서 가장 빛날 수 있는 존재가 되는 경쟁 말이다.

　나는 한국에서 전교생이 35명인 면 소재 시골 학교에서 이런 다양성을 발견했다. 둘째가 3학년 때 두 달 정도 다닌 곳인데, 아이는 매일 학교에서 돌아와 정말 다양한 아이들의 이야기를 늘어놓았다. 여기에서 중산층 4인 가족은 절대 다수가 아니었다. 엄마가 동남아인인데 부모가 이혼한 아이, 조부모와 함께 사는 아이, 그리고 교육 수준이 높은 부모가 새로운 삶을 찾고자 귀향한 집 아이, 근처 도시인 부산에서 살다 왕따 문제 때문에 시골 할머니 집에 살면서 전학 온 아이 등…… 같은 이야기를 가진 아이가 한 명도 없었다.

한눈에 봐도 학습장애나 ADHD로 진단받았을 법한 아이도 있었는데, 이들도 이곳에서는 무리 없이 받아들여진다. 굉장히 감동적인 집단 역학이었다. 당연히 한글을 못 읽는 우리 둘째도 그렇게 신기한 아이가 아니었다. 책을 못 읽지만 학습 과정에서 제외되지 않았다. 아마도 미국이든 한국이든 도시 학교라면 글을 못 읽는 아이를 추가적인 도움을 준다는 명목으로 일단 다른 다수의 아이들한테서 격리부터 시켰을 텐데 말이다.

물론 아무리 맹모삼천지교라지만 갑자기 모두 다 시골로 이사 갈 수는 없다. 우리 첫째가 6학년 때에 다녔던 한국 학교는 전형적인 도시 학교였다. 아이가 한국말이 서툰 것과 똑같은 옷을 자주 입는다는 것, 핸드폰이 없다는 것이 괴롭힘의 이유가 됐다. 그때 나는 학교에서 당장 대응해야 하는 것들을 궁리하는 것과 별개로, 아이에게 이 세상의 온갖 가능성들을 보여주려고 했다.

자연이건, 사람이건, 사회건 궁극의 아름다움은 결국 다양성이다. 그렇게 아이를 괴롭게 하는 학교 사회도 이토록 무한히 다양한 것들 중 극히 작은 일부라는 사실을 설명해주지 않고 아이 스스로 느끼게 해주고 싶었다. 의도는 거창하지만 실제 하는 것은 별것 없었다. 내가 아는 신기한 사람들을 많이 만나게 해줬을 뿐이다.

사실 내가 아는 모든 사람들은 다 신기하다. 그들의 이야기를 잘 들어보면 똑같은 사람은 단 한 명도 없다. 아이에게 이들을 만나서 인터뷰할 기회를 많이 만들어주었다. 할머니, 할아버지부터 시작했다. 평소에 뵈어온 조부모가 아닌, 그들의 이야기, 그들만의 신기한 생각들을 읽어 내는 연습을 했다. 조부모님들이 처음에는 어색해하고 쑥스러워하셨지만, 아이는 진지했다. 그리고 이는 나중에 잘 모르는 어른들에게 질문을 던지는 연습도 됐다. 아이는 전형적인 왕따를 견디면서 이 지난 시간들을, 자신의 최고 경험 중 하나라고 자평한다.

내 아이에게 꼭 맞는 환경을 찾는 일은 그 발견 과정 자체가 목적이다. 사실 부모는 아이에게 뭐가 좋은지 결코 알 수 없다. 물론 아이 당사자도 마찬가지다. 당연히 사회에서 정해준 '좋은 환경'도 꼭 정답일 수는 없다. 적당히, 대강, 그나마 안전한 환경이 아니라, 내 아이만이 가진 가능성, 삶에 대한 생명력을 최대한으로 끌어올려줄 환경은 절대로 이미 만들어져 있지 않다. 환경은 인간을 만들고, 인간 역시 환경을 변화시킨다. 이런 관계를 가족이 함께 경험하고 고민하고 탐구하는 것만으로도 이미 좋은 환경의 시작이다.

넌 엄마 닮아서 잘 살 거야

 그 유명한 마시멜로 실험은 집에서도 간단하게 해볼 수 있다. 아이가 좋아하는 과자를 주고, "안 먹고 기다리면 하나 더 줄게." 하고 말하면 된다. 실제 실험에서는 아무것도 없는 빈 방에 달랑 마시멜로만 줬으니, 이런저런 다른 놀잇거리가 많은 집에서의 실험은 아이 입장에서 훨씬 유리하다. 나도 둘째가 초등학교 입학할 즈음에 이 실험을 해보았다.

 이 실험이 유명해진 이유는 참여한 아이들을 수십 년 후에 추적해봤더니, 놀랍게도 먹고 싶은 유혹을 참고 하나를 더 받은 아이들이 사회적으로 더 성공했다는 결과 때문일 것이다. 이 실험에 대한 비판이나 여러 변종들도 많이 존재한다. 나도 아이에게 "엄마랑 다른 걸 해보자."라면서 관심을 다른 데로 돌려보기도 하고, 밥 먹은 직후에 해보기도 하고, 한 개 대신 열 개를 줘보기도 했다. 이러나저러나 결과는 1분도 안 돼서 나온다. 우리 둘째는 무조건 홀랑 다 먹어 버린다. 아무리 많이 줘도 전부 다! 어차피 실험 자체도 이미 결과를 충분히 예상할 수 있어서 그냥 재미로 해 본 것이다.

"넌 대단한 위장을 가진 것 같아! 다른 애들 같았으면 이렇게 한꺼번에 다 못 먹었을 거야. 아니면 먹고 나서 배가 아팠을 텐데, 너는 멀쩡하잖아. 먹기 싫으면 억지로 먹지 말고 나중에 먹지 그래? 그럼 나중에 더 맛있게 먹을 수 있지 않을까?"

아이는 대답했다.

"싫어, 지금 다 먹어 버리는 게 좋아. 남겨 놓으면 자꾸 생각나서 다른 걸 할 수가 없어. 나중에 안 먹는 건 상관없거든."

그래서 마시멜로 실험에 대해 아이에게 설명해줬다. 아이가 조금 걱정스러워하는 눈치다.

"성공하고 싶어? 돈 많이 벌고 높은 사람 되는 거 말이야."

"응, 그게 좋은 거 아닐까?"

"좋은 건 맞지. 근데 엄마도 너랑 똑같아. 엄마도 홀랑 다 먹어 버려. 남겨 두는 건 귀찮거든. 너도 엄마처럼 살게 되는 거지. 그건 어때? 물론 엄마보다 돈 많은 사람도 많아. 그 사람들은 마시멜로를 안 먹고 참는 애였나 봐. 어쨌든 너도 엄마만큼은 살 수 있을 거야. 어쩌면 엄마보다 조금 더 잘 살 수 있을 것 같아."

"왜?"

"넌 엄마랑 성격이 거의 똑같은데, 엄마보다 좋은 점들이 더 많거든."

"그게 뭐야?"

"그건 말해줄 수 없어. 네 스스로 그렇게 생각해야 하니까 네가 찾아야 해. 중요한 건 최소한 엄마처럼은 살 수 있다는 거야."

"다행이다. 엄마만큼 사는 거 좋아. 그럼 앞으로도 안 참고서 먹고 싶은 거 그냥 먹어 버릴래."

아이는 만족스러워하며, 또 비슷한 상황이 되면 맛난 것을 한꺼번에 먹어 버린다.

한번은 아이들에게 냉동 딸기를 줬다. 큰아이는 녹기를 기다려가며 천천히 숟가락으로 잘라서 먹고, 둘째는 옆에서 언니가 어떻게 먹는지 신경도 안 쓴 채로 얼음덩어리나 다름없는 눈앞의 딸기를 갑자기 한입에 홀라당 집어넣고는 "너무 차가워!" 하며 괴로워한다. 그러고 나서 인상을 찌푸리고 고통을 호소한다. 이제 아이가 화내고 짜증을 부릴 차례다. 이 과정 내내 그냥 아이를 지켜보기만 하던 나는 이 순간을 놓치지 않고 과장된 동작으로 묻는다.

"우와, 엄마가 다 보고 있었는데 딸기가 녹을 때까지 기다리느니 '에라 모르겠다!' 이런 거지?"

이러면서 아이 표정을 과장되게 따라 하면서 깔깔 웃었다. 아이도 내 몸 개그를 보더니, 화를 내려다 멈추곤 웃기 시작한다. 내가 말해준다.

"이 세상에 엄마를 이렇게 많이 웃겨주는 사람은 너밖에 없어."

또 하루는 둘째가 집에 있고, 나와 남편이 장보러 갔을 때이다. 15분 거리에 있는 유일한 마트라 6년 넘는 시간 동안 백 번도 넘게 간 곳이다. 몇 미터 떨어진 남편을 옆으로 보면서 이러쿵저러쿵 말하며 걸어가다 눈앞에서 별똥별이 터졌다. 기둥에 정면충돌한 것이다. 아파 죽겠는데, 웃음이 터졌다. 집에 있는 둘째 생각이 났기 때문이다. 얼른 가서 둘째한테 이 이야기를 들려주고 같이 또 실컷 웃었다. 그런데 하루 만에 아이가 어이없게 넘어져서 여기저기 멍이 들고 발톱까지 부러졌다. 아이가 그렁그렁 울며 말한다.

"엄마, 나는 이렇게 태어난 거 싫어."

"엄마 닮은 게 싫어?"

"그건 아니지만, 조금은 싫어. 특히 이렇게 덤벙대고 다치는 거."

"음, 닮으려면 패키지 전부 받아야 하는 거야. 좋은 점만 골라서 받을 수는 없어. 그렇게 나쁜 거, 좋은 거 다 합해서 엄마라는 사람, 너라는 사람이 되는 거니까. 아니면 엄마 말고 패키지로 닮고 싶은 다른 사람이 있어?"

아이는 눈물을 주룩주룩 흘리면서 또 생각한다.

"생각나는 사람이 없어. 내가 알고 있는 사람 중에서는 엄마 닮는 게 제일 좋아. 그렇지만 이건 너무해. 잘 기다리고 자주 넘어지지도 않으면서 엄마 같은 사람은 세상에 없어?"

아이가 진지하게 묻는다.

"그건 엄마가 아니잖아. 엄마가 아닌 다른 사람은 많겠지. 엄마는 엄마로 태어난 게 너무 좋은데……. 그런데 너한테는 미안하네. 네게 싫은 걸 줘서 말이야."

"아니야, 나도 엄마 닮은 거 좋아. 웃기고, 이상한 생각도 많이 하고, 하고 싶은 대로 살고. 나도 그렇게 살 거야. 언니가 내 언니인 건 좋지만 언니처럼 사는 건 너무 지루해서 싫거든."

"다행이다. 엄마는 내가 이런 것도 좋고, 네가 엄마 닮은 사람으로 태어난 것도 너무 좋으니까."

둘째가 성질이 급하고, 감정이 널을 뛰고, 주변 눈치를 안 보는 성격인 점에 대해서 마치 거울 속 내 모습이라도 보듯 발견한 처음부터 내가 이렇게 반응했던 것은 아니다. 솔직히 화가 더 많이 났다. 그때 속으로 한 질문은 '이 아이를 위해 내가 뭘 해줘야 할까?'였다. 그러나 이 질문 자체가 틀렸음을 금방 깨달았다. 무엇을 하든 아이는 더 화를 냈으니. '대체 어쩌라고?' 하는 생각이 저절로 들며, 나도 화가 났다.

가만히 생각해보니, 아이는 그냥 자기다운 모습으로 화를 낸 것이었다. 아이가 그때 말을 유창하게 할 수 있었다면 나보고 "누가 엄마더러 뭘 해달래?"라고 대꾸하면 딱 맞았겠다. 그래서 질문을 바꿨다.

"이 아이는 나한테 도대체 뭘 해주는 걸까?"

이 질문이야말로 정확했다. 질문을 바꿔서 아이를 보니 너무 웃겼다. 말 안 듣고, 고집 세고, 문제를 일으키는 아이들을 만화에 나온 애라고 생각하고 보면 행동 하나하나가 다 웃기지 않은가? 문제 행동이란 것은 따지고 보면 보는 사람과의 거리를 말해준다. 똑같은 행동도 가까이에서 보면 문제지만, 멀리서 보면 재미있다. 물론 남을 해하는 행동은 만화에서도 웃기지 않지만 말이다.

'이 아이는 나를 웃겨주려고 태어났구나!'

그렇게 마음먹는다는 것은 아이로부터 적정 거리를 두기 시작했다는 증거다. 웃으려면 관심과 시선을 고정하고, 대신 만화 보듯 떨어져 있어야 하니까. 이 깨달음은 그저 작은 출발이었다. 아이가 나를 닮은 치명적 단점에 대해서 웃다 보니, 내 자신에 대해서도 편안히 웃게 된다. 이때 우연히 읽은 책이 니체의 『이 사람을 보라』였다. 이 책은 소제목이 끝내준다. '나는 왜 이렇게 현명한가?', '나는 왜 이렇게 똑똑한가?', '나는 왜 이렇게 최고의 책을 쓰는가?'…….

이 책을 읽은 후의 기분은 충격도, 어리둥절한 것도, 웃긴 것도 아니다. 제목 그대로 자뻑 파티였기에 제발 픽션이기를 바라는 마음으로 간절하게 몰입해 읽었다(아쉽게도 아주 진지한 에세이였다). 반전으로 겸손이나 이런 자기 자랑의 이면에 관한 의미가 나오리라 기대했는데, 그런 건 마지막 한 문장에도 끝까지 없다!

트럼프 전 대통령이나 엄청난 부자가 됐다고 과시하는 래퍼들의 자기 자랑은 이미 익숙하다. 하지만 니체의 자기 자랑은 남들과 비교해서 그들을 이기고 눌렀다는 것보다는, 오히려 남과의 비교를 벗어나 나만의 독특성으로 홀로 설 수 있다는 자신감에 가깝다(이 해석은 이 책을 읽던 당시 내 개인적 감상이다).

나를 웃겨주는 아이에게 내가 해줄 수 있는 것이 드디어 생각이 났다. 내가 니체처럼 강해지는 것이다! 아이에게 어떤 변화를 요구하거나, 무엇을 가르치거나, 주는 것이 아니라 아이가 나를 닮은 점을 무한 긍정하는 엄마가 되기로 했다.

"넌 엄마 닮아서 엄마만큼은 살 거야. 평범한 삶이라도 즐겁게 말이야."

이 이야기를 태연하게 진심을 다해 들려주는 강한 엄마가 되는 것이다. 아이를 위해 강해지겠다고 마음먹으니, 그렇게 창피하지 않았다. 그런데 결국 이조차 아이를 위한 일이 아니고, 아이가 내게 준 선물이지 않은가? 어떤 철학자나 심리학자의 이론도 '내 삶이 좋다.'란 것을 아무 의심 없이 긍정하게 해주지는 못했다. 나도 내 단점을 잘 아니까, '나만큼 살아도 괜찮아.'라는 생각이 창피하고 어색하다. 하지만 온전히 새롭게 세상에 나온 내 아이가 타고난 자기 본성을 마음껏 펼치게 지켜주고 싶다는 마음은 그런 창피함을 넘어설 만큼 강력한 동기가 됐다.

  마시멜로를 홀랑 먹어 버려서 나중에 성공하지 못할까 봐 걱정하는 아이의 마음도 자연스럽게 사라졌다. 자기 삶이 어떻든 좋아하게 될 거라고 믿으니까.

실수 대처,
유일한 조기교육

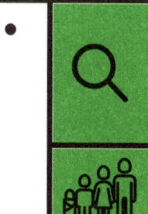

아이들 학교 성적, 독서 교육, 대입 준비 대신에 내가 적극적으로 교육하고 싶은 것이 있다. 책으로 배울 수 있는 것들은 아이 스스로 원할 때에 원하는 만큼 집 밖에 나가서도 얼마든 배울 수 있다. 그러나 삶의 과정 속 귀찮고 지저분함을 헤쳐 나가는 태도만큼은 조기교육을 시키고 싶다.

초등학교 입학 전 어렸을 때부터 지금까지 아이들이 할 수 있는 일은 우리 부부가 대신 해주지 않는다. 고등학생 큰아이가 여권 신청을 하는 일 역시 전적으로 혼자 할 일이다. 필요한 서류를 챙기고, 면접 약속을 잡고, 미리 복사할 것과 지급 수단을 준비하고, 사진 찍는 일 등이 그렇다. 여권이 만료됐다는 사실은 내가 알려주고, 사진 찍으러 갈 때와 면접 갈 때에 태워주는 일만 부모가 해준다. 아, 수수료 145달러도 내준다.

코로나 때문에 면접 시간을 한 달도 넘게 기다려서 겨우 잡았다. 아이가 무엇을 준비했는지 확인해주지 않고 그냥 갔다. 그런데 증빙 서류 하나가 빠져서 거절당하고 돌아왔다. 고속도로로 왕복 한 시간 반이나 걸렸다. 다음 약속은 한 달 후였다. 그런데 이번에는 서류는 다 챙겼는데 신청서에 사회보장번호(우리나라의 주민등록번호와 비슷한 것이다) 적는 곳을 비워서 온 것이다. 아이가 당황해하며 번호를 적었다. "잘 기억나지 않는데, 그래도 85프로쯤 확실해."라면서. 접수받는 사람과 내가 옆에서 다시 확인했다.

"정말 확실해?"

그리고 나서 집에 돌아오자마자 아이가 번호를 확인해보더니 얼굴이 파래진다. 이 순간엔 나도 화가 치밀어오른다. 그럴 때는 가만히 있는다. 뜨거운 욕조에 몸을 담갔다고 상상한다. 내가 쓰는 방법인데, 화가 내 안에서 나는 게 아니라, 내가 화라는 뜨거운 물 속에 잠겨 있다고 생각하는 것이다. 내 안의 화에 대해서는 내가 무언가 조치를 해야 하지만, 뜨거운 물 안에 내가 있는 거라면 적당히 잠겨 있다 몸을 일으켜 그냥 털고 나오면 그만이다. 그 시간이 될 때까지 가만히 화의 열기를 그대로 느끼기로 한다. 이 상상법은 내게 굉장히 효과가 좋다. '화가 나면 어떻게 하지? 화를 참아야 해.'라는 생각 자체를 할 필요가 없으니까. 화가 온몸과 감정을 휘감아도 가만히 있을 수 있다. 뜨거운 욕조에 몸을 담그고 있는 것이 귀찮아질 때까지 그렇게 있는데, 놀랍게도 별로 오랜 시간이 걸린 적이 없다. 아이가 와서 말한다.

"엄마, 내 잘못이야. 앞으로 이런 일이 없도록 교훈으로 삼을게."

"그건 아닌 것 같은데. 어제부터 필요한 서류를 몇 번이나 챙겨봤잖아. 그러면서 정작 신청서 작성한 걸 다시 볼 생각을 못한 거고. 엄마가 하고 싶은 말은, 이건 반성하고 교훈을 얻는다고 나아질 것 같지 않다는 거지."

"정말?"

"응, 아마 평생 이런 실수를 계속 하면서 살 거야. 엄마도 그래. 이런 멍청하고 어이없는 실수를 아직도 하거든. 몸이 다치는 거 말고, 아무리 멍청한 짓을 해도 수습하고 책임지지 못할 일은 없어. 사는 거 자체가 그래. 그걸 아는 게 중요한 거지."

"그럼 여권 못 받으면 어떡하지?"

"돈을 또 내고 다시 신청하거나, 아니면 한국에 안 가면 그만이지. 엄마는 이제 너 데려다주는 거 그만할래. 그러니까 1, 2년 있다가 네가 운전할 때 알아서 신청해. 대신 오늘 엄마가 낸 145달러는 네 돈에서 줬으면 좋겠어. 헛돈을 쓴 거니까. 이렇게 네 실수나 잘못을 책임지면 돼."

"아쉽다. 한국에 가서 정말 놀고 싶었는데."

"아쉬운 걸 참는 게 책임지는 거야. 생각해보면 그게 뭐 대수야? 그리고 또 있어. 아까 번호 외운 게 정확한지 확실치 않았잖아. 그때 옆에서 엄마와 신청받는 사람이 아무리 재촉해도 오늘 말고 한 달 뒤에 다시 접수하겠다고 결정할 수 있으려면, '실수는 아무것도 아니고, 살다 보면 항상 있는 일이야. 수습할 때는 정신 똑바로 차리자.'라는 태도가 있어야 해."

"알았어, 엄마. 화내지 않고 알려줘서 고마워."

그러더니 바로 자기 돈을 가져왔다. 한푼 두푼 직접 인형을 만들어 판 돈이다. 우리 집에서는 아이들한테 용돈을 주지 않으니까. 그러더니 한참 뒤, 아이가 어딘가에서 정보를 찾아보더니 기쁜 얼굴로 다시 온다.

"엄마, 완전히 돈을 날리고 거절당하는 건 아닌가 봐. 기다리고 있으면 우편으로 다시 신청서를 수정하라고 보내준대. 2주쯤 기다려보면 알 수 있어. 뭘 해야 하는 건 아니고, 그냥 기다리고 있으면 돼. 신청서를 틀리게 쓰는 사람이 25~30퍼센트나 된대!"

"그래, 잘됐다."

"만약에 잘 수습되면 나중에 145달러를 돌려주면 안 될까?"

"그럼 이건 어때? 오늘 너무 힘들고 놀랐어. 두 번이나 왔다 갔다 했잖아. 수정하려면 또 우체국에 가야 하고. 그래서 반만 돌려주고 싶은데."

"좋아! 반이라도 돌려준다니 고마워."

경험을 통해 가르치고 싶다면 학교 서류, 시간 계획 등 아이가 충분히 할 수 있는 일을 처음부터 끝까지 직접 챙기게 하는 것만큼 좋은 기회는 없다. 어린아이들도 마찬가지다. 내 목적은 경험을 통해 아이가 완벽하게 하는 것을 배우는 게 아니다. 실수를 거듭하면서 삶이 얼마나 구질구질한지 직접 느끼기를 바란다. 부모가 최종 뒷수습을 해줄 수 있을 때, 실수해도 큰 문제가 아닐 때에 이런 실수를 가능하면 많이 해보는 것이 좋다. 아이가 바로 미성년일 때 말이다. 그러니 이런 실수 교육이야말로 조기교육이 꼭 필요한 분야이다. 아이에게 마음껏 실수하라고 말해주고 책임져줄 사람은 부모밖에 없다.

둘째는 대여섯 살 때부터 완벽주의자였다. 자기가 그린 그림이 조금만 삐뚤거나, 잘 그린 그림이라도 모서리가 살짝 구겨지거나, 물 한 방울이라도 떨어지면 괴성을 지르고 울면서 다 구겨 버리곤 했다. 학교에 지각하는 게 싫어서 새벽부터 준비하고, 조금이라도 늦을 것 같으면 초조해하면서 울어 버린다. 차라리 결석하겠다고 해서 그러라고 해도 분을 못 참는다.

　타고난 성향이 그런데, 그러지 말라고 해봤자 무슨 소용이겠는가? 좋은 말로 달래나, 혼을 내나 결국 같다는 생각이 들었다. 그래서 실컷 실수하도록 놔두고, 대신 그 결과를 책임지도록 하는 일을 반복시켰다. 선 하나 그은 종이를 구겨서 버리면 내버려두고 종이를 더 사주지 않는 것이다. 광고지나 포장지처럼 버릴 종이에 그리라고 했더니, 한동안 그림을 안 그렸다. 그것도 책임지는 거니까 내버려뒀다. 이것도 사실 부모만이 해줄 수 있는 기다림이다. 다른 집 아이라면 매정한 사람이 되는 게 부담스러워서 그냥 종이를 또 사주게 될 것이다. 둘째는 한참 후, 그림이 마음에 안 들어도 끝까지 그리겠다고 스스로 약속하러 왔다.

　학교에서 숙제를 하는 것, 준비물 챙기는 것도 당연히 내가 도와주지 않는다. 간혹 지시문을 잘못 이해해서 실수하는 일이 꼭 발생한다. 그러면 또 분노가 폭발해서 "나는 정말 멍청한 것 같아!"라고 한다.

　"엄마도 성질이 급해서 꼼꼼하게 못 읽고 너처럼 멍청한 짓을 많이 해. 어쩔 수 없어. 나이 들면 저절로 조금 좋아지기도 하는데, 그래도 여전히 그렇긴 해. 그 상태로 살아가는 방법을 연구해야 해."

　"아, 어떻게 해야 해?"

　"넌 그냥 성질날 때 내고, 잘 잊어버리기도 하니까 괜찮아. 정 안 되겠으면 그때 고치면 돼. 고치다가 안 고쳐져도 걱정하지 마. 그냥 고쳐지나 안 고쳐지나 보려고 하는 거야. 그렇게 살아도 적어도 엄마 정도는 살 수 있으니까 너무 걱정할 필요 없어. 울고 싶으면 울고, 실수하면 하는 거야. 나중에 수습하고 책임지면 돼."

요새 둘째는 스스로를 다독일 줄 알게 됐다. 숙제를 하다가 'quote'라는 단어를 써야 하는데, 띄어쓰기 공간을 잘못 계산해서 'quo'와 'te'가 한참 떨어져 있다. 아이가 불안해하는 눈빛이다. 아이의 타고난 본성과 경험의 조화가 아슬아슬한 순간이다. 본성대로라면 폭발하고 싶을 것이다. 내가 깔깔 웃으며 말했다.

"뭘 어떡해? 이렇게 읽어야지. 쿠오, 테!"

순간 아이의 굳은 표정이 풀어지면서 따라서 깔깔 웃는다. 그리고 그냥 무시하고 다른 부분에 열중한다.

과학적 조사를 해본 건 아니지만 가만히 살펴보니, 내 자신을 포함해서 많은 사람들이 괴로워하는 이유는 최초의 실패와 실수보다 그것을 수습하는 과정에서의 감정적 동요 때문인 것 같다.

'아, 내가 왜 이렇게 멍청한 짓을 했을까?', '나는 열심히 했는데, 주변이 문제야.'

큰아이가 당황해서 사회보장번호를 쫓기듯 기재한 것처럼. 아이를 가르치면서 나도 달라졌다. 몸만 다치지 않으면 해결 못할 일은 세상에 없다는 단순한 진리를 이제야 깨달았다. 삶이란 그렇게 영원히 실수와 문제를 해결하면서 사는 것이고, 삶의 어느 순간에도 해결해야 할 문제가 없는 날은 오지 않는다는 것도.

인터넷의 습격
: 권력자 대 협력자

 가을 학기가 시작되면서 아이들 학교에서 와이파이 핫스팟을 무료로 제공해주었다. 비대면 수업 때문이다. 그전까지 우리 집에서는 인터넷이 완전히 차단된 상태로 살아왔다. 어른은 매일 도서관에 가서 인터넷을 쓰고, 아이들은 인터넷이 필요한 경우 학교에서 숙제든 뭐든 다 해결했다. 그러다 갑자기 집에 인터넷이 상시 연결된 것이다.
 초등학생 둘째는 오전에 수업만 듣고 컴퓨터를 사용하지 않으니 별 문제가 없다. 그런데 큰애는 상황이 복잡해졌다. 마침 가을 학기부터 고등학교 대신에 2년제 대학에 다닌다. 원래 대학 위탁교육 취지가 그룹 협동 프로젝트 위주라 아이들끼리 줌 미팅이 상시로 있다. 교과서보다 연구 논문 자료 조사가 많은데, 원래대로라면 학교 도서관에서 했겠지만 이제는 전부 집에서 인터넷으로 해야 한다. 게다가 개인 혹은 단체 상담 시간이 많다. 코로나로 발레나 조정도 안 하고 있어서 결과적으로 하루 종일 인

터넷에 붙어 있다. 그러니 정말 필요한 작업만 하는 것이 아니라, 채팅이나 각종 SNS 창을 항상 열어 놓고, 공부하면서도 책을 읽으면서도 수시로 산만하게 인터넷을 하다 말다 했다. 나로선 속 터지는 고민이 시작됐다.

물론 인터넷이 반드시 나쁜 것만은 아니다. K팝 댄스를 하는 곳이 근처에 없어서 못하고 있었는데, 줌으로 서로 배우고 가르칠 수 있게 됐다. 코바늘 인형 만들기로 인터넷 쇼핑몰도 만들어 운영하고, 같은 취미를 공유하는 사람들과 교류하며 영감을 얻는다. 친구들과 인터넷 채팅을 하면서 속 깊은 이야기를 하다 보니 그냥 어울리는 것이 아니라 마음이 맞는 친구를 찾기도 했다.

새로운 기술이 약속하는 좋은 점들과 부작용 사이에서 어떻게 균형을 잡을 것인지 정말 어려운 고민이었다. 이를 예상하지 못한 것은 아니다. 지금까지 불편을 참아가며 아이들에게 인터넷과 스마트폰의 사용을 막았던 것은 내가 귀찮아서였다. 도대체 몇 살쯤에 어떤 방식으로 아이들에게 게임기, TV, 인터넷이 연결된 스마트폰, 태블릿을 접해주느냐에 대해 현재 분명한 전문적인 답은 없다. 스티브 잡스가 생전 인터뷰에서 자신의 집에서는 아이폰이나 아이패드 등의 사용을 금지한다고 해서 사람들을 놀라게 했다. 잡스뿐만이 아니라 세계적인 IT 기업의 리더들이 아이들 및 자신마저도 적극적으로 인터넷과의 접속을 차단하는 시간을 갖는다는 고백들은 끊이지 않는다.

우리 집에 몰아친 갑작스러운 인터넷의 습격 때문에 고민의 시간들을 보내면서 읽은 여러 책 중 애덤 알터의 『멈추지 못하는 사람들』은 정리가 잘되어 있는 편이다. 지금까지 여러 연구 결과에 따르면, 스마트폰을 사용하지 않고 그냥 앞에 두고만 있어도 집중력이 현저히 떨어진다고 한다. 사용하고 있는 게 아닌데도 함께 대화를 나누는 사람의 이야기를 기억하지 못하는 정도가 커진다. 지금 함께 있는 존재 너머의 세계가 언제든 연결되어 있다는 의식 자체가 현재 하고 있는 일, 함께하는 사람에 대한 집중도를 떨어뜨리는 것이다. 게다가 아이들은 모방을 기반으로 학습하는 존재이다. 부모가 스마트폰, 인터넷에 정신이 팔려 집중하지 못하는 태도를 아이는 스펀지처럼 흡수해 배운다. 집중력은 언어, 문제 해결 능력의 핵심이기 때문에 아이들을 키울 때 깊이 고민해볼 문제다.

'세상이 바뀌어서 다 똑같이 이렇게 살면 딱히 아날로그 시대의 집중력이 필요 없는 게 아닐까?'라는 의문이 들지도 모르겠다. 아날로그 시대에는 손 글씨를 잘 써야 하고 전화번호를 수십 개 외워야 했지만, 이제는 쓸모가 없는 것처럼 말이다.

이에 답하기 위해 불편하고 슬픈 인간의 현실을 지적할 수밖에 없다. 역사상 신기술은 계층의 차별화를 가속화시켜왔다. 예를 들어, 농업 혁명은 인류의 굶주림을 해결했지만, 집약적 사회 체계는 지배·피지배 계급의 분화를 초래했다. 수렵·채집을 할 때처럼 사자에게 잡아먹히거나 나쁜 날씨 때문에 굶어죽는 위험은 분명히 감소했지만, 대신 지배층을 먹여 살리는 잉여 생산을 위한 노예 노동에 시달리게 되었다. 지배 계급이 되기 위해 필요한 능력은 수렵·채집 시절처럼 뛰어난 신체적 능력이 아니라, 여러 사람을 조직하고 설득하는 능력이다. 이렇듯 기술의 진보는 인류의 삶을 개선시키기 위해 나왔고, 실제 그런 긍정적인 결과를 냈지만 승자와 패자를 가르는 새로운 규칙을 만들어 냈다.

인터넷 기술이 승자와 패자를 가를 규칙은 무엇일까? 이를 아직 알 수는 없지만 우리가 이 규칙이 형성되는 혼란의 시기를 살아가고 있는 것만큼은 분명해 보인다. 빌 게이츠가 사업을 일으키던 시대처럼 최신 컴퓨터를 가진 것 자체가 경쟁력의 핵심이던 시절은 지난 것 같다. 경쟁력은 결국 남들과의 차별에서 시작되는데, 지금은 거의 공짜에 가까운 가격으로 누구나 인터넷에 접속할 수 있으니 말이다.

여기서 잡스의 결정을 다시 한 번 생각해보게 된다. 아이들에게 게임기나 아이패드를 쓰지 못하게 하는 것은 생각만큼 쉽지 않다. 못하게 하는 것으로 그치는 게 아니라, 그것을 대신할 무엇인가를 준비해줘야 하기 때문이다.

인터넷 기기를 대체할 수 있는 것은 부모든, 함께 어울릴 친구든, 어쨌건 '타인'이다. 예전에는 혼자 있는 시간이 오히려 드물었다. 하지만 지금은 부모 중 누군가 일하지 않고 아이와 함께 시간을 보내야 하거나, 부모가 일하는 동안 다른 사람을 고용해서 교육적 기회를 제공하느라 비용이 많이 든다. 미국이나 한국과 같은 나라에서는 이제 기기를 사주는 것보다 사람과의 접촉이 훨씬 비싸다. 잡스를 비롯한 IT 기업의 리더들은 기기가 아닌 사람과 직접 접촉함으로써 배울 수 있는 가치와 능력들이 미래 사회에서 경쟁력이 된다고 판단한 것이 아닐까?

나는 부모들이 아이와 인터넷이나 스마트폰의 사용 때문에 싸운다는 이야기를 들으면 오히려 안심이 된다. 아이를 방치하지 않고 싸우는 것 자체가 아이에 대한 관심, 관계, 협상, 감정 조절의 기회가 될 테니 말이다.

기기가 인간 발달에 미치는 영향을 연구하는 전문가들의 조언은 한 걸음 더 나아간다. 부모는 '하라', '하지 마라'라면서 명령하고 감시하는 사람이 아니라, 어린아이 때부터 전자 기기들을 어떻게 사용하는지를 함께 연구하고 지도하고 이끌어주는 사람이어야 한다. 또 기기를 사용하면서 느끼는 감정적 반응과 필요를 면밀하게 관찰하면서 아이와 소통해야 한다. 아이가 기기의 노예가 되는 것이 아니라, 자기 삶의 진짜 주인이 되는 목표를 위해서 끝없이 지도해야 한다.

이는 스마트폰이 등장하기 전, TV 시청에 대한 지침과도 정확히 일치한다. 이 대목 때문에 나는 아예 나조차 쓰지 말자고 포기했던 것이다. 아이한테 TV나 기기를 줘서 내가 과연 편해질까? 같이 감상하고 아이의 주도적인 사용을 유도하려고 하면, 편해지기는커녕 오히려 아이와 함께 보내는 시간 중 이들 기기의 이용 시간이 가장 힘들어진다. TV의 중독적 속성 때문이다. 그 핵심은 빠른 전환에 있다. 그런 인위적인 속도는 인간의 두뇌가 작동하는 것과 관련이 없다. 자연이 좋은 것은 인간의 발달과 반응도 자연의 일부라서 그 정보를 받아들이고 이해하며 자기 것으로 저장하는 과정과 속도가 잘 맞기 때문이다. 그렇기 때문에 TV를 보고 아이가 언어를 제대로 배울 수 있는 조건은, 아이가 TV 속 세상과 실제 세상을 연결시키는 것이다. 그 연결을 부모가 해주어야 한다. 나 자신도 정신을 바짝 차리면서 TV와 아이의 주변 상황의 연결 고리까지 궁리해야 한다. 생각해보면 정말이지 머리가 터질 지경이다.

반면 아이에게 무언가를 쥐어주지 않고 그냥 내버려두면 아이는 놀랍게도 혼자서 창의적으로 노는 방법을 깨친다. 그래서 장난감도 사주지 않았다. 멀리 자연을 찾아갈 것도 없이 아파트 복도, 아무것도 없는 빈 거실,

현관, 놀이터 등에 아이를 놔두면 절대로 질리는 법이 없이 어떻게든 논다. 나는 안전만 신경 쓰면서 아이가 개발한 기상천외한 놀이를 보고 놀라워하기만 하면 그만이다.

물론 남들과 다르게 문명의 이기를 포기해서 불편한 점들은 상상되는 그대로이다. 그래도 아이랑 꼭 붙어서 기기 사용을 시시콜콜 지도하는 일이 그보다 더 귀찮았다. 즉, 아이의 기기 사용을 제한한 첫 번째 목적은 내가 편하기 위함이다. 이때 엄마가 편하면 아이가 수고스러워지는데, 다행히도 아이에게는 이런 수고로움이 배움이고 학습이고 기쁨이다.

그런데 인터넷이 갑작스럽게 우리 일상으로 들어온 후, 일단은 그냥 지켜보고 있었다. "인터넷 하지 마라."란 이야기는 사실 전혀 말이 안 됐다. 인터넷을 하는 것이 아니라, 이를 가지고 여러 다른 활동을 하는 거니까. 친구와 만나지 못하는 상황에서 채팅마저 못하게 할 수도 없고, 그렇다고 직접 만남을 대체할 만큼 무한정 허용하는 것도 문제였다. 아이 스스로 아무것도 확실하게 이해할 수 없었을 것이다.

그리고 이 문제는 분명 자신에게 맞는 해결 방법을 찾도록 놔두어야 할 종류의 것이 아니다. 왜냐하면 인터넷 안으로 들어가면 부모의 강제보다 더 정교하고, 더 의도적인 인터넷 기반 기업들, 마케팅의 힘들에 종속되기 때문이다. 학교 공부를 할지 말지, 어떤 친구를 어떻게 사귈지, 어떻게 외모를 꾸밀지와 같은 문제처럼 아이에게 맡긴다고 해서 아이가 온전히 자율권을 갖게 되는 문제가 아니라는 의미다.

그러던 어느 날, 아이들 취침 시간인 9시 반이 돼서 "잘 시간이다!"라고 했다. 우리 집에서 아이들에게 강제하는 유일한 것이 바로 이 취침 시간이다. 물론 외출하고 온 날이나, 손님이 방문하거나, 주말을 앞둔 저녁에는 늦게 자는 것을 허락하곤 하지만 말이다. 그런데 이날은 취침 시간을 알리는 내 말에 큰아이가 "자고 싶지 않아. 더 하고 싶은 게 있어."라는 것이다. 뭐가 더 하고 싶은 건지 물었지만, 별다른 이유가 없었다. 그래서 "지금 자고 내일 일어나서 해."라고 말했다. 인터넷을 사용하면서 모든 일들의 시간적 경계가 불분명해지고 있던 참이었다. 그러자 아이가 "알았어!"라면서 화난 표정을 지으며 문을 쾅 닫고 들어가 버렸다.

다음날 아이를 그냥 내버려뒀다. 평소에는 오늘은 뭘 먹고 싶은지, 학교에서 무슨 일이 있었는지 등으로 소소한 수다를 떨면서 하루를 시작했지만, 관심을 껐다. 아이가 말을 시키면 필요한 대답만 했다. 물론 친절하게. 몇 시간쯤 그렇게 지냈는데 정말이지 편했다. 반나절이 지나고 큰아이가 이야기를 시작했다.

"엄마, 나 화 안 났어. 어젯밤에는 미안했어."

"그게 중요한 건 아닌 거 같은데, 잘 생각해봐."

나는 그날 처음으로 아이를 집중해 바라보며 말했다.

"그냥 일반적인 부모와 아이를 생각해봐. 누가 누구에게 이익 혹은 해를 줄까? 아이에게 상처가 되는 말을 하는 엄마든, 경제적 능력이 안 되는 엄마라도 말이지. 애를 범죄 수준으로 학대하거나 돈벌이 노동을 시키는 경우같이 극단적인 경우를 빼면 말이야."

"음……, 보통 부모가 이익을 주고, 아이가 이익을 얻지."

"그런데 네게 이익을 주는 사람한테 왜 화가 나는 거지? 이상하지 않아? 화내는 건 잘못이니까 참아야 한다는 건 아니야. 참아도 화나는 게 부정되는 건 아니니까. 화나는 사실 자체가 이상하지 않느냐고."

아이가 곰곰이 생각해보더니 고개를 끄덕인다.

"절대 화내서는 안 된다는 게 아니야. 감정은 맘대로 고를 수 있는 게 아니니까. 그런 화나는 느낌이 드는 이유를 잘 생각해봐야 한다는 거야."

"……."

"어쨌든 엄마가 자는 시간을 지시하는 게 너한테 이익이 안 된다면 그건 당연히 엄마가 그만둬야 해. 하지만 내가 자는 시간을 조절하는 건 하루 종일 너를 지켜보고 있기 때문에 가능한 거야. 그저 폭군처럼 내가 원하니까 너한테 명령하는 게 아니거든. 어느 정도 시간이 되면 자연스레 '이제 자야 할 시간인데.'라는 생각이 들어. 그렇다고 해도 이게 네게 이익이 안 되는 일이라면 앞으로 잘 시간을 강제하지 않을 거야. 다시 말해서, 그럼 엄마가 너를 지켜보며 가지는 관심을 그만큼 줄여야 해."

그랬더니 아이는 얼굴색이 변하며 강하게 거부한다.

"아니야, 절대 싫어! 나한테 계속 관심 가져줘. 그게 나한테 이익이야. 자는 시간도 엄마가 일러줘. 자라고 하면 그 순간엔 싫은 마음이 들지만, 그래도 그렇게 자는 게 좋아. 원래 그게 내 생각이었어. 새벽까지 스마트폰 하는 친구들을 보면 나 역시 걱정스러워. 그런데 엄마가 강제하지 않으면 나도 조절이 잘 안 돼."

"그렇지만 여전히 네가 어제 엄마에게 그렇게 화가 난 사실은 그대로 남잖아. 어떻게 해야 하지? 엄마한테 화낸다는 건 그만큼 너의 성장, 너의 인생, 너의 생각거리를 회피하는 거 아니야? 스스로 일찍 자는 건 어려운 일인데, 그걸 또 엄마가 하라고 하면 화가 나는 거잖아. 네가 하기 어려워서 짜증나는 건데 말이야. 엄마는 너한테 어떻게든 도움이 되려고 있는 존재라는 걸 잊지 마. 만일 자는 시간을 거부하고 싶다면 화내는 대신에 '이제부터는 내가 알아서 할 거야.'라고 하면 돼. 그러면 엄마도 흔쾌히 그러라고 할 거고."

아이는 별로 오래 생각하지 않고, 다시 돌아와 말했다.

"화를 내는 게 바보 같다는 걸 깨달았어. 엄마를 설득해서 내 이익이 되도록 하는 게 내 일이라는 것도. 자는 시간은 엄마가 조절해주는 게 좋아. 엄마가 나를 지켜보고 있다는 것도 좋아. 그 정도의 강제는 내가 내 일을 책임지고 하는 데에 필요해."

그러고 나서 아이는 인터넷을 실컷 사용했던 몇 개월 동안 느낀 것들을 이야기했다.

"인터넷을 하니까 좋은 게 많아. 그런데 이상하게 힘들기도 해. 숙제나 공부도 더 많은 노력을 들인 것 같고, 그전에는 시간이 없어서 못하던 일도 더 많이 하게 됐는데, 어쩐지 뭔가를 끝냈다거나 완성했다는 느낌이 잘 안 들어. 그래서 '해야 할 일 리스트'를 작성하면서 계속 확인해보거든. 그러면 분명히 많은 걸 한 게 맞는데도 피곤하기만 하고 스트레스를 더 많이 받아."

이제 아이는 인터넷 사용에 있어서 엄마가 강제하는 사람이 아니라, 자신에게 협력해주는 사람이라는 인식을 갖게 됐다. 인터넷 과용 문제를 직접 느끼고 스스로 언어화해서 인터넷에 대한 이야기를 시작하게 된 것이다. 인터넷 사용에 대한 불편한 협상과 토론이 여기서 끝나고 아이가 인터넷 사용을 완벽하게 조절하게 된 것은 아니다. 아이의 실망, 고민, 그리고 인터넷 사용을 함께 탐구하고 아이의 특성에 맞는 사용 방법을 함께 익히는 과정은 계속되고 있는 중이다.

요컨대, 아이가 화낸 것은 엄마를 인터넷 사용을 금지하는 '권력자'로 인식했기 때문이다. 아이에게 엄마를 권력을 행사하는 사람이 아니라, 자기 인생을 위한 '협력자'로 인식시키는 것이 이 갈등 해결의 첫 단계다. 그러니 벌로 기기를 강제로 빼앗는 것은 애당초 가능한 선택이 아니다. 처음에 인터넷 사용 시간이 너무 길어진다고 느껴졌을 때, 아이에게 물었다.

"엄마는 네가 인터넷 사용이 너무 과하다고 생각해. 네 생각은 어때?"

"엄마가 생각하는 것만큼 너무 과하지는 않아. 하지만 나도 조금은 문제라고 생각해."

"그럼 어떻게 했으면 좋겠어?"

"엄마가 뺏어가."

"그건 싫어. 그럼 엄마가 계속 쫓아다니면서 네 인터넷 사용이 과한지 아닌지 감시하고, 기기를 뺏고, 다시 돌려줘야 하잖아. 결국 스스로 조절해야 하는 방법을 배워야 하는 거야. 게다가 엄마에게도 엄마 인생이 있다는 걸 잊지 마. 나도 감시는 귀찮은 일이야. 엄마가 감독관처럼 감시하고 벌을 내리는 일은 절대 없을 거야. 너는 네 인생의 주인으로서 자유로워지는 방법을 배워야 하는 나이이고, 그럴 수 있는 사람이라고 생각해. 아무 생각도, 계획도 없이 무조건 인터넷에 빠지는 그런 거짓 자유 말고 말이야."

아이는 진지하게 물었다.

"그럼 어떻게 하면 좋을까?"

"그걸 엄마한테 물으면 어떡해? 네가 생각해보고 엄마한테 필요한 걸 도와 달라고 해야지."

"그럼, 엄마가 생각하기에 인터넷 사용이 너무 과하다고 생각하면 계속 말해줘. 그때 엄마 생각이 틀린지 아닌지 내가 생각해볼게."

"좋아! 대신 조건이 있어. 이건 너의 일이니까 엄마의 지적을 기분 나빠하면 안 돼."

이 대화 이후로 아이는 적어도 인터넷 사용에 대한 엄마의 지적에 대해서 화내지는 않는다. 그래도 인터넷을 엄청나게 많이 사용하긴 한다(코로나 때문에 별걸 다 줌으로 하기도 하고, 그러면 쓸데없이 인터넷에 허비하는 시간도 꽤 많다). 그래서 내가 지적하면 기다렸다는 듯이 지금 인터넷으로 무엇을 하고 있는지, 그게 왜 중요한지를 설명한다. 여전히 아이도, 내 자신도 인터넷 사용에 대해 조절이 잘 안 되는 경우가 많지만, 이건 아마 평생 의식하고 고민해야 할 문제일 것이다.

마음에도 면역이 필요하다

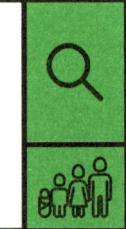

 큰아이와 초등학교 때부터 친구인 아이가 트랜스젠더가 되겠다고 선언했다. 아이 부모는 우리 부부와도 친하다. 미국에서는 성소수자에 대한 편견이 예전처럼 심하지 않다. 물론 당사자들은 다르게 생각할 수 있겠지만, 적어도 요즘 고등학교에서는 레즈비언이나 게이 커플이 거리낌없이 데이트를 한다. 친구 부모도 아이의 결정을 지지해주고, 부모와 아이의 관계도 항상 친구처럼 좋다. 그러니 트랜스젠더가 되든, 안 되든 아이는 행복해야 한다.
 그런데 아이는 몇 년 전부터 불안장애에 시달리며 심리 치료를 받았고, 어려서부터 영재 프로그램에 다닐 정도로 성적도 좋았는데 지난해에는 전 과목이 D였다. 부모가 성적이 나쁘다고 문제 삼는 것도 아니다. 문제는 아이가 아무것도 안 하고, 방에 틀어박혀 괴로워하는 것이다. 아이의 친척 중에 정신병력이 있는 사람이 있는 것도 아니다.

의문점은 이 아이는 도대체 뭘 괴로워하느냐는 것이다. 우리 부부도 그 이야기를 들은 주말 내내 슬펐다. 이 가족은 그동안 알아온 10년 가까이 한결같이 친절한 사람들이라 우리 가족 모두가 좋아한다. 그리고 이들이 아이를 키우는 데에 얼마나 정성을 다했는지, 똑똑하고 창의성이 넘치는 아이를 얼마나 자랑스러워했는지를 너무도 잘 안다.

이 가족만큼 친하지는 않지만, 동네의 한 가족도 비슷한 문제를 겪고 있다. 고등학생이 된 딸이 트랜스젠더가 되겠다고 했다. 역시 이 부모도 아이를 지지한다. 그런데 아이는 문제 행동들을 한다. 트랜스젠더가 되겠다고 했을 때, 부모의 반응이 별로였다는 이유에서다. 이 아이의 부모도 아이가 트랜스젠더가 되는 것을 반대하지 않았다. 다만 처음에 놀라서 기쁜 표정을 짓지는 못했을 뿐이라고 한다. 부모가 걱정하는 것은 아이가 이미 예전부터 학교에서뿐 아니라, 누구와도 잘 어울리지 못하고 정서적으로 불안정했다는 점이다. 참고로 이 아이는 형제자매가 넷이나 된다.

주변의 십 대 중에는 간혹 자해를 하는 경우도 있고, 혹은 방에 틀어박혀 아무것도 하지 않고 있거나, 특별한 이유 없이 눈물을 흘리며 무력감을 호소하거나, 그러다가 갑자기 분노를 표시하는 등 정서적으로 불안정한 경우가 꽤 많다. 그런데 신기하게도, 이들의 부모는 분명히 좋은 분들이다. 아이와의 관계도 좋다.

문제가 없는데, 혹은 없어야 하는데 문제가 있는 이상한 경우는 내게만 보이는 게 아닌 듯하다. 「디 애틀랜틱」 잡지에 심리치료사 로리 고틀립이 기고한 기사 '당신의 자녀를 심리 치료 환자로 만드는 법'은 비슷한 의문으로 시작한다. 10년 전 기사지만 지금 읽어도, 아니 오히려 현재에 더 유효한 내용인 것 같다.

고틀립은 심리치료사 훈련 과정에서 접해보지 못한 이삼십 대의 특이한 환자들을 만난다. 우리가 흔히 원인이라고 생각하는 것들, 즉 불안정한 가정, 억압적이거나 무관심한 부모, 경제적 어려움 혹은 가족 중 정신병력이 있는 유전적 요인 등이 없는데도 이들은 절박하게 심리 치료를 필요로 한다. 훌륭한 부모와 사이좋게 지낸 행복한 어린 시절, 원만한 친구 관계, 좋은 교육과 번듯한 직장, 높은 자존감을 가진 이들이 왜 불안과 공허를 소호하는 걸까?

처음에 그는 환자가 들려준 이야기를 의심한다. 어딘가 문제가 있는데 이들이 회피하는 것이라고 말이다. 그런데 치료 횟수가 거듭될수록 확실해지는 것은, 이들은 정말 훌륭한 부모를 가졌고 완벽한 성장 과정을 보냈다는 것이다. 부모는 아이가 관심을 보이는 분야가 생기면 기회를 마련해주고, 그러다 싫증을 느끼면 아이의 의사를 존중해서 그만두게 했다. 학교 공부가 어려우면 아이의 학습 스타일에 맞는 선생님을 찾아주고, 아이와 대화도 많이 나누며 좋은 시간을 함께 보냈다. 아이가 힘들어하면 심리 치료도 받게 해주었다. 고틀립은 혼란을 느낄 수밖에 없었다. 부모에게서 받은 상처를 찾아내고 대면하고 치유해야 하는데, 그런 것이 도무지 없던 것이다. 그가 당혹감을 오래 가지고 있을 필요는 없었다. 동료 심리치료사, 교육 현장의 교사들에게 물어보니 하나같이 똑같은 경험을 하고 있었으니까.

이 기사에 나온 유치원 교사가 들려준 이야기를 살펴보자. 한 아이가 유치원에 와서 장난감 트럭을 가지고 논다. 다른 아이가 와서 그 장난감을 빼앗으려고 한다. 둘이서 옥신각신하다가, 두 번째 아이가 허접한 다른 장난감을 던져주면서 "너는 이거 갖고 놀아."라고 한다. 첫 번째 아이는 포기하고 허접한 장난감을 가지고 놀기 시작한다. 상황이 종료되는 듯했는데, 이걸 보고 있던 첫 번째 아이의 엄마가 끼어든다. 공평하지 않다는 것이다. 부모 입장에서는 당연히 마음이 덜컥 내려앉는 일일 것이다.

'허접한 장난감에 억지로 만족한 내 아이가 상처를 입은 걸까?', '억울한 상황에서도 자신을 지키지 못해서 나약해지면 어떡하나?'

이 순간, 어떤 전문가도 아이 부모에게 아이를 내버려두라고 감히 말할 수는 없다. 왜냐하면 아이는 정말 상처받았을 가능성이 있기 때문이다. 그런데 여기에서 질문을 하나 해보자. 상처받는 것이 절대적으로 나쁘기만 한 걸까? 이 질문 역시 부모밖에 할 수 없다. 어느 순간에 아이를 대신해 싸워야 하고, 어느 순간에 아이가 상처를 통해서 자신을 발견하고 이를 극복하면서 다시 일어서는 경험을 하게 내버려둬야 하는지는 그 부모만이 정할 수 있으니 말이다.

고틀립은 어린 시절의 실망과 상처는 정신의 면역력을 높이는 중요한 경험이라고 말한다. 아무리 돈과 권력이 많은 사람이라도 성인이 되면 지루함, 실망, 실패, 상처를 피할 수는 없다. 더 중요한 것은 자기 자신의 불완전함을 수용할 줄 아는 것이다.

자기가 먼저 집은 장난감을 포기한 아이는 직접적인 충돌을 잘 견디지 못하는 성품을 가진 아이일 수 있다. 혹은 처음 집은 장난감을 빼앗긴 것이 진심으로 아무렇지도 않은 아이일 수도 있다(내가 그렇다. 싫증을 잘 내서, 귀찮게 싸우느니 줘 버리자는 마음이 드는 편이다). 아니면 남이 보기에 허접한 장난감이 아이만의 이유로 정말 마음에 들었을 수도 있다. 그런데 엄마가 개입함으로 인해서 아이가 어떤 경우인지 알 수 있는 기회는 사라진 셈이다. 아이의 마음이 진짜 아무렇지도 않았다면, 아이는 불필요하게 '아무렇지 않은 내가 문제인가?' 생각할 수도 있다. 어쨌든 자신이 어떤 사람인지 알기 위해서는 경험하지 않고는 알 수 없다. 또한 그 경험은 많은 경우 아프고 슬플 수밖에 없다.

또 하나 생각해볼 문제는, 많은 선택지의 함정이다. 부모들은 아이들에게 기회를 많이 주고 싶어 한다. 뭔가를 배우고 싶다고 하면 돈과 시간을 아낌없이 투자한다. 고틀립은 선택에 대한 다음 실험을 소개한다.

아이들을 두 그룹으로 나눠 그림을 그리게 했다. 한 그룹은 3가지 색깔의 마커를, 다른 그룹에는 24가지 색깔의 마커를 주었다. 그리고 초등학교 미술 교사에게 양쪽 그룹을 섞어서 그림을 평가해 달라고 했다. 나쁜 점수를 받은 그림은 대부분 24색깔을 가진 쪽에서 나왔다.

실험은 이어진다. 아이들에게 마커 중 하나를 골라서 선물로 가지라고 했다. 아이들이 좋아하는 색깔을 선택하고 나자, 이번엔 다른 선물을 주면서 바꾸자고 했다. 그러자 3개 색깔 중에서 자기가 좋아하는 걸 고른 아이들은 새로운 선물을 거부하고, 자신이 고른 마커에 만족하는 경우가 훨씬 많았다. 아이들은 선택지가 적었을 때 자신이 그리는 그림에 훨씬 높게 집중했고, 그리고 자신의 선택에 대해 만족한 것이다.

이삼십 대에 좋은 직업과 직장을 가지고도 더 좋은 직장이 있는 것이 아닐까 불안해하는 심리는 바로 여기에서 비롯됐다는 것이 고틀립의 주장이다. 어려서부터 "네가 원하는 것은 뭐든지 할 수 있어."라는 메시지에 익숙해지면 자신이 이미 가진 것에 대해서도 끊임없이 불안해하고 의심을 품게 된다는 것이다.

다음으로 생각해볼 문제는 '행복'에 관한 것이다. 부모들이 단지 아이들이 상처받지 않도록, 진정 행복하기만을 바라는 걸까? 이 질문은 사실 굉장히 날카롭다. 왜냐하면 부모들은 "공부가 중요하지 않아. 너만 행복하면 돼."라고 하지만 그 부모가 말하는 '아이의 행복'이 결국은 '끝없는 성공'과 동의어인 경우가 상당하기 때문이다.

부모의 양육 방식이 사회의 가치관과 경제 체제를 그대로 반영한다는 것은 역사적으로, 또 사회과학적으로 인정된 의견이다. 그런데 이 부모들이 아이의 감정과 개성을 존중하고, 경쟁으로부터 오는 상처를 막아주는 육아는 어쩐지 이 시대의 치열한 경쟁 사회와 거리가 먼 듯 보인다. 그러나 고틀립은 아이들의 학교 성적, 좋은 대학 입학을 직접적으로 강요하는 것과, 아이의 '행복만'을 강조하는 것에는 별 차이가 없다고 진단한다. 그리고 이런 질문을 던진다.

'아이가 행복하기만을 바라는 부모는 과연 아이가 최저시급을 받고 막일을 하며 살아도 괜찮은가? 또 막일을 하며 살아가면 아이가 행복하지 않을 거라는 판단은 부모의 경쟁 기준이 아닌가? 우리가 살고 있는 사회는 행복조차도 쟁취하고 남과 경쟁하는 항목이 되진 않았는가?'

부모들은 아이들이 살아갈 사회가 얼마나 냉혹한 경쟁 사회인지 알고 있다. 심지어 언제나 밝고 의욕에 넘치는 사람이어야 하는 것조차 사회적으로 정해진 성취의 한 부분이다. 부모들은 그런 경쟁을 치열하게 준비시켜주고 있던 것은 아닐까?

아무리 잘 키워도, 아이는 어려서건 커서건 실패와 고난을 겪을 것이다. 이건 '모든 사람은 죽는다.'는 명제처럼 확실한 진리다. 그리고 그 정도로 확실하지는 않지만 인간이 존재하는 한 순위를 매기는 경쟁은 존재할 것이고, 그러면 내 아이가 언제나 일등을 할 확률은 높지 않다. 여기까지는 사실이다. 그다음에, 나는 부모로서 어떤 역할을 할 것인지는 각자의 선택이다.

물론 그렇다고 해서 아이를 무작정 고난에 처하게 할 수는 없다. 우울증에 걸린 아이를 방치해서 스스로 극복하라고 두는 것보다는 당장 심리 치료를 받게 해야 할 것이다. 그럼 도대체 아이에게 어떤 식으로 면역이 되는 실패와 고난을 경험하게 할 수 있을까?

나는 이를 프랑스 철학자 미셸 푸코가 설명하는 '파르헤지아(Parrhesia)'라는 개념에서 찾고 싶다. 파르헤지아는 고대 그리스 시민 사회에서 중요했던 수사학의 하나로, '진실을 말하는 용기'라고 해석할 수 있다. 푸코는 당시 사회 제도, 역사, 문화 등의 구조와 그 유래를 파헤치는 작업을 했다. 그의 궁극적인 목적은 이러한 구조로부터 개인이 자유를 획득할 수 있을지를 탐구하는 것이었다. 파르헤지아도 개인의 자유를 위한 하나의 방법으로서 그가 관심을 가지게 된 것이다. 진실을 말하는 것과 개인의 자유가 어떻게 관련이 있을까?

진실을 말하는 핵심 요건은 말하는 사람이 해를 당할 수 있다는 위험을 감수해야 한다는 것이다. 내가 한 말이 듣는 사람에게 상처를 주거나 분노를 유발할 수 있음을 충분히 알고 있어야 한다. 대표적인 예가 아랫사람이 왕의 심기를 불편하게 해서 처벌 같은 불이익을 받을 수 있는 경우, 대다수 시민들의 생각을 비판해서 그들의 미움을 사고 추방될 위험이 있는 경우 등이다. 따라서 말하는 사람은 듣는 사람보다 약자의 위치에 있어야 한다.

　푸코가 주목했던 파르헤지아의 중요성은 말과 행동이 일치해야 한다는 데에 있다. 진실은 논리로 증명하는 것이 아니라, 행동하는 것이다. 그리고 두 번째 중요성은 나의 진실한 이야기를 듣는 다른 사람과의 관계, 그리고 나 자신과 맺는 관계에 있다. 다른 사람에게 아첨하는 말 대신 진실을 말함으로써 나의 자유를 얻을 수 있다는 것은 쉽게 이해가 된다. 하지만 푸코는 나 자신과의 관계 역시 똑같이 강조한다. 그가 추구했던 자유는 외부적 사회 제도의 억압으로부터 해방됐다고 바로 얻어지는 것이 아니었다. 스스로에게 진실해지는 것이야말로 궁극적인 자유라고 생각했다. 여기서 나 스스로에게 진실해진다는 것은 개인을 억압하는 사회문화가 나의 내부에 자리잡는 것을 알아채는 데에서부터 시작한다.

　앞에서 선한 의도를 가지고 아이의 행복을 위해 최선을 다하는 부모가 어쩌면 자식이 실망스러운 현실에 맞서는 힘을 기를 기회를 박탈할 수 있다고 했다. 그렇다고 자식에게 일부러 상처를 주고, 냉담하게 대해서도 안 된다. 이 양극단의 중간은 어떻게 찾아야 할까? 다음의 사례를 보자.

　우리 큰아이는 코로나가 시작되기 전까지 발레와 조정을 했고, 이전에도 이런저런 예체능 학원에 다녔다. 어딜 가나 아이는 똑같은 이유로 화를 냈다.

　"학원에 나오기 싫다면서 투덜대고 싫은 표정을 잔뜩 짓고 있는 애들 때문에 정말 화가 나. 그렇게 싫은데 왜 다니는 거야? 나는 진심으로 배우고 있는데."

우선 우리 아이들은 학원에서 가르치는 내용을 배우고 잘하는 것보다, 학원을 다닐 기회를 부모에게 얻어 내는 것이 중요하다. 학원 다니는 것이 조금이라도 싫다면 절대로 보내주지 않는다. 둘째는 그래서 학원을 다닌 적이 없다. 굳이 다니라고 하면 다니겠지만, 절실하게 감사하고 즐기지 않기 때문이다.

우리 집에서는 먹고 싶지 않은 것은 주지 않는다. 엄마가 준비한 모든 것을 무조건 한 입씩은 의무적으로 먹고, 그 이후에 먹고 싶지 않으면 안 먹는 것은 자유다. 가족들과 입맛이 다르다고 따로 음식을 준비하지는 않는다. 스마트폰이 없다고 투정을 부리거나 사 달라고도 하지 않는다. 사 달라고 하면 진짜 사준다는 것을 알기 때문에 함부로 조르지 않는다. 스마트폰이 생겨서 편리해지는 것과 부작용을 스스로 판단해야 한다.

내가 한국에서 중고등학생 상담을 할 때, 자퇴하겠다는 아이들을 많이 만났다. 부모님들은 어떻게든 아이의 자퇴를 막으려고 한다. 그러면 나는 아이와 부모가 함께 있는 자리에서 "자퇴도 얼마든지 인생에 좋은 선택이 될 수 있다."는 이야기를 들려준다. 그리고 아이가 자퇴하고 나서 하고 싶은 관심사를 중심으로 여러 가능성들을 말한다. 그러면 놀랍게도 아이가 이러는 것이다.

"당장 무조건 자퇴하겠다는 건 아니에요."

중학교에 들어가던 해에 큰아이가 학교에서 스트레스를 받고 돌아와서는 시끄럽게 떠드는 동생에게 필요 이상으로 화를 냈다.

"학교 일로 머리가 복잡해 죽겠는데, 아무것도 모르는 애가 쓸데없는 소릴 해서 화가 났어."

"좋아. 그렇지만 네 기분이 어떤지 알고서 거기에 다 맞출 수 있는 사람은 아무도 없어. 특히 이제 겨우 초등학교에 들어간 네 동생은 더욱. 네가 선택해. 동생이 앞으로 너한테 아무 말도 걸지 않게 해줄까? 그게 아니면, 네가 화났을 때 감정을 조절하고 동생보고 기다려 달라고 설명해야 해. 동생과 가까운 사이가 되려면 네가 감수해야 하는 일이지."

이날 이후 큰아이는 단 한 번도 자기 스트레스로 인해 가족에게 화풀이하지 않는다. 이 예들이 파르헤지아와 무슨 관련이 있을까?

나는 아이들에게 진실하게 말하는 경험을 하게 해주고 싶었다. 자신에게 진실하다는 말은 바로 스스로의 불이익을 감당해야 한다는 뜻이다.

자퇴하겠다고 하면서 부모와 싸우는 것도 파르헤지아에 따르면 논리적으로 성립되지 않는다. 자퇴하고 일상과 인생을 자기 주도하에 살아야 하는 것은, 정해진 시간에 학교에 가서 시키는 공부를 하는 것보다 귀찮고 위험한 일이다. 그 불이익을 감당하는 사람은 학생 본인이어야 한다. 그 사실을 냉정하게 알려주면 학생은 자신의 진심을 탐구한다. 가족에게 화풀이를 하려면 이 역시 자신의 진심이어야 한다. '가족이 귀찮다.'고 할 수 있으려면 가족과의 가까운 관계를 포기하는 불이익을 감수해야 한다.

우리 집에서는 아이들을 혼내지도 않고, 잔소리를 하지도 않지만 다들 나를 무서워한다. "네가 원하는 걸 얘기하면 들어줄게."라는 말을 무서워하는 것이다. 그저 말이 아니라 자신의 진심이어야 하고, 행동으로 옮겨야 하고, 그리고 불이익을 스스로 감수해야 하는 것임을 알기 때문이다. 아이들이 어려서 파르헤지아의 개념을 이해시키기 어려워 아주 쉬운 말로 우리 집 가훈을 만들었다.

'뻥치지 말자!'

앞서 소개한 로리 고틀립의 기사에 나온 것처럼 아이의 행복을 바라고, 아이의 감정을 인정해주고, 아이에게 많은 기회를 주더라도 아이는 언젠가 불확실하고 실망스러운 현실의 벽에 부딪힐 것이다. 혹은 현실적인 조건들, 즉 좋은 직장과 자신을 지지해주는 인간관계를 다 갖추어도 자기 내부의 진실과 사회적 모습이 일치하지 않으면 어려움을 겪을 수도 있다. 또 우리 아이들이 다른 아이들을 보고 어리둥절해하거나 화내는 것처럼, 많은 사람들은 우리 아이들을 보고 "어떻게 그렇게 살아? 애가 좀 편하게 살아야지."라고 불쌍해하기도 한다. 나도 우리 아이들이 불쌍한 건 아닌지 늘 고민한다.

그때 파르헤지아의 원칙을 떠올린다. 아이 스스로 자신의 진심을 확인하고, 스스로 책임질 수 있는 불이익의 선택 범위를 조절해주려고 한다. 무한대의 선택이 행복을 보장해주는 것은 아니니까. 앞으로 아이가 커서도, 사회가 정해준 옳고 그름과는 다를 수 있는 자신만의 진실된 감정을 똑바로 이해하고 관철할 수 있를 바란다. 무조건 사회의 기준에 불만을 표하거나 반항하는 대신, 자신이 치러야 할 대가와 불이익을 냉정하게 계산하는 것까지 말이다. 이것이 그 아이가 겪는 실망과 좌절의 경험을 부모가 직접 해결해주는 것보다 아이에게 훨씬 더 도움이 될 것이라고 믿는다.

말 안 듣는 애로 키우기

　큰아이가 몇 시간을 책상에 앉아서 글을 쓰고 있었다. 그러더니 중요한 녹음을 해야 한다며 가족들에게 조용히 해 달라고 부탁했다. 가만 들어보니까 어이가 없다. 학교 친구들이 모인 인터넷 게시판에 올리겠다며 팟캐스트 녹음을 하는 것이다. 내용은 이번 주 숙제 마감, 시험 일정, 활동 계획에 관한 것이다. 거기에 온갖 유치한 농담을 덧붙여가며 열심히 하자는 메시지를 전한다. 다른 친구가 만든 음악도 소개한다. 이런저런 억양을 시험해가며 녹음을 거듭하고, 대본을 수정하고, 다시 들어보기를 반복한다. 시험 공부나 숙제가 밀렸다고 징징대다가 갑자기 K팝 음악을 틀어 놓고 춤을 추거나 복근을 만들어야겠다며 한참 운동을 하는 날도 있다.

　아빠가 나서서 "숙제해야 한다면서 왜 딴짓을 해?"라고 한다. 아빠는 학교 공부를 걱정하면서 이렇게 딴짓을 하는 것은 옳지 않다고 가르친다. 너무 많은 걸 하기 때문에 제대로 하는 것이 하나도 없다고 지적하기도 한다. 아이는 아빠에게 말대꾸하거나 화를 내지는 않지만 별로 동의하지 않는 눈치다. 여전히 자기가 하고 싶은 것을 마음대로 하니 말이다.

나도 아이의 행동이 잘 이해가 가지는 않는다. 하지만 잘못이라고 생각해서가 아니다. 나는 게을러서 아이처럼 여러 가지를 한꺼번에 하지 못하는데, 저 아이는 이렇게나 많은 걸 하고 싶은 욕구가 생기는 사람이라는 사실이 신기하다. 또 나 역시 남편 말처럼 자기 할 일이나 열심히 했으면 좋겠다는 생각도 든다.

그렇지만 아이가 저렇게 하는 것이 결국 아이에게 이롭다고 믿으려고 한다. 나의 생각보다 더 넓고, 길고, 큰 시야를 가지려고 노력한다고 말이다. 이를 실천하는 데에 도움이 되는 이론을 소개한다. '상황 학습(Situated Learning)' 이론에 따르면 학습은 단순히 지식을 습득하는 것이 아니고, 어떤 공동체 안의 일원으로 성숙해가는 과정이라고 한다. 그러한 공동체 안의 '신입 멤버'의 역할에 대해 이야기해보려고 한다.

인간의 몸은 세포로 이루어져 있고, 모든 세포는 각각 수명이 있다. 그래서 일정 시간이 지나면 내 몸의 모든 세포는 전부 새로 생겨난 것이다. 그런데 여전히 나와 내 몸은 그대로 '나'이다. 마찬가지로 백여 년 전에 우리나라를 구성했던 사람들은 거의 살아 있지 않지만, 여전히 우리는 한국 문화를 공유하는 공동체다. 이를 가능하게 하는 것이 바로 '학습'에 있다. 새로 들어오는 멤버가 그 문화를 전수받기 때문이다. 이 설명은 지극히 당연하다. 그런데 여기에서 신입 멤버가 기존 멤버를 그대로 복제해야 하느냐, 아니냐를 생각해보자.

공동체의 문화를 유지하려면 되도록 똑같이 복제해야 좋을 것 같다는 착각이 든다. 하지만 실제로 건강하게 오래 지속되는 공동체는 기존 멤버가 신입 멤버에게 지식을 그대로 전수하는 것에 그치지 않는다. 오히려 신입 멤버는 기존 멤버와 기존 문화에 강한 의문과 반대 의견을 제기한다. 어떤 나라, 조직, 집단, 회사에서도 새로운 멤버의 가장 중요한 역할은 기존 문화와 지식을 파괴하고 재해석하는 일이라고 말한다. 그것이 신입 멤버를 교육시키는 가장 중요한 목적이 되어야 한다는 것이 이 상황 학습 이론의 핵심이다.

신입 멤버의 반론과 의문이 기존 문화와 기존 멤버들을 변화시킬 절차와 방식으로서 제대로 작동할 때, 이 문화와 조직이 오래 살아남는다. 아이러니하게도, 하나의 문화가 건강하고 강하게 오래 살아남기 위해서는 그 문화에 반항하고 의문을 제기하는 것을 수용해야 한다는 것이다. 그리고 그것이 곧 교육의 목적이어야 한다.

이 이론은 국가나 기업, 조직, 민족 등 다양한 집단에 훌륭하게 적용할 수 있지만, 나는 가족에 적용했다. 간단하게 말하자면, 신입 멤버는 자식이고, 부모는 기존 멤버다. 자식은 부모에게 지원을 받으면서 배워야 하는데, 교육의 진짜 목적은 '자식이 부모의 가르침에 의문을 제기하는 것'이다. 한마디로 말해서, 부모 말을 안 듣고 제멋대로 하고 부모에게 말대꾸하는 것이 자식을 가르치는 것의 목적이어야 한다. 부모로서는 생각만 해도 기가 막힐 노릇이다. "실컷 키워 놨더니 저 혼자 큰 줄 안다."란 말이 딱 이런 상황이지 않을까?

하지만 이 이론을 다시 생각해보자. 이렇게 신입 멤버가 자유롭게 기존 문화와 멤버를 비판하고, 그 변화가 충분히 수용될 때 기대할 수 있는 결과는 무엇인가? 상황 학습 이론에 따르면, 공동체가 사라지지 않고 건강하게 지속된다고 했다. 이게 한 가족에게는 어떤 의미일까?

아이를 길러 내 독립시키면 부모의 임무가 끝난다고들 한다. 물론 자식들이 자신의 가정을 이룬 후에도 늙은 부모를 존중하고 제때 찾아뵙는 훌륭한 가정들이 많다. 하지만 가정이 민족이나 국가처럼 오래 지속된다는 것은 이런 감성적·도덕적 실천 의무를 넘어서는 것이다. 다 큰 성인인 자식들과 같은 집에 살지 않아도, 어린 자식과 함께 살 때처럼 여전히 살아 있는 가정 문화와 공동체로 기능할 수 있을까? 그 방법은 바로 신입 멤버가 복제하는 것이 아니라, 끊임없이 새로움을 시도하고 수용하는 데에 있다. 어렸을 때든 성인이 되었을 때든, 자식이 부모에게 반론을 제기하고 비판하면서 가족 전체의 변화를 끊임없이 시도할 수 있다면 그 가정은 멤버들이 나이가 들어가면서도 거기에 맞추어 변화하면서 살아남는다.

자식이 부모에게 말대꾸하고 부모의 잘못이나 모순을 지적하거나 부모의 뜻을 거슬러 자기 마음대로 하는 것은 왠지 도덕적으로 옳지 않은 것 같다. 특히 다 큰 성인 자식이 늙은 부모을 막 대하는 것은 패륜에 가깝다. 그래서 나는 아이들이 아주 어렸을 때부터 부모인 나에게 공손하고 예의를 갖춰 말대꾸하고, 부모와 다른 자기의 뜻을 숨기지 않고 행동하는 우리만의 절차와 형식을 이해하게 연습시켜왔다. 자식이 어리고 내가 자식에 대해 경제적·지적으로 강한 힘을 가졌을 때 이런 관계의 절차를 마련해야 자식이 커서 자신의 힘으로 살아갈 때에도 우리 공동체를 건강하게 유지할 수 있기 때문이다. 여기서 건강한 공동체란 상황에 따라 유연하게 변화할 수 있는 상태를 말한다. 자식이 커가고 부모가 나이들면서 많은 것들이 변하겠지만.

영어 단어 중 'relevant'라는 것이 있다. 딱히 한국말로 정확하게 들어맞는 단어를 찾기 힘든데, 현재 상황에 잘 들어맞아 중요해지는 상태를 의미한다. 사전에서는 '적절한', '유의미한' 등으로 설명되긴 하지만, 여기에서 중요한 것은 '현재'에 존재한다는 점이다.

나이가 들어서 자식들에게 사랑과 존경을 받는 것보다, 나는 자식들의 삶에 'relevant'해지고 싶다. 자식들이 늙은 부모를 안쓰럽게 여기고, 과거에 감사하는 심정으로 내게 친절하게 대해주는 것도 기쁠 것이다. 좋은 인성을 가진 사람으로 자랐다는 증거니까. 하지만 자식이 부모의 실망을 걱정하지 않고 자기 의견을 자유롭게 표현할 수 있고, 그럼으로 인해 그들에게 필요한 부모이고 싶다. 지금은 어리기 때문에 돈과 보호와 정서적 지원이 필요한 것처럼, 그 필요의 구체적인 모습은 미래에는 달라질 것이다.

그래서 지금 아이가 자신의 생각을 고집하면서 부모와 싸우지도 숨기지도 않고, 또 나는 그것을 흔쾌히 보아주는 연습을 한다. 그 연습들이 쌓여 우리 가족의 관계가 변화를 거듭하며 살아남아, 내가 늙어서 자식에게 해줄 수 있는 것이라고는 자유로운 생각을 잘 들어주는 것밖에 없는 날을 상상한다.

3

세상의
시스템,
우리 식대로
살기

인간이 진짜 하고 싶은 것,
자신의 삶을 통해서 이루고 싶은 것은
남들에게 자신만의 가치로 쓸모가 되고
인정받는 것임을
아이를 키우면서 깨닫는다.

내가 원하는 경제 교육

우리는 자본주의 사회에서 태어나고 자란 사람들답게 돈에 대한 관심, 욕망, 불안을 골고루 가지고 있다. 하지만 나의 관심과 욕망에 딱 맞는 경제 교육을 찾기는 어렵다. 어떻게 돈을 벌고 쓸지는 나이가 몇 살이건, 돈이 많건 적건, 누구나 계속 생각하고 연습해야 할 과제인 것 같다.

초등학교 때 통곡하면서 보았던 TV 만화가 있다. '플랜더스의 개'라는 제목이었는데, 구체적인 줄거리는 기억나지 않지만 마지막 회는 머릿속에 생생하다. 가난한 소년 네로가 죽기 직전, 너무나 보고 싶어 하던 위대한 그림을 보면서 그 앞에서 얼어 죽었다. 그동안 그림을 볼 수 없던 이유는 입장료가 없어서였다. 그래서 입장료를 내지 않아도 되는 추운 밤 시간에 몰래 봐야 했던 것이다.

내가 울었던 것은 네로의 죽음이 슬픔과 동시에, 이해할 수 없는 무시무시한 두려움 때문이었던 것 같다. 죽고 싶었던 것도, 죽음을 무릅쓴 것도 아니고 그야말로 삶과 죽음을 망각할 정도의 강렬한 욕구라는 것을 그 나이에는 이해할 수가 없었으니 말이다. 그저 절망뿐인 삶이라면 그림을 보고 싶은 욕구도 없었을 테고, 마지막에 그림을 보며 행복해할 리도 없었을 것이다. 네로는 그림을 보면서 분명히 행복했다. 그 후 찾아오는 죽음이 아무렇지 않을 정도로 말이다.

그런데 이 만화 속 모든 욕구의 배경에는 돈이 있었다. 그림을 즐기는 데에도 물감을 살 돈과 입장료가 필요했다. 좋아하는 친구도 가난하다는 이유로 자유롭게 만날 수 없었다. 이런 돈의 지배에 대해 네로는 '배트맨' 속 조커처럼 악으로 맞서지도 않았고, 그렇다고 돈을 저주하며 모든 것을 등지고 떠나지도 않았다. 네로는 자신이 느끼는 아름다움에서 그저 눈을 떼지 않았다. 도스토옙스키는 『죽음의 집의 기록』에서 화자를 통해 이렇게 말한다.

"돈은 주조된 자유다. 자유를 완전히 박탈당한 사람에게 돈은 몇 배나 더 소중하다."

우리는 돈이 자유를 준다고 생각한다. 그런데 이 두 번째 문장을 읽으면 다른 의미가 된다. 자유를 박탈당하지 않은 사람, 즉 자유로운 사람에게는 돈이 그렇게 소중하지 않다는 뜻으로 읽히기 때문이다. 네로는 돈이 없어서 많은 것을 하지 못했지만, 자유롭게 자신의 행복을 찾았다. 적어도 그가 돈을 소중하게 여긴 것 같지는 않다.

나는 이 세상의 아름다움에서 나만의 기쁨을 찾아내는 데에 돈을 쓰기로 했다. 아이들의 경제 교육의 목표도 동일하다. 그냥 비싼 음식을 사 주는 것이 아니라, 비싼 음식을 즐기는 법을 같이 연구한다. 자연의 시간을 인위적으로 단축하지 않고 생산된 식재료를 파머스마켓에서 산다. 화려한 플라스틱 포장에 싸여 있지만 식품 구성 성분은 이상한 것들이 많이 들어 있는 것들에 지불하는 가격 속에는, 음식 자체보다 포장지와 광고비가 차지하는 부분이 많다는 것도 배운다. 그뿐만 아니라, 낯선 식재료나 음식에 대해 열린 마음을 갖고 시도해보는 것도 인간이라면 당연히 가져야 하는 자세임을 배운다.

평소에 외식은 몇 달에 한 번 정도이지만, 일 년에 한두 번은 일식 오마카세를 먹으러 간다. 초등학교 1학년만 되어도 셰프가 내어주는 모든 음식을 가리지 않고 먹을 수 있다. 담당 셰프는 아이에게 하나씩 자세하고 재미난 설명을 해준다. 계절과 장소에 따라 우니의 맛이 쓴맛과 단맛으로 변한다는 이야기를 들으면서, 처음에 한 입 먹고 꿀떡 삼켜 버리던 아이가 두 번째에는 아주 맛있다며 잘 먹게 된다. 시골에서는 야생 꽃을 말려 직접 차를 만드는 할머니와 함께 차를 우리면서 몇 시간을 이야기한다. 다기와 차 내리는 절차에 대해 끝없이 묻고, 이후 어른들이 탄산음료를 먹지 말라고 강제하지 않아도 저절로 안 먹는다(물론 어디 가서 과일주스를 주면 환장하고 먹지만 말이다).

아이들 옷은 주로 중고 가게에서 산다. 예전에 알파카와 양을 키워서 직접 섬유를 만들고 천연염색을 하는 농장에서 옷감에 대해 배웠다. 그리고 천연섬유와 합성섬유의 질감을 만져 비교해보고 입어보고 시간이 지났을 때 멋스럽게 낡아가는 방식의 차이에 대해서도 이야기를 나눴으며, 그에 관한 책도 함께 본다. 브랜드 옷과 세일에 연연하는 대신, 중고 가게에서 옷감의 질을 판별하면서 고르는 방법을 배운다.

장난감 역시 한국의 목공 공방에 찾아가 작은 소품을 샀다. 아이가 한창 알록달록한 플라스틱 장난감에 혹하던 시절, 나무의 따뜻한 질감과 플라스틱의 질감을 비교하게 해주었다. 중국산 장난감의 납 중독에 대한 영상물도 같이 봤다.

아이에게 주식 투자를 가르치지 않는 것은 내가 가르칠 만한 재주가 없어서 그렇다. 절약하라고 가르치지 않는 이유는, 내가 절약하려는 마음을 먹으면 불편해서다. 누군가 지출이 많지 않은 편이라면, 억지로 절약한 것이 아니라 자유를 얻는 과정에서 자연스럽게 그렇게 된 것이기를 바란다. 이 세상의 아름다움, 그것을 자발적으로 자신의 취향에 맞게 느끼고 누리려면 돈을 통하지 않고는 불가능한 것이 우리가 살아가는 자본주의다. 하지만 돈을 통하는 것의 목적은 돈으로 자유를 사는 것이 아니라, 돈으로부터 자유롭기 위한 것이어야 한다.

각자에게 돈의 의미는 다르다

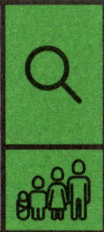

전작 『숲속의 자본주의자』에 '생활비 100만 원'이라는 글이 있다. 생활비를 어떻게 아껴야 하는지, 혹은 소비를 줄여야 한다는 내용은 절대로 아니다. 생활비를 아끼겠다는 목적이 아니고, 그저 우리 가족이 쓰고 싶은 만큼의 돈의 액수가 대체 얼마인지를 알고 싶었는데, 결국 10년이 지나도 정확하게는 알지 못한다는 주제였다. 사실 100만 원도 대략 계산했을 때 나온 금액이지 정확한 것은 아니다.

이 글의 전체적인 메시지는 경제 팽창 시대를 살아온 부모 세대와 현세대의 지출이 어떻게 다른 의미를 가지게 됐는지에 관한 것이다. 내가 돈에 대해 끊임없이 생각하는 것은 나라는 사람이 돈을 통해 세상과 어떤 관계를 맺는 사람인지를 알아가는 것이다.

친한 친구 하나가 있는데, 처음 친구가 됐을 때 그녀는 과할 정도로 내게 밥을 사주었다. 사회적인 적당 거래라는 암묵적인 규칙이 있지 않은

가. 자기가 먹은 것을 각자 계산하거나, 혹은 서로 번갈아가며 밥을 사는 것 말이다. 처음에 친구는 "우리 집 앞으로 멀리 찾아왔으니 내가 사겠다."고 했다. 다음에는 내가 읽은 책을 몇 권 받았다는 핑계로 자기가 밥을 사겠다고 했다. 약속에 늦었다며 사기도 했다. 이런 식으로 여러 번 얻어 먹고 나니, 어떻게 따져도 이번엔 내가 밥을 사야 마땅할 것 같았다. 그래서 일부러 비싼 식당에 가자고 해서 실컷 시켜 먹고 내가 계산하려고 했다. 그런데 막무가내로 이 친구가 돈을 내는 것이다. 지금까지 내가 밥을 산 적이 한 번도 없다는 것과 이 식당에 오자고 한 사람이 나라는 것을 상기시켜주면서, 웨이트리스에게 내 카드를 내밀었다. 그랬더니 그 카드를 도로 달라고 하고서 대신 자기 카드를 준다.

이런 식으로 이 친구가 무조건 상대에게 돈을 쓰려고 한다는 것을 알고 난 후에는, 되도록이면 집이나 공원, 쇼핑몰 벤치에서 만났다. 이 친구를 만나려면 돈을 쓰지 않을 장소를 궁리하고 미리 음식이나 음료를 준비해야 해서 번거로웠지만, 이 친구의 특이성을 받아들이고 우정이 깊어지는 과정이라고 생각하니 그마저 즐거웠다.

그런데 더 깊이 친해지면서 그녀의 특이한 소비 방식을 이해하게 됐다. 어려서 외동으로 자라고 부모님이 모두 일을 한 탓에 항상 외로웠다고 했다. 부모님이 안쓰러운 마음에 항상 용돈을 두둑하게 줬고, 이 돈으로 친구들에게 펑펑 써온 것이다. 친구가 자기 집에 놀러 와서 오래 있었으면 해서 자기의 장난감도 나눠주었다. 그것이 습관이 되어 커서도 자기가 돈을 내지 않으면 왠지 마음이 불편하다고 했다.

이 친구는 정말 친구가 많다. 내가 아는 평범한 가정주부 가운데 친구가 제일 많다. 그런데 우리의 관계가 깊어지면서 친구는 더 깊은 속내를 털어놓기 시작했다. 주로 얌체 같은 친구들에 대한 원망과 분노였다. 그냥 밥을 얻어먹는 정도가 아니라, 한국에서 와서는 이 친구 집에서 여름 내내 먹고 자면서 돈 쓸 때에는 한 푼도 내지 않는다거나, 아이들끼리 서로 싸우고 자기 아이의 장난감을 뺏는데도 그냥 둔다거나. 나도 들으며 덩달아 분개했다. 이 친구가 타인의 관심과 사랑을 얻기 위해 과도한 돈을 쓰는 여린 마음에서 나온 하소연과 푸념을 열심히 들어주었다.

그런데 어느 날, 친구가 굉장한 부자 친구 이야기를 했다. 그러면서 부자가 밥을 사고 비싼 선물을 해주는 것이 싫다고 했다. 더 놀라운 고백은, 누군가 자신에게 돈을 쓰면 무시당하는 기분이 들고, 그게 사실이 아니라는 걸 아는데도 며칠이나 그 기분이 생각난다는 것이다. 이 친구의 지출 내역을 보면 자신을 위해 사치품을 사거나, 아이들 사교육비에 쓰는 것이 아니다. 저축도 크게 하지 않는다. 가장 큰 지출 항목은 바로 인간관계를 맺으며 밥 사는 일이었다.

그녀는 친할머니를 포함해서 친가 쪽 사람들에 관한 이야기를 해줬다. 그들은 잔치를 벌이고, 남의 집에 선물을 사가기 위해서 빚까지 낸다고 했다. 잔칫상을 잘 차린 집에 초대받고 오면, 다음에는 무시당하지 않기 위해 더 상다리가 부러지는 잔치를 치르려고 벼르는 것이 이 가족의 분위기였단다.

이 친구 지출의 가장 핵심적인 부분에 대해 어린 시절부터 부모, 조부모, 그리고 결혼 후 남편과 함께 꾸리는 가족의 지출 이야기까지를 함께 분석했다. '남에게 이용당하지 않기 위해 돈을 쓰지 않겠다.'거나, '나는 착한 사람이어야 한다.', '돈을 모아야 한다.' 등의 목적 없이, 이 친구가 돈을 쓰면서 남들의 세계와 어떤 관계를 맺는지를 하나씩 이해해갔다. 더 중요한 것은 자기를 이용하는 나쁜 사람들에 대한 분노를 스스로 이해하는 것이다. 착해서 그냥 당하는 것이 아니라, 남에게 돈을 쓰는 일이 그녀 자신의 가치를 확인하고 남보다 우월하다는 느낌을 확보하는 경로였음을 깨닫기 시작했다. 특히 할머니부터 시작된 타인과의 관계 맺는 방법이 이 친구 아이들의 행동에까지도 영향을 미치고 있음을 알았다.

한 인류학자가 근근이 농사, 수렵, 채집을 해서 먹고사는 부족을 연구하러 갔다. 그들의 삶은 곤궁하고, 식량은 언제나 부족하다. 그런데 손님을 후하게 대접하는 문화가 있다. 자기 집 식량은 바닥을 보여도 이웃이 찾아오면 마지막 콩 한 쪽까지 나눠 먹는다. 그렇게 서로 도와가며 어려운 시기를 함께 지낸다. 감동받은 인류학자가 식량 생산을 획기적으로 높일 농법과 종자들을 전해준다. 그런데 그가 몇 년이 지나 다시 찾아가봤더니 이곳의 식량 사정은 여전히 나아지지 않았다. 그들은 인류학자가 가르쳐준 방법을 사용하지 않았던 것이다. 학자는 그 이유를 추적했다.

그들이 손님에게 자신의 마지막 남은 식량까지도 나눠주는 것은 단순한 호혜의 동기가 아니었다. 그들은 손님이 제대로 대접받지 못하고 돌아가면 저주의 주술을 퍼부어서 더 큰 해를 당할 것이라고 믿었다. 따라서 자신이 식량을 더 많이 생산해도 자기 소유로 남겨둘 수 없다고 계산한 것이다. 어차피 손님들이 오면 다 나눠줘야 할 테니 말이다. 그럴 바에는 적당히 생산하고 모자라면 이웃들에게 손님으로 가서 얻어먹는 것이 낫다고 판단했다. 그들에게는 사유 재산에 대한 믿음과 더 높은 식량 생산에 대한 기대보다는 이웃들의 질투에 대한 두려움이 더 컸다.

석영중 교수의 『도스토옙스키, 돈을 위해 펜을 들다』는 천재 소설가 도스토옙스키의 소비 행적을 낱낱이 보여준다. 그가 한평생 가난에 쪼들린 것은 순전히 그의 특이한 소비 성향 탓이었다. 물론 도박이 한몫하긴 했지만, 그는 '돈이 수중에 남아 있는 것을 참을 수 없어 하는 것처럼' 흥청망청 돈을 썼다. 어려서부터 엄격하게 살면서 돈 한 푼에 벌벌 떠는 의사 아버지를 못 견뎌한다. 또 유행하는 최신 모자를 쓰고 싶고, 비싼 음식을 먹어야 했다. 그런데 그가 자기의 사치만을 위해 돈을 쓰는 사람은 아니었다. 그는 자신이 빌리지도 않은 남의 돈을 대신 갚아주기도 하고, 아내와 아이들이 자신의 소비 성향 때문에 고생하는 것을 깊이 미안해하는 따뜻한 아빠이기도 했다. 물론 돈 앞에서 느닷없이 인색해지고, 탐욕스럽기도 하고, 무책임한 행동도 많이 했다.

그런데 아내는 그에게 도박을 그만두고 돈을 아끼라고 하지 않는다. 그가 돈을 쓰면서 다양한 인간, 사회와 폭넓은 관계를 맺고, 자기 자신의 나약함을 직접 경험하고, 그리고 무엇보다 고여 있는 돈에 목매는 것이 아니라, 삶을 날것 그대로 헤쳐 나가는 사람임을 아내가 이해했던 것 같다. 그의 소비 성향에 대해 구박하는 대신 가족이 살아갈 정도의 돈은 따로 관리하면서, 나머지는 도스토옙스키가 타고난 대로 마음껏 쓰도록 격려해준다. 도박에 돈을 탕진해서 가족을 힘들게 한 것이 미안해서 도박을 끊겠다고 결심한 후 집에서 풀죽어 있는 남편을 보고, 그의 아내가 집안 살림을 팔아 도박 자금을 쥐어주는 장면은 내가 좋아하는 부분이다.

내가 돈이 얼마나 필요한지 알고 싶은 이유는, 단지 무엇을 얼마 주고

사야 하기 때문이 아니다. 돈을 쓰는 것은 남들에게 내 자존심과 가치를 어떻게 주장할지, 사랑을 어떻게 표현할지, 미래에 대한 불안을 어떻게 조절할 것인지 등 나만의 독특성을 아는 것과 같다. 그리고 그것은 대부분 부모와 조부모로부터 물려받는다. 당연히 온전히 전부는 아니고, 내가 타고난 성향과 사회문화적 배경과 합쳐져 나만의 소비 성향이 된다. 나는 그것을 알고 싶었다. 그러면 내가 아이들에게 물려주는 경제적 가치가 무엇일지도 이해할 수 있을 테니까.

쓸데없는 돈을 쓰지 않겠다는 것이 곧 지출을 무조건 줄이겠다는 의미는 아니다. 도스토옙스키가 도박하고 돈이 생기는 족족 돈을 써 없애는 것, 다음 끼니에 먹을 게 없어도 손님을 먹이는 것, 내 친구가 남들에게 밥을 사는 것은 그들에게 있어서 쓸데없는 지출이 아닐 것이다(내 친구는 나와 이야기를 나눈 후, 할머니와 자신의 소비를 연결하면서 밥을 덜 사게 되고, 이용당한다는 분노가 줄어서 좋다고 했다). 나 역시 그렇게 나만의 삶을 만끽하는 식으로 돈을 후회 없이 마음껏 쓰고 싶었다. 그러기 위해서 나는 나의 욕구와 감정, 가족의 역사들을 어떻게 돈을 쓰며 표현하는지에 대해 알아보기로 했다.

일단 우리 가족의 일상을 가능하게 하는 핵심이 '생활비 100만 원'인 것은 분명하다. 예전에는 식비로만 150만 원이 넘게 썼다가 차츰 줄여갔다. 하지만 이 과정에서 내가 배운 것은 돈을 절약해야 한다는 당위나 기술이 아니다. 돈을 쓴다는 것은 나다운 사람이 되어가는 적나라한 행위다. 도박에 탕진하고 사치품을 즐긴 도스토옙스키의 소비는 그 자체로 세상을 이해하고 사랑하는 사람들과 소통하는 그만의 방식이었다. 그러니 우리처럼 돈을 아끼느냐, 도스토옙스키처럼 돈을 쓰느냐의 단순한 차이보다 더 중요한 질문이 있다.

돈이 얼마만큼 우리의 행복에 영향을 미치느냐는 그다지 쓸모 있는 질문이 아닌 듯하다. 현대 사회에서 돈의 영향력을 무시하거나 줄이겠다는 것은 그 시도조차 돈의 엄청난 중요성을 재확인시켜준다. 영어에 '방 안의 코끼리(the elephant in the room)'라는 표현이 있다. 방 안에 거대한 코끼리가 있음에도 마치 약속한 것처럼 다 같이 코끼리가 없는 듯 행동하는 문제를 말한다. 너무 거대해서 눈감고 싶은 그런 문제들 말이다. 우리 사회에서 돈이야말로 딱 그런 문제가 아닐까?

'돈이 나에게 얼마만큼 큰 문제인가?' 하는 것이 바로 방 안의 코끼리를 인정하고 찬찬히 살펴보는 일이다. 우리는 돈을 어떻게 많이 벌 수 있는지에 대해서는 말하지만, 돈에 대해 나는 어떤 사람인지는 어쩐지 이야기하고 싶지 않아 한다. '돈이 나다움을 결정하게 하느냐?' 더 나아가 '어떻게 나다움을 실현하느냐?'라는 질문을 해야 하니까.

하지만 '나다움'은 어딘가에 숨겨진 패스워드처럼 한 번 발견하고 마는 대상이 아니다. 증권사에 가면 투자 성향을 분석해주는데, 그런 식으로 사치 성향, 구두쇠 성향 등으로 정해진 게 아니라는 의미다. 나 자신이 세상과 관계 맺는 모든 일들이 그렇듯, 확실한 정답은 주어지지 않는다. 뜬구름 잡는 듯한 이 이야기를 소설로 풀어낸 예로 토마스 만의 자전적 소설 『토니오 크뢰거』를 소개한다.

이 소설은 주인공 토니오 크뢰거가 어떻게 예술가로 성장하는지를 이야기한다. 돈 이야기랑은 전혀 상관없어 보이지만 '나다움'이 하늘에서

뚝 떨어진 정답이 아니라, 하나로 수렴되지 않는 영원한 갈등이며 움직임이라는 것을 이해하는 데에 도움이 된다.

토니오 크뢰거에게는 서로 많이 다른 아버지와 어머니가 있다. 부유한 사업가인 아버지의 세계는 경건하고 올바르고 성실하고 정확하다. 반면 어딘지 분명하지 않은 먼 남쪽 나라 출신인 어머니의 세계는 아름답고 관능적이며 정열적이고 나른하고 충동적이다. 그는 자라면서 우등생 친구 한스에게 무한한 동경을 느낀다. 아버지의 세계에 가까운 사람인 한스는 가정교육을 잘 받고 에너지 가득한 승마 등의 스포츠를 즐기는 훌륭한 시민의 전형이다. 그는 한스를 사랑하지만, 자신이 그와 같지 않다는 사실에 괴로움을 느낀다. 동시에 그는 어머니에게서 물려받은 퇴폐적 예술 창조의 욕구 역시 추구한다. 결국 그는 예술가가 됐다.

하지만 예술가가 됨으로써 그가 어머니의 세계에 속하게 됐다는 것을 의미하지는 않는다. 양쪽 세계에 대한 갈망과, 결과적으로 어느 쪽에도 속하지 못한다는 괴로움은 영원히 지속된다. 그는 성인이 된 후에도 한스를 보면서 "그처럼 평범한 행복 속에서 살고, 사랑하고 싶었다."고 토로한다. 하지만 이 괴로움이야말로 결국엔 자신만의 새로움을 창조하는 진짜 예술가가 되도록 해준다.

내가 이 소설을 좋아하는 이유는 예술가의 고뇌 같은 것 때문은 아니다. 규칙적인 시민 사회도 자유로운 예술도 나로선 잘 이해가지 않고 관심도 없는 분야다. 바로 여기에서 이 소설에 대한 강한 호기심이 생겨났다. 나랑은 너무나 상관없는 이야기임에도 그의 갈등이 어쩐지 낯설지 않았던 것이다. 모든 인간의 삶은 의식하든, 그렇지 않든 그 자체로 예술이니까. 하나밖에 없이 고유하다는 점만 봐도 삶이란 예술의 정의에 딱 들어맞지 않은가? 그렇다면 어떤 예민한 예술가의 특이한 이야기가 아니라, 구체적인 소재는 각자 다 다르지만 모든 인간이 겪는 성장 갈등의 보편적 구도일 수 있겠다는 생각이 들었다. 결코 화해할 수 없는 두 세계 사이에 자신을 위치시키는 것 자체가 말이다.

인간은 누구나 이러한 대비와 충돌 안에서 끊임없이 갈등하고 갈망하면서 자신으로 완성되는 것이 아닐까? 예술가가 아니더라도 부모가 얼마나 상반되는 배경과 성향의 사람들인지를 말하는 이들을 쉽게 찾아볼 수 있다. 그들은 궁극적으로는 그 다름을 인식하고, 그 속에서 균형을 시도하는 과정을 거쳐 한 사람의 고유성을 완성해 나간다.

'나는 엄마의 세계에 속하고 싶은가, 아빠의 세계에 속하고 싶은가?'

스스로에게 이 질문을 하면 아득해진다. 토니오 크뢰거처럼 그 어떤 쪽에도 속하지 않으면서, 양립할 수 없는 두 세계는 나의 일부이기도 하다. 그렇기 때문에 끊임없이 '나는 누구인가?'를 묻게 된다. 토니오 크뢰거가 시민 사회와 예술의 대비 사이에 있었다면, 나의 엄마와 아빠 세계 사이에는 바로 돈이 있었다.

엄마도 아빠도 돈을 지독하게 안 쓰는 것은 같다. 내 기억이 형성되는 순간부터 엄마, 아빠 세계의 모든 긴장, 기쁨, 슬픔, 사랑은 돈과 직결되어 있었다. 두 분 다 한국 전쟁 시작 직전에 생을 시작했으니, 한국 경제의 처참한 밑바닥부터 폭발하는 성장까지 비슷한 박자로 따라왔다.

엄마와 외가의 세계에서 돈은 자기 과시이면서 세상의 풍요에 대한 찬미였다. 허영의 아름다움, 소비와 탕진의 멋, 도스토옙스키같이 흥청망청 돈을 쓰는 황홀함을 나는 어려서 외가에 갈 때마다 느꼈다. 묘하게 불안한 세계였는데, 돈이 살아서 펄떡이는 힘은 남을 위해 쓰는 행위에서 극명하게 나타난다. 자신의 돈을 과시하고 자랑하는 가장 좋은 방법은 남들에게 놀라울 정도로 너그럽게 돈을 뿌리는 것이다. 하지만 외가는 엄마가 태어날 때쯤엔 경제적으로 많이 기운 상태였다. 엄마는 가난을 더 이상 감출 수 없을 때쯤 역시 가난한 아빠와 결혼했다.

단순하고 투명하게 누가 봐도 가난했던 아빠의 집안은 돈에 대해서도 매우 단순했다. 돈은 항상 없는 것이고, 그러니 쓰지 않는 것이 너무도 간단한 이치였다. 엄마가 보여준 가난이 강렬한 에너지였다면, 아빠의 가난은 투명한 슬픔이나 체념에 가까웠다. 그런 아빠는 사치스러운 엄마와 결혼하기 위해 한순간 정신을 잃었다. 아빠 같은 사람이 사치스러운 엄마를 사랑한 것은 어이가 없지만, 생각해보면 당연한 일이기도 하다. 아빠는 엄마 몰래 사채를 얻어 양옥집과 피아노를 사서 엄마와 결혼에 성공했다. 결혼한 지 얼마 후에 엄마는 사채독촉통지서를 받았다. 나는 그날의 이야기를 아주 좋아한다. 엄마가 이 통지서를 읽고 난 후, 하늘이 노래지면서 그 멋진 양옥집 넓은 마당에 주저앉아 버렸다고 했다. 이후에 엄마는 내가 아는 바로 그 엄마가 되었다.

이날 이후 엄마는 돌변하여, 양옥집을 팔고 사채를 갚고 사글세 단칸방에서 제대로 가난한 삶을 시작했다. 엄마는 1970, 1980년대 한국 경제 붐을 타고 차곡차곡 재산이랄 것을 만들어갔다. 아빠도 가난을 탈출하고 싶었지만, 엄마가 원한 것은 아빠의 방식이 아니었다. 엄마는 사치를 향한 갈망에 버금가는 열정과 추진력으로 돈을 모으는 집착에 빠졌다.

엄마의 일생은 여성으로서의 압박보다는 돈의 중독이 더 중요한 주제였다. 엄마는 돈이 없을 때 겪는 수모와 곤경, 돈을 쓰지 않고 모으는 현재의 행위가 그 모든 재앙을 막아줄 거라는 믿음을 강화하는 이야기 외에는 어떤 것에도 오래 관심을 기울이지 못한다. 가난했던 과거를 수치스러워하고 숨기려고 하는 엄마와 달리, 아빠의 돈 이야기는 주로 과거에 얼마나 가난했는지에 집중된다. 그리고 미래에 벌어들일 돈을 막연히 꿈꾼다. 어린애같이 단순하게 말이다. 돈의 현재에 중독된 엄마와 미래의 돈의 세계에 사는 아빠 사이에서 내가 태어났다.

돈이 엄마, 아빠 두 사람의 세계를 얼마나 강력하게 지배할 수 있는지를 보면서 자랐기 때문에 나는 영원히 돈을 무시하지 못할 것이다. 대신 그 강력한 지배로부터 탈출하기 위해 영원히 노력하고자 한다. 거기서 내가 발견한 탈출구는 바로 '시간'이었다. 돈 없는 미래의 불안에 굴복한 엄마는 돈으로 인해 미래를 잃었고, 아빠는 돈이 주는 가능성이라는 환상에 사로잡혀서 현재를 잃어버렸다. 이 두 긴장 사이에서 나는 현재와 미래를 차곡차곡 이어가는 데에 집중하기로 했다. 엄마도 아빠도 선택하지 않는다는 것은 두 세계를 완전히 버리는 것이 아니라, 모두를 나의 일부로 수용함으로써 가능하다는 것을 깨달았다.

내가 마른 콩을 사서 삶아 먹는 것은 엄마처럼 돈을 아끼기 위한 것도 아니고, 아빠처럼 미래에 돈 벌기 위한 아이디어를 얻기 위한 것도 아니다. 마른 콩을 사면 하루 전날 콩을 불리고, 물을 갈아가며 씻어주고, 삶고, 식혀야 한다. 콩마다 적당히 삶는 법을 익히는 데에도 여러 번의 실패와 시간이 걸렸다. 콩과 함께하는 현재에 집중하면서 콩을 삶을 줄 아는 미래의 나는 현재의 나와는 다른 사람일 거라는 믿음을 갖는다. 나는 이렇게 긴 시간을 들이며 엄마와 아빠의 세계를 수용하면서도 어느 곳도 선택하지 않는 긴장을 느낀다. 돈으로 불안을 막는 대신 시간을 소비하면서 불안을 잠재우고, 미래의 돈 벌기는 시간으로 쌓을 수 있는 보이지 않는 학습으로 대신한다. 시간에서 가치를 찾아내는 것이다.

토니오 크뢰거에게 성장 과제로 주어진 선택과 갈등이 예술과 성실함이었다면, 내게는 돈이 주는 불안과 미래의 약속이었다. 다른 가정도 우리처럼 다 돈을 열심히 생각하는지는 잘 모르겠다. 만약 그렇다 하더라도 그 방식과 갈등의 주제는 전부 다를 것이다. 투자, 돈 벌기, 소비, 절약이 나와 우리 가정에 어떤 의미가 있고, 가족과의 관계에서 무엇을 배우고 수용하고 갈등하는지를 생각해보길 바란다. 좀 더 풍성하게 자신을 찾아가는 과정의 시작이 될 수도 있으니까.

가족이 돈 쓰는 방법이 다르다면

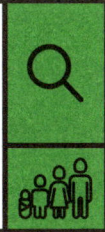

 이 글을 써야겠다고 생각하게 된 결정적인 이유는 큰아이의 한마디 때문이다.
 "내가 아빠같이 될까 봐 많이 걱정했는데, 이제 조금 안심돼."
 우리 집은 아이들에게 용돈을 주지 않는다. 친척들이 주는 용돈도 전액 부모에게 상납한다. 아이들에게 돈 버는 일의 현실을 있는 그대로 알려주기 위해서이다. 돈 버는 능력이 전혀 없는 아이가 '내 돈'이라고 착각할 수 있다고 생각했다(자신만의 프라이버시는 다른 생활의 영역에서 만들어도 된다고 판단했는데, 이는 전적으로 우리 부부의 성격과 가족관계의 특수성을 고려한 판단이라 이런 부분은 모든 가정마다 다를 것이다).
 "네가 10만 원을 현금으로 가지려면 집세, 공과금, 먹는 비용 등을 다 지불한 후에 남는 게 그 돈이어야 해. 그러니 미성년자일 때는 돈 벌 능력이 없는 게 현실이지. 스스로 돈을 벌지 못하면 그만큼 자유를 제한당하게 돼. 그걸 배우는 거야. 대신 미성년자일 때는 돈 쓰는 걸 연습할 수 있어. 네가 사고 싶은 게 있을 때는 뭐든 말해. 쓰는 법에 대해 엄마랑 연구하는 거야."

우리가 사는 동네는 도보로 갈 수 있는 곳이 없고 대중교통도 전혀 없으니, 고2가 되면 다들 운전을 한다. 운전하기 전부터 아이에게 예고했다.

"네가 운전하고 싶으면 추가 보험료와 기름 값을 내."

차종에 따라 다르긴 하지만, 십 대 운전자가 추가되면 보험료가 한 달에 7만 원 정도 더해진다. 기름 값은 한 달에 10만 원만 받기로 했으니, 합쳐서 17만 원이다. 뜨개실로 인형 만들기, 자수 공예를 좋아하니 이런 재료 파는 가게에서 점원으로 일주일에 10시간 정도 일하는 일자리를 구했다(참고로 이곳의 최저 시급은 약 15,000원 정도이다). 또 인터넷 쇼핑몰에서 수제 공예품도 소소하게 판다. 버는 돈으로는 공예 재료를 사고, 친구랑 놀러 가서 쓰거나 가끔 동생한테 용돈을 주기도 하고, 저축도 한다. 직접 벌어서 쓰라고 이야기하면서 덧붙여 당부했다.

"너한테 직접 벌어서 쓰라고 하는 건 우리 집에 돈이 모자라거나, 엄마 돈이 아까워서가 아니야. 너한테 돈 쓰는 진짜 기쁨을 배우게 하고 싶어서지. 친구 만날 때, 차를 운전할 때, 네가 직접 번 돈을 쓰면 돈을 더 많이 쓸수록 기쁜 것 말고, 아껴 쓰는 기쁨을 느끼게 돼. 그리고 당당하다는 게 뭔지도 알게 될 거야. 공예 재료를 네가 벌어서 사라는 것도, 네가 팔아서 버는 돈의 진짜 가치를 계산해보라는 거야. 원가 계산을 해보지 않으면 네가 실제로 얼마만큼 버는지 정확히 알 수 없잖아. 엄마가 시키지도 않고 기대하지도 않았는데, 동생에게 용돈을 주는 걸 보고 놀랐어. 아무리 사랑하는 사람과의 관계라도 돈을 어떻게 쓸지 고민해야 해. 돈은 인간관계의 윤활유 같은 거니까. 그리고 네가 돈을 어떻게 쓰는 사람인지도 알아보는 거야. 이렇게 직접 벌고 쓰는 걸 해보다가 돈이 모자라면 엄마한테 말해. 지금은 배우는 나이니까 돈 때문에 힘들어서는 안 되거든. 그건 엄마가 채워줄 거야."

그러던 어느 날, 아이가 아빠같이 될까 봐 걱정했다는 얘길 하는 것이다. 실제로 큰아이는 식성이며 성품이 아빠를 꼭 닮았다.

"내가 아빠를 닮았잖아. 돈 쓰는 것도 그럴 것 같았거든. 그래서 걱정했어. 아빠처럼 생각 안 하고 그냥 돈 쓰는 사람이 될까 봐. 나는 엄마처럼 될 수는 없어. 엄마는 아무것도 안 사는 게 더 편한 사람이지만, 나는 사고 싶은 마음이 가득하거든. 그래서 가끔은 금세 쓰레기가 될 걸 아는데도 사고 싶어지면 사기도 해. 하지만 나는 아빠랑 다르게 돈 쓸 때 가격을 생각하고, 바로 안 사고 한 번 더 생각해보고, 집에 가지고 가면 쓰레기가 되진 않을지 생각하기도 해. 그래도 후회하지는 않아. 그렇게 생각하면서 사니까 필요 없는 걸 샀어도 즐겁거든."

"그런 걱정을 하는 줄 엄마는 전혀 몰랐네. 너는 엄마와도 다른 사람이고, 아빠와도 다른 사람이 되려고 하는 거구나! 그건 정말 좋은 거야. 하지만 너무 많이는 걱정하지 않아도 돼. 아빠가 돈 쓰는 걸 좋아하지만 돈 때문에 힘들지는 않잖아. 그리고 어떤 사람들은 돈을 흥청망청 쓰면서 영감을 얻기도 하고, 사업해서 더 크게 돈을 버는 사람도 있어."

그러면서 앞에서 언급한 도스토옙스키의 이야기도 들려줬다.

"알아, 그래도 나는 걱정할 거야. 그게 재미있어."

세상의 시스템, 우리 식대로 살기

아이는 아빠의 소비 성향을 비난하는 것이 아니라, 아빠와 엄마의 차이점을 자신의 입장에서 판단하고, 자기만의 것을 만들어가는 과정을 지나고 있다.

애덤 그랜트의 책 『싱크 어게인』에서는 부부싸움을 숨기지 않는 가정에서 자란 자녀들이 초등학교 때부터 정서적 안정감이 높고, 친구들과 협력을 잘하며, 동정심을 잘 표현한다는 연구 결과를 소개한다. 그랜트는 타인과의 관계에서 생산적으로 반대하고 건설적으로 충돌하는 것은 중요한 삶의 기술인데, 의외로 많은 사람들이 성인이 되어서도 이를 완전히 습득하지 못한다고 지적한다. 남의 기분을 상하게 하고 싶지 않고, 착한 사람이 되고 싶어서 말이다. 하지만 남에게 상처주지 않고 존중한다는 메시지를 주면서도, 반대 입장으로 논쟁할 수 있는 기술이 필요하다. 그리고 그 바탕은 자신에 대한 든든한 안정감과 믿음에 있다. 그랜트는 이런 기술을 기르기 어려운 이유의 출발이, 어려서부터 부모들이 아이들의 정서 불안에 대한 염려 때문에 부부싸움을 되도록 숨기는 데에 있다고 말한다. 부부싸움을 얼마나 자주 하느냐보다 중요한 것은 부부가 싸울 때 서로에 대해 어떤 태도를 갖느냐이다. 부모가 자신의 의견을 내세우며 격렬하게 싸우면서도 상대를 존중하는 태도가 있는지 말이다.

우리 집은 부부싸움이든, 아이들 싸움이든 피하거나 미루지 않고 끝을 볼 때까지 하는 것을 권장한다. 여기서 끝을 본다는 것은 누군가 일방적으로 이기는 게 아니라, 싸움 참가자 모두가 자기 입장을 충분히 다 설명하고 방어한다는 의미다. 각자 자기 의견의 장점을 내세우고, 상대방의 문제점을 냉정하게 지적한다. 하지만 중요한 것은 우리는 결코 같은 의견을 가질 수 없음을 단 한순간도 잊지 않는다는 점이다. 우리가 싸우는 목표는 상대를 설득해서 나와 같게 만드는 것이 아니라, 내가 더욱 나다워지는 것이다. 나와 다른 상대에게 내 의견을 주장하는 경험만큼 강렬하게 내가 어떤 사람인지 확인하는 기회도 드물다. 그래서 싸움의 상대는 나를 비난하는 적이 아니라, 좋은 파트너이다.

돈 쓰는 방식은 우리 부부싸움의 단골 주제였다. 돈 버는 것에 대해서는 싸우지 않기로 이미 합의했는데, 우리가 버는 돈의 양을 늘리는 것은 우리가 싸워서 달라지는 문제가 아니라고 생각해서이다(이것도 사람마다 판단이 다를 것 같다. 돈 버는 재주가 있는 사람들이 분명히 있기 때문이다). 다음은 아이들에게 여러 번 들려준 우리의 돈 관련 싸움 이야기 중 하나이다.

남편과 둘이서 스키장에 갔을 때이다. 남편이 마음에 드는 모자를 하나 사겠다고 했다. 나는 모자 모양을 구기지 않고 단독으로 보관할 수 있는 넓은 옷장을 가지지 않고는 모자를 사서는 안 된다고 주장했다. 남편은 어이없어하며, 모자를 사겠다고 고집을 피웠다.

"모자 보관 장소가 따로 있지 않아도 다른 사람들은 모자를 많이 사."

"다른 사람이 뭘 사든 그건 우리랑은 무관해. 우리 집 옷장을 생각해봐. 모자가 그렇게 사고 싶으면 우리 집 옷장을 가게 디스플레이처럼 만드는 데에 더 많은 돈을 써야 해."

"옷장 고치는 데에는 최소 수십만 원이 들고, 모자는 겨우 몇 만 원인데 그게 무슨 말도 안 되는 소리야?"

"그건 몇 만 원을 버리는 거야. 제대로 보관할 공간도 없는 거니까."

"아니야, 모자가 당장 너무 마음에 들기 때문에 몇 만 원 정도는 아깝지 않아."

　겨우 몇 만 원의 소비지만 타인에 대한 시선, 욕구가 형성되는 동기의 극명한 차이가 드러난다. 누가 옳고 그른 것은 없다. 가게 앞에서 한참을 싸우다가 나는 수영장에 가고, 남편은 스키를 타러 갔다. 몇 시간 후에 약속 장소에서 만나니 남편이 새로 산 모자를 쓰고 웃고 있다. 그리고 그 모자는 몇 번 쓰지도 않고, 지금은 어디로 어떻게 사라져 버렸는지도 모른다. 이 이야기를 아이에게 들려주었다.

　"아빠가 모자를 쓰고 나타났을 때 엄마는 막 웃었어. 그렇게 싸우고 나서도 가져야 할 가치가 있는지 생각해볼 기회를 충분히 가졌으니까. 아빠가 엄마랑 싸우지 않았다면 '저 모자는 꼭 필요해.'라고 생각하면서 샀을 거야. 하지만 싸우면서 확인하게 된 거지. '나중에 쓰레기가 될 수도 있겠지만, 지금 당장 욕구가 커서 그걸 채우는 거야.'라고. 너도 뭔가를 갖고 싶을 때 어떤 이유를 감수하고도 살 건지, 아닌지 치열하게 고민해보고 결정하면 돼."

시골 부동산 아저씨의 진짜 금수저 이야기

'나는 이렇게 아이를 키워서 ○○대학에 보냈다.', '나는 이런 과정을 거쳐 성공했다.' 식의 성공담은 많은 사람들에게 꽤나 유용한 듯하다. 누구에게나 따르고자 하는 앞서간 사람들의 모델이 있을 테니까. 오늘은 최근에 만난 나의 모델을 소개하려고 한다.

우리가 사는 곳의 터줏대감인 부동산 중개업자 아저씨를 만났다. 그는 전기 수리부터 간단한 집수리를 하며, 동네 사람들의 사소한 인생사까지 속속들이 다 안다. 부동산 업무에 대한 이야기를 하던 중, 그가 안내 데스크에 앉아 일하던 청년이 자기 아들인데 스물한 살이라고 했다. 머리도 길고, 그 나이에 대학도 안 가고, 아빠한테 얹혀사는 청년의 이미지가 순간적으로 떠올랐다. 이런 선입견 때문에 조심스레 말했다.

"아들이랑 사업하시려면 좋은 점도 있지만, 어려운 점도 많겠어요."

"절대 그렇지 않아요! 최신 기기나 인터넷 같은 걸 다루는 건 아들이 잘하고, 나는 오래 쌓아온 노하우가 있어서 서로 부족한 부분을 채우면서 정말 재미있게 일하고 있어요."

　자식에 대한 불만이나 불안은 아무리 감추려 해도 작은 말투나 표정에서 어떻게든 드러나게 마련인데, 그런 게 하나도 없었다. 원래 용건만 해결하고 빨리 자리를 뜨고 싶던 차였는데, 계속 질문하고 싶어졌다. 그래서 알게 된 이 가족과 세 아들의 이야기다.

　큰아들과 둘째 아들은 각각 스물다섯과 스물한 살로, 둘은 친구들과 함께 밴드 음악을 한다. 미국 전국 투어를 하기도 했고, 코로나 팬데믹 직전에는 음반 회사와 앨범 출시 계약도 맺었는데, 일단 제작은 연기된 상태였다. 현재는 유튜브에 자기들이 만든 음악을 올리고 있다. 아저씨가 자랑스레 보여줬는데, 구독자 수는 아직 적지만 음악은 꽤 좋았다. 둘 다 아버지의 부동산 사무실에서 일하는데, 이곳은 시골에서 오랫동안 터를 잡아온 덕에 부침 없이 꽤 알짜 수입을 올리는 것으로 동네에 소문이 나 있다.

　큰아들은 이미 결혼 5년차고, 근처에 작은 아파트도 구입했단다. 인테리어 스타일링 일을 한다는 며느리 자랑도 대단했다. 둘째 아들은 아버지의 부동산 거래와 임대 관련 현장 지식을 바탕으로 만화를 제작해 유튜브 채널을 만드는 작업을 하는 중이었다.

　막내인 셋째 아들은 열아홉 살인데, 홈스쿨링으로 열여섯에 고등학교 과정을 마치고 요리학교를 졸업한 후 지금은 요리사로 일하고 있다. 형들처럼 음악이나 가족 사업을 하려고도 했지만, 요리가 너무 좋아서 독립했다고 한다.

아저씨의 이야기를 빨려 들어갈 듯 듣다가, 이 가족을 우리 집의 교육 모델로 삼아야겠다고 다짐했다. 그 이유는 다음과 같다.

1. 따를 만한 구체적인 목표가 하나도 없는 것

이 아저씨처럼 우리에게 사업체가 있는 것도 아니고, 우리 아이들에게 음악이나 요리처럼 구체적인 관심이나 재능이 있는 것도 아니다. 그리고 이 아들들이 확실한 성공이나 성취를 한 것도 아니다. 음악을 전공해서 대학에 가거나 히트곡을 낸 것도, 아버지의 사업이 엄청나게 성공한 것도 아니다(부동산 중개업 역시 인터넷 부동산 중개 사이트의 위협을 많이 받고 있다).

모델인데 따를 것이 하나도 없다는 말이 이상하게 들릴 수도 있지만, 바로 그것이 '목표'다. 목표 없이 오늘의 삶을 완결된 충만함으로 살아가는 것이다. 앞에 펼쳐질 인생의 목적은 정해진 틀 안에 있을 수가 없다. 특정 대학을 가고, 성취를 이루고, 직업을 갖는 것처럼 이름 지어진 고정된 목표가 생기면 어쩔 수 없이 그곳에 도달하기 전까지는 오늘의 인생을 유예해야 하니 말이다.

또 이 경우, 실패와 성공의 구분과 마디가 생긴다. 하나밖에 없는 나의 인생 안에서 실패와 성공을 구분하는 것이 과연 가능할까? 물론 내가 아닌 제3자가 내 인생을 평가한다면 그것은 분명할 수도 있다. 일류대를 가거나 유명 아이돌이 된다면 '일반적으로는' 성공이다. 하지만 그런 기준은 내가 자신의 인생을 바라볼 때라면 전혀 의미가 없다. 내 인생의 주인이 된다는 것은 원하는 것을 내 마음대로 성취하는 것이 아니라, 남들이 평가하는 성공과 평가의 기준을 떠나 내 인생을 음미할 수 있는 자유가 아닐까?

내가 대학에 다니던 1990년대 중반, 인문사회계 캠퍼스는 그야말로 고시 열풍이었다. 이미 문과계 진로의 암울함이 시작되고 있었기 때문이다. 나도 분위기를 따라서 덩달아 고시 준비를 생각하고 있었다. 그러던 어느 날, 캠퍼스 순환버스를 기다리며 줄서 있었는데 바람이 심하게 부는 것이다. 그냥 멍하니 서 있었더니 구질구질한 신문 조각이 날아와서 내 몸에 철썩 붙었다. 대학신문이었다. 다 찢어지고 구겨져 제대로 읽을 수 있는 유일한 기사가 어떤 교수님의 칼럼 '사랑하는 제자에게'였던가. 대강 그런 제목이었던 것 같다.

아끼는 제자가 마치 전장에 나가는 전사처럼, 혹은 헤어지는 연인에게 이별을 고하듯이 "고시를 준비하기로 했다. 그래서 기본 학점을 유지하기 위한 수업 외에 전공 세미나나 학교 행사에 참석할 수가 없을 것 같다."라는 결심을 전하는 이야기로 시작한 칼럼이었다. 너무나 익숙한 장면이었다. 고시를 시작하는 학우들은 그렇게 비장하게 몇 년 숨어 지낼 각오를 밝히고 지명 수배된 도망자라도 된 것처럼 속세와 연락을 끊었다. 나도 당연히 그렇게 할 예정이었다. 이런 집중적인 공부에 대해 원하는 것을 얻기 위한 진지한 노력이고 희생이라고 생각했지, 한 번도 웃기다고 생각한 적이 없었다. 그런데 어쩐지 그 순간에는 줄의 앞뒤에 모르는 사람들 틈에서 낄낄대며 웃었다. 이어지는 칼럼의 핵심은 다음과 같았다.

인생은 몇 년 고생해서 승부를 볼 수 있을 만큼 하찮은 것이 아니다. 좋은 법률가, 외교관, 공무원이 되는 것은 분명 가치 있고 의미 있는 일이지만, 인생은 그것보다 훨씬 더 커다란 일이다. 왜냐하면 삶이란 죽을 때까지 불확실하고, 그 때문에 끊임없이 자신의 의미를 써가는 과정이기 때문이다. 젊음이 아름다운 것은 바로 그런 불안과 불확실함을 견디는 데에서 온다는 사실을 경험하는 시기라서라고 생각한다. 따라서 너의 고시 공부 결심이 잘못이라고 생각하지는 않는다. 누구도 다른 사람의 삶을 평가할 권리는 없으니. 다만 네가 단지 인생의 불확실함을 피하기 위해, 손쉽게 해결책을 찾기 위한 목적으로 그런 결심을 하지 않았을 것이라고 믿는다.

칼럼 초반을 읽으면서는 낄낄댔는데, 다 읽고 나니 이제는 거칠게 부는 바람을 따라 울고 싶어졌다. 인생은 해결해야 할 문제나 숙제가 아니라, 살아야 하는 과정임을 그때 알았다. 죽었다 생각하고 2, 3년을 공부에 투자해서 내가 얻고 싶은 것은 법률, 외교, 공무와 관련한 어떤 지식이나 사회에 대한 사명감도 아니고, 삶의 안정감일 뿐이었다는 냉정한 반성도 했다. 그리고 그날부터 신나게 연애하고 놀기만 했다. 딱히 하고 싶은 게 없었기 때문이다. 사십 대 중반인 지금도 그렇게 살고 있는데, 괜찮다. 그래서 애들도 그냥 놔둔다.

남편은 큰아이가 SAT 문제를 하나도 풀지 않고 있다며 한마디해야겠다고 한다. 그러면 나는 "SAT 공부를 안 해서 생길 수 있는 나쁜 일이 뭐야? 대학에 못 가는 거잖아. 그게 인생에서 그렇게 나쁜 일인가?"라고 묻는다. 아이는 계산원 알바를 하면서 자기 돈을 모으고, 친구랑 수다를 떨고, 편지를 쓰고, 인형도 만들고, 맛있는 것을 악착같이 찾아 먹고, 자기가 번 돈으로 자잘한 물건들을 사고, 가끔 춤도 추고……, 그렇게 매일 기쁨에 넘쳐서 살아간다. 이 기쁨은 분명히 십 대만이 누릴 수 있는 것이다. 중

년이 된 나는 누가 돈을 쥐어주며 하라고 해도 귀찮은 일들이 이 아이에게는 살아 있는 생동감인 것이다.

2. 먹고사는 일의 위대함, 균형과 유연함

음악을 좋아하면 예전에는 '그걸로 먹고살 수 있을까?'라는 고민을 해야 했다. 그래서 좋아하는 일과 안정된 수입 사이에서 하나만을 택해야 했다.

무라카미 하루키의 인생 이야기 중 내가 제일 좋아하는 부분은 그가 작가가 되기 위해 술집을 차린 결정이다. 그는 자기가 원하는 대로 글을 계속 쓰기 위해 생계 걱정을 해서는 안 되겠다고 생각했다. 그는 술집에서 자기가 좋아하는 재즈를 틀고 자기가 좋아하는 술을 다루면서, 적어도 먹고살 걱정은 안 할 만큼의 돈을 벌 계획을 세웠다.

그가 후에 작가로서 엄청난 돈을 벌게 된 결말은 우리 같은 평범한 사람에게는 중요하지 않다. 더 중요한 것은, 그가 평생 작가로서 성공하지 못했더라도 글을 계속 쓸 수 있었다는 점이다. 하루키처럼 성공한다는 것은 내가 하고 싶은 일을 내가 하고 싶은 방식으로 계속 할 수 있음을 의미한다. 그러기 위해서 스스로 먹고사는 일을 해결하는 것은 정말 위대한 일이다.

아버지의 부동산 중개업을 돕는 두 아들들의 훌륭한 점 역시 마찬가지다. 자신이 좋아하는 음악을 계속 하기 위해 성인으로서 자립에 필요한 돈을 얼마나 어떻게 벌어야 하는지, 그 균형을 스스로 탐구하고 실험해가는 과정 말이다. 이러한 균형은 스스로 실험하고 경험하지 않는 이상, 그 어떤 훌륭한 대학이나 책도 가르쳐줄 수 없다. 특히 자신이 좋아하는 것 역시 진짜 독립된 생계를 꾸리는 경험을 통해서 알아가는 것이다.

출발은 남들이 말하는 돈의 액수가 아니라, 진짜 자신에게 필요한 돈의 액수를 알아내는 데에서 시작된다. 우리가 정규직에서 은퇴하면서 금융계 전문가와 상담할 때, 부부 은퇴 자금을 계산해본 적이 있다. 그런데 이들이 계산해주는 은퇴 후 해외여행, 골프, 자녀 용돈과 학비……, 그런 항목들은 우리에겐 해당 사항이 없었다. 그래서 우리는 일단 은퇴를 가정한 후, 돈을 아끼지 않고 존엄성이 훼손되지 않는 생활을 유지하기 위해 우리에게 필요한 돈이 얼마인가를 스스로 알아보기로 했다.

처음엔 이 마법의 숫자가 금방 나올 줄 알았다. 그런데 이것도 놀라운 불확실성을 가졌다. 예를 들면, 커피나 술은 한때 우리 삶의 향기와 여유를 보장하기 위한 필수품이었는데, 지금은 귀찮아서라도 안 먹는다. 그만큼 필요한 돈이 줄어든다. 남들이 필요하다고 계산해주는 돈의 액수가 아닌, 지금 내가 삶을 즐기기 위한 돈의 액수를 찾아내는 것은 한평생 이어지는 재미있는 탐구임을 깨달았다.

아이들도 그런 탐구 자세를 어려서부터 배우고 있다. 예를 들어, 큰아이는 현재 화장품이나 옷은 내가 사준다고 해도 거들떠도 안 본다. 대신 훈제 연어나, 고급 초콜릿처럼 로컬 수제 먹거리에 돈을 쓰고 싶어 한다. 그리고 무엇보다 차를 사고 싶어서 열심히 돈을 모은다. 자신의 취향과 자기가 만족할 만한 삶의 질을 유지하기 위해 필요한 돈의 액수를 정확하게 알고, 그 돈을 벌기 위한 노동을 가치 있게 생각하는 태도는 어려서부터 익히는 것이 좋다.

3. 부모와 가족이라는 자산

이와 같은 경험을 하기 위해서는 돈도 필요하지만, 무엇보다 부모와 가족의 지지가 있어야 한다. '금수저', '흙수저' 등의 말들은 우리 모두를 불안하고 슬프게 만든다. 더 좋은 학교, 더 좋은 교육의 기회가 돈으로만 연결되는 듯해서 말이다. 일류 대학, 화려한 스펙, 돈과 성공을 교육의 목적으로 한다면 이는 맞는 말이다. 하지만 위에서 말한 것처럼 자녀가 남이 정하는 성공과 상관없이 자기가 하고 싶은 일을 계속 하면서 살아가는 것이 목적이라면, 평범한 중산층 부모도 아이에게 물려줄 것이 아주 많다. 아이가 자기 인생을 스스로 탐구하는 과정을 함께해주는 것처럼 말이다.

부동산 중개사 아저씨가 아들과 함께 일하는 것이 즐겁다고 했던 이유를 살펴보자. 아들이 자기가 못하는 것을 채워주고, 아들은 아버지가 가진 것을 받아들여서 역시 자기 콘텐츠로 활용한다. 그런데 사업체도, 딱히 가르쳐줄 전문 지식도 없는 나는 어떻게 아이들에게 돈이 아닌 자산을 물려줄 수 있을까?

큰아이가 어린아이 때부터 '함께 살기'에 대해 중요하게 생각했다. 즉, 아이와 한 집에서 사는 것이 아이도 부모도 편해야 한다. 아이를 좋은 룸메이트로 키우는 것이다. 함께 사는 사람과 협력하고, 자신과 타인의 시간과 공간의 경계를 잘 알고, 규칙들을 협상하면서 최적점을 찾아 양보하고, 필요한 부분을 요구할 줄도 아는 그런 룸메이트 말이다. 성인이 된 자식과 한 집에서 잘 살 수 있다면, 이는 아이에게 굉장한 자산이다. 자기가 하고 싶은 일을 하기 위해 아이가 스스로 책임져야 하는 주거 비용의 유예 기간이 상당히 길어지는 것이니까.

그러기 위해 이런 구조는 아이가 2, 3세부터 시작돼야 한다. 부모의 잔소리 때문이 아니라, 성취감과 주인으로서의 기쁨 때문에 자기 물건을 치우고 청소하고 챙기는 일부터 시작한다. 그러므로 절대로 공부도 강요하거나 강조하지 않는다. 룸메이트끼리 공부하라고 잔소리하진 않으니 말이다. 공부야말로 자기 결정에 따라 해야 한다. 공부보다 중요한 것은, 함께 사는 가족에 대한 예의와 경계를 아는 것이다.

부모가 어떤 인생을 살아왔든, 좋은 부모든 나쁜 부모든, 아이를 20여 년을 키워왔다면 저절로 배우는 것이 있다. 거창한 지식이나 엄청난 자산보다 어쩌면 더 가치 있는 것, 바로 길고 긴 호흡이다. 아이를 키워보면 누구나 "아이가 눈 깜짝할 사이에 커 버렸다."고들 한다. 나는 이 말이 너무 좋다. 이건 결코 사소한 말이 아니다. 아이를 키우면서 지나왔던 매 순간의 선택, 흔들림, 우연, 절망, 그리고 가끔씩 찾아오는 소소한 기쁨……. 그것은 어떤 목적을 향한 것이 아니다. 그저 눈 깜짝한 것뿐이다. 아이는 당연히 친구의 말 한마디, 성적표 하나, 얼굴에 난 뾰루지 하나에도 일희일비한다. 그것이 아이 스스로의 삶이니 그게 별게 아니라고 말해서는 안 되지만, 엄마인 나는 그런 마음으로 아이를 본다. 아이에게는 누군가 그렇게 긴 호흡으로 자기를 보고 있다는 것만으로 엄청난 자산이 된다.

나의 성공은
내가 정한다

올해 겨울에 큰아이가 대학 입학 원서를 쓴다. 솔직히 나는 큰아이가 당장은 대학을 가지 않으면 좋겠다. 온 식구가 같이 2년쯤 자유롭게 세계 여행을 다니면서 소소하게 여러 나라에서 아르바이트도 하고, 다양한 경험을 하면 좋겠다. 그렇게 2년쯤 지나봤자 겨우 만 19세니까. 하지만 아이는 대학을 가고 싶어 한다. 본인이 가고 싶다면 해봐야 하는 게 맞다.

"대입은 학교에 '합격'하는 게 아니라, 일종의 '매칭'이야. 대학 합격을 위해 네가 별다른 공부나 노력을 하지 않고서 네 마음대로 살았는데, 그 상태에서 해당 학교와 잘 맞는지를 보는 거지. 이렇게 너라는 사람이랑 대학이랑 잘 맞는지의 결과가 바로 합격과 불합격이야. 다시 말해서, 합격하면 가고 그렇지 않으면 안 가도 되는 거야. 어떤 경우, 대학에 지불할 돈과 시간으로 다른 걸 하는 게 더 많은 배움을 줄 수도 있어. 대학에 바로 가면 좋은 것만큼 불리한 점들도 있거든. 차라리 그 시간과 돈을 너 스스로 운영한다면 네가 살아가기로 선택한 세상에 대해 더 많이 배울 수도 있지. 모든 사람에게 아무 때나 대학이 무조건 좋다고 정해진 건 아니란 의미야."

초등학생인 둘째에게도 학교에서 배우는 것이 별로 중요하지 않다고 가르친다. 공부는 재미로만 하고 재미없으면 하지 말라고, 학교 성적은 학생에 대해 별로 말해주는 것이 없다고 말이다.

아이들을 마냥 편안하게 해주기 위해 이렇게 하는 것이 아니다. 아이들의 입시에 열중하는 부모만큼이나 나 역시 아이가 앞으로 성공하기를 바란다. 다만 아이가 살아갈 세상에서의 성공에 대한 내 준비는, 아이가 스스로 행복해지고 편안한 것을 찾아가는 법을 연습시키는 것이다. 이런 생각을 설명해줄 책이 있다. 앞으로의 세상에 대해 전망하는 토드 로즈와 오기 오가스의 『다크 호스』다.

'다크 호스'는 흔히 일상에서 예상치 못한 승리자를 일컫는 말이다. 이 책에 나오는 제니 맥코믹이 대표적인 다크 호스다. 맥코믹은 세계적인 천문학계 스타인데 대학 졸업장, 박사 학위, 교수직은커녕 고등학교 졸업장조차 없다. 싱글맘 밑에서 크다가 열다섯 살에 가출하면서 학교는 때려치우고 자신도 스무 살 무렵 싱글맘이 됐다. 그리고 우연히 남의 집에서 천체 망원경으로 별을 본 후, 혼자서 천문학 공부를 시작했다.

이 책이나 내가 믿는 것은 이렇게 학교를 안 다녀야 맥코믹과 같은 성공을 한다는 것이 아니다. 우리는 성공에 대한 고정된 정의 자체에 의문을 품어야 한다. 모든 개인이 자신만의 길을 가고, 자신이 설정한 성공에 도달해야 한다. 학교가 즐거우면 다니면 된다. 중요한 것은 학교가 나한테 즐거운 곳인지, 왜 즐거운지, 이 즐거움이 나라는 사람의 고유성을 개발하는 데에 어떤 도움이 되는지를 알아야 한다. 예전처럼 전문직 종사자, 부자가 되고 나면 그것이 인생의 최종 만족과 성공, 행복을 저절로 가져다주는 시대가 끝났기 때문이다.

이 책은 어떻게 보면, 뜬구름 잡는 이야기처럼 들리기도 한다. 왜냐하면 언젠가 그렇게 바뀔 것 같기는 하지만, 그런 변화가 얼마만큼 가까운지 긴가민가하기 때문이다. 하지만 이 책은 어쩌면 바뀔지 모르는 세상에 대해 얘기하는 것이 아니라, 인간 세상의 기본적인 특성이지만 간과하기 쉬운 부분에 대해 말하고 있는 것 같다. 이런 관점에서 또 다른 책, 이사야 벌린의 『고슴도치와 여우』를 살펴보자.

이 책은 대중적으로도 널리 알려진 내용을 담고 있다. 대문호 톨스토이의 역사관을 분석하기 위해 인간을 두 유형으로 나눈다. 먼저 고슴도치는 위기에 처하면 동그랗게 몸을 말아 가시를 세우고 위험이 지나가기를 기다린다. 이렇게 딱 하나의 전략밖에 없다. 그래도 이 전략은 꽤 묵직해서 대부분 통한다. 여우는 파괴력 있는 단 하나의 전략은 없지만, 상황에 따라 소소한 전략들을 바꿔 사용한다. 인간 유형도 이렇게 두 가지로 나눌 수 있다. 하지만 이 책의 진짜 묘미는 인간을 이렇게 둘로 나눠보면서, 나는 어디에 속하나 생각해보는 데에서 그치지 않는다.

'인간은 과연 자기 행동의 의미와 이유를 이성적으로 판단하면서 살아갈 수 있을까?'

바로 이 질문이 핵심이다. 역사도, 한 개인의 인생도 마찬가지다. 역사 속 영웅은 자신의 일상적 선택과 판단이 가진 역사적 의미를 알고 하는 걸까? 평범한 개인 역시 자신이 지금 하는 행동이 앞으로 의미가 있다고 미리 생각하는 걸까? 이러한 질문은 인간의 자유의지에 대한 의문으로까지 이어진다. 역사는 과거를 돌아보면서 의미를 만들어 낸다. 내 인생의 결정을 내가 선택하는 것 같지만, 무수한 주변 상황과 사회적 맥락의 영향을 받게 마련이다. 어떤 학교나 회사에 들어가면, 어떤 배우자와 결혼하면, 아이가 생기면…… 내 인생이 어떻게 바뀔 것이라고 기대하지만, 예상대로 그렇게 되어 너무 좋거나 혹은 그렇게 되지 않아서 너무 나쁜 경우는 거의 없다.

어쩐지 당황스럽다. 현재 내 행위가 가져올 미래에 대한 이성적 판단이 불가능하다면 지금 나는 무엇을 선택할 수 있을까? 이런 의문에 대해 이사야 벌린은 놀라운 방법을 제시한다. 그는 18세기 프랑스 신학자인 조셉 메스트르의 말을 인용한다. 메스트르는 인간의 지적 능력은 하찮기 그지없으며, 인간의 행동은 이성적 설명으로는 도저히 이해할 수 없다고 단정한다. 그가 제시한 예가 바로 결혼과 독재다. 결혼 제도와 독재는 이성적으로 판단하면 도저히 말이 안 되는데도, 인류 역사를 통틀어 끈질기게 살아남은 이유가 바로 인간이 비이성적이기 때문이라는 것이다.

의아하지 않은가? 인간에 대한 조롱인가 싶지만, 그렇지 않다. 그는 바로 이러한 점을 직시하면 인간의 초라한 이성이 아니라, 진짜 깊은 감정적 동기를 이용해서 원하는 것을 얻을 수 있다고 말한다. 그러면서 그는 전쟁의 예를 든다. 삶도 결국 전쟁이나 다름없다. 전쟁의 승패는 싸워서 결정되는 것이 아니다. 그는 패배한 전투의 패배 원인은 패배했다고 생각하기 때문이라면서, 피해 상황과 상관없이 승리의 노래를 부르고 후대 역사의 기록을 바꾸는 것이 가능하다고 말한다. 전투를 이기는 것도 의견이고, 전투에 지는 것도 의견일 뿐이라는 의미다. 전쟁의 승리는 사기(士氣)와 심리적인 것이지, 물리적인 실재가 아니다.

한마디로, 그는 싸우기 전에 승패는 이미 결정된다고 주장한다. 이 전투가 왜 승리인지를 스스로와 다른 사람들에게 납득시킬 수 있으면 된다. 물리적으로 어떤 손실과 이득을 챙겼는지는 중요하지 않다. 최근 유행하는 말인 '정신 승리'라는 것이 실은 이렇게 이미 몇 백 년 전부터 진지하게 다뤄졌던 것이다(물론 요새 '정신 승리'가 패배와 상처를 외면하는 나약하고 부정적인 자포자기처럼 다뤄지는 면에서는 차이가 크지만 말이다).

다시 『다크 호스』로 돌아가보자. 학교를 자퇴한다고 해서 모두 다 유명 과학자가 되는 것은 아니다. 설사 맥코믹이 유명 과학자가 되지 않고, 저임금 노동을 하면서 별을 관찰하는 일생을 살았다 하더라도 그녀의 인생은 성공임을 이해하는 것이 중요하다. 그녀는 남들이 정하는 성공의 길대로 가는 인생이 아니라, 자신에게 딱 맞고 스스로 충만함을 느끼는 길을 찾았다. 실용적인 성공에 대한 아무런 목적 없이 별을 바라보는 순간이야말로 그녀에게 있어 승리의 순간인 것이다.

모두 다 알다시피, 디지털 기술을 시작으로 교육도 시장도 미디어도 정해진 길과 방법으로만 작동하지 않는다. 물론 새로운 디지털 독점과 권력에 대한 우려가 있지만, 어쨌든 새로운 여건이 생기고 있다. 대학 졸업장만으로 나의 가치를 증명하는 시대는 끝났다. 나의 가치는 스스로 정해야 한다. 나만의 방식으로, 내가 좋아하고, 내가 즉각적으로 만족할 수 있도록 말이다. 참고 기다린다고 해서 좋은 시절이 올 가능성은 없다.

그렇다고 아이들이 모두 홈스쿨링을 한다거나, 특수 목적의 학교를 찾지는 않을 것이다. 다만, 학교는 절대 가치가 아니라 아이들이 스스로를 탐구하는 환경 중 하나일 뿐이다. 대학 입시 역시 좋은 경험이 될 가능성이 높다. 하지만 반드시 합격해야 하는 절대적인 무엇이 아니란 것을 이해해야 한다. 지금은 그 어느 시대보다도 내게 집중하고, 진짜 내가 되기에 딱 좋은 시절인 것 같다.

무조건 이기는 삶

앞에서 소개한 이사야 벌린의 『고슴도치와 여우』에서는 일반적으로 사람의 유형을 고슴도치형 사람(하나의 거대한 목표와 세계관)과 여우형 사람(다양하고 복잡한 전략) 두 가지로 나눈다고 했다. 『고슴도치와 여우』의 가장 큰 소재는 톨스토이의 작품에 나타난 역사관이다. 따라서 그냥 읽으면 딱딱한 문학 비평이나 길고 괴상한 러시아 이름이 가득한 철학책처럼 읽힌다. 그래서 이 책을 읽기 전에 먼저 제이 파리니의 『톨스토이의 마지막 정거장』을 읽으면 수월하다. 이 책은 내용은 묵직하지만 책장이 훌훌 넘어갈 정도로 재미있는 이야기다.

톨스토이는 천재 중에서도 꽤나 특이한 인생행로를 거쳤다. 보통 천재 이미지와는 달리 그는 여든두 살까지 살았으니, 당시의 평균 수명을 생각해도 꽤 장수한 편이다. 긴 인생이라 그런지 중간에 한 번 크게 변심을 한다. 그러면서 그는 천재 소설가에서 인류의 스승으로 거듭난다.

그는 부자인 귀족으로 태어났고, 건강하고, 온갖 쾌락을 누렸으며, 자신의 작품 세계를 지지하는 여자와 결혼해서 아이들도 많이 낳아 다복한 가정도 꾸렸다. 천재다운 예술성을 인정받았을 뿐만 아니라 대중적 성공까지 단숨에 거머쥐며 재산도 나날이 늘어갔다. 한마디로, 만복이 차고 넘치는 인생 전반기를 살았다. 천재의 일반적인 이미지, 즉 세상으로부터 외면당하거나 고립되고, 나약하고 섬세한 심성으로 고뇌할 일 따위는 전혀 없었다. 그러다 오십 대 중반에 자신의 이 모든 복을 버리겠다고 변심한 것이다. 그러고서 채식과 육체 노동, 일체의 금욕과 절제의 도덕군자로 다시 태어난다.

그런데 이상한 것은 이때부터 그가 죽을 때까지 고통과 고뇌에 몸부림친다는 사실이다. 바로 이 내용이 『톨스토이의 마지막 정거장』이다. 구체적으로는 아내와 싸우느라고 괴로워했다. 세계 3대 악처로 알려진 톨스토이 아내의 입장에서도, 남편이 하루아침에 무일푼 거지가 되겠다니 가만히 있을 수 없었을 것이다.

『고슴도치와 여우』를 읽기 전에는 톨스토이의 삶에 공감하기 어려웠다. 물론 그가 주장한 도덕적이고 소박한 삶의 원칙들은 감동적이지만, 말년의 고통을 보면 조금 어이가 없었다. 인류 전체를 구원하겠다는 진심을 실천에 옮기기까지 하는데, 그 자신은 막상 행복하지가 않다니. 인간이 상상할 수 있는 좋은 걸 모두 갖고도 천재라서 쓸데없는 고난을 자처한 걸까, 아니면 그런 고난 자체가 위대한 천재만 이해할 수 있는 행복인 걸까? 나는 톨스토이처럼 천재도 아니고, 가진 게 많지도 않으니 나와는 상관없다고 여겨졌다.

하지만 톨스토이는 단지 부부싸움 때문에 괴로웠던 것이 아니다. 그의 고뇌는 근본적으로 인간과 역사가 가진 보편적 수수께끼를 단적으로 보여준다. 그리고 이 내용이 바로 『고슴도치와 여우』다.

이 책은 인간 유형을 두 가지로 나누어 '나는 어디에 속하는 인간인가?'를 생각해보는 재미에 머무는 책이 아니다. 솔직히 나는 인간 유형을 몇 가지로 분류하는 적성검사나 심리 테스트를 그다지 믿지도 않는다. 그런데 이 책에서 여우형 인간인 톨스토이는 고슴도치형 인간이 되고 싶어 했다. 그의 고통과 고민은 극소수 천재만이 아니라, 자신만의 삶을 살아가고자 하는 모든 인간이 직면한다는 것을 깨달았다.

평범한 사람도 자신의 삶이 의미가 있기를 바란다. 그래서 다들 열심히 살고 돈 벌기 위해 일하지만, 자신의 일을 통해 남을 돕고 세상을 조금 좋아지게 만들어 나 자체가 인정받기를 바라기도 한다. 그리고 돈을 벌어서 가족을 행복하게 해주고, 아이들에게 좀 더 많은 기회를 주어 사회에 기여하는 사람으로 키우고 싶어 한다. 그런데 이런 삶을 이뤄도, 혹은 이루지 못해도 어느 순간 "나는 잘 사는 건가?"라는 의문을 갖게 된다. 세기의 천재 톨스토이의 변심과 규모는 다를지언정 본질은 비슷하지 않은가? 인간은 도대체 이런 의문을 왜 갖게 되는 걸까?

처음 이 책을 읽었을 때는 '내가 이 책을 제대로 읽은 게 맞나?'라는 생각을 했다. 말도 안 되는 소리같이 느껴졌기 때문이다. 물론 지금도 이런 느낌이 완전히 가신 것은 아니다. '인간이 아무리 머리를 굴려봐야 아무 것도 알 수 없어. 그러니 멋대로 살아.'라며 인간의 진지한 노력과 이성적 판단을 깡그리 무시하는데, 그렇다고 대강 살자는 결론도 아니다. 제대로 살기 위해서 착각이나 다름없는 이성을 엄청나게 동원해야 한다는, 즉 '살고 싶은 대로가 뭔지 알긴 알아?'라며 애간장을 녹인다.

결국, 인간은 스스로 굉장히 똑똑하게 미래를 예측하면서 선택과 판단을 한다고 믿지만 그것은 완전한 착각이다. 그럼에도 불구하고 매일 매 순간 어떻게 행동할지 선택해야 하는데, 어차피 착각이라면 내 행동이 가져올 승리의 의미를 내가 미리 정하고 돌파하면 되지 않을까?

일흔을 지나 여든을 넘은 노인들을 만나면 "사는 거 별거 아니다. 하고 싶은 거 다 하고 살아라."라고 말씀하신다. 한참 앞선 선배들만 이런 조언을 하는 건 아니다. 하다못해 초등학생 아이의 학교생활 때문에 고민하면, 겨우 10년 먼저 아이를 키운 선배 엄마들이 "초등학교 때는 그런 게 엄청 큰 고민이지만, 지나고 나면 별거 아니에요. 대강 키워요."라고 말한다.

여기에 벌린이 제시하는 방법은 요즘 말하는 '정신 승리'와는 사실 차이가 있다. 정신 승리는 모든 일이 지나고 나서, 아픈 상처를 다독이는 자기 합리화에 가깝다. 하지만 벌린이 '승리를 먼저 정한다.'고 한 것은 무언가를 하기 전, 실패도 승리도 알지 못하는 사전에 행하는 것이다. 예를 들어, 우리 큰아이와 같은 고등학교에 다니는 친구의 엄마가 걱정을 한다.

"성적이 완전 바닥이에요. 학교에서 보충 수업을 의무적으로 받아야 겨우 졸업할 수 있다고 하네요. 아이가 너무 창피하대요. 저는 아이에게 공부하라고 압박을 주지 않는데, 앞으로 어떻게 해야 할지 걱정이에요."

친하지는 않은 분이라서 "아이도 부모도 힘들겠네요. 그래도 아이가 착하니까 괜찮을 거예요."라고 뻔한 위로를 해줄 수밖에 없었다. 하지만 내게 정식 상담을 청해왔다면 좀 다르게 답했을 것이다.

"아이와 함께 축하받을 일이에요. 공부를 못한다는 사실을 확실히 알게 된 거잖아요. 모든 인간에게는 하나 이상의 자질이나 관심이 있는데, 그게 학교 성적으로 매기는 방식은 아니란 걸 알게 된 거잖아요. 이건 인생을 엄청 빨리 사는 거라고요. 오히려 성적이 어중간한 친구들이 더 큰 고민이죠. 그러니까 아이한테 '네가 잘하는 다른 걸 찾으면, 그건 공부를 못하는 정도만큼 더 많이 잘할 거야. 학교에서 이렇게 특별 대우를 받는 건 차라리 축하할 일이라고! 누구나 자기만의 특별한 인생을 살아야 하는데, 넌 출발이 확실하고 빠른 거야.'라고 말해주세요. 부모도 이걸 진심으로 믿어야 하고요."

또 다른 예는 우리 둘째 아이에 관한 것이다. 앞에서도 소개한 것처럼, 마시멜로를 하나 주고 빈 방에서 기다리라고 했을 때 우리 아이는 절대 기다리지 못하고 다 먹어 버린다. 그리고 나서 언니가 아껴 먹으며 남겨둔 것을 보고 울고 화낸다. 마시멜로를 안 먹고 기다려서 마시멜로를 하나 더 받는, 그러니까 (사회적 기준의) 미래의 성공 확률이 높은 아이처럼 되기 위해서 우리 둘째의 인내심을 길러주어야 하는 걸까? 그 대신에 나는 끊임없이 이렇게 말해준다.

"너 같은 아이는 나중에 커서 큰돈을 버는 성공은 못할 거래. 하지만 너는 부자가 되지 않아도 성공한 인생을 살 거야. 먹고 싶을 때 실컷 먹고, 하고 싶은 대로 하면 돼. 그렇게 하면서도 성공하는 건 어떤 인생인 건지, 대부분의 사람들은 잘 모르거든. 하지만 넌 그런 삶을 살 테니 그걸 알게 되는 거야."

이제는 아이도 편안해하면서 말한다.

"맞아! 내 인생은 정말 재미있을 거야. 맛있는 거 있을 때 확 먹어 버리면 진짜 좋아. 그리고 나중에 언니가 먹고 있을 때 괴로워하는 것도 시간이 지나고 나면 재미있어. 그리고 막 먹어 버리고 나서 더 이상 먹을 건 생각하지 않고 다른 걸 하는 것도 정말 재미있다니까!"

한번은 이러는 것이다.

"근데 엄마, 어떻게 재미있게 할까 생각해봤는데, 먹고 싶은 걸 숨겨 놔야겠어."

그러더니 높은 의자를 낑낑대며 옮겨 다니면서, 건포도 상자를 높은 선반, 무거운 가구 밑 등 손이 잘 닿지 않는 곳에 숨기고 다닌다.

"나는 기억을 잘 못하는 편이라서 잊어버리고 있다가 갑자기 생각나서 찾게 되면 그때 먹을래. 재미있을 거 같아!"

"응? 이건 마시멜로 안 먹고 참는 방법 아니야?"

"아, 그런가? 뭐든 상관없어. 그냥 나한테 재미있거든."

인생을 대강 살지만 어떻게든 승리하는 법에 대한 이야기로 다시 돌아가보자. 가만히 생각해보면 벌린이 말한 대로, 지금 공부나 일을 열심히 해서 우리가 기대하고 계산한 대로 결과가 나올 확률은 높지 않다. 시험 공부를 열심히 한다고 다 좋은 성적을 받는 것도 아니고, 혹은 좋은 성적을 받았다 쳐도 그것이 우리가 생각하는 진짜 의미 있는 삶을 보장해주는 것도 아니지 않은가.

인생 선배들이 말하는 것처럼 살고 나면 별것 아니다. 그렇다고 해서 공부도 하지 말고, 교육도 포기하고, 방탕하게 살아야 하는 것 역시 답이 아닌 것은 분명하다. 우리는 여전히 공부를 해야 하고, 아이를 잘 기르기 위해 최선을 다해야 하고, 또 열심히 살아야 한다. 하지만 그 '열심히'는 뭔가 시작하기 전에 우리 각자의 진짜 의미를 정할 때 해야 하는 것이다.

마시멜로를 먼저 먹어 버리고도 나중에 재미를 느낄 수 있다는 생각은 쉽게 들지 않는다. 공부하지 않고 다른 즐거운 할 일을 찾는 것도 호락호락한 일은 아니다. 아이를 남부럽지 않게 키우는 훌륭한 부모가 되는 대신, 매 순간 아이의 이야기에 귀 기울이고, 그 순간이 아이를 위한 것이 아니라 내 즐거운 시간인 것으로 부모가 된 기쁨을 누리고 있음을 알고 최선을 다해야 한다.

아이가 앞으로 무엇이 되고 내가 나중에 어떤 보람을 느낄지, 지금 공부하는 것이 내 인생에 어떤 도움이 될지, 내가 누구를 돕고 일을 잘하는 것이 진짜 세상을 좋게 만들거나 내가 억울하지 않을 만큼 인정받게 해줄지, 그것은 아무도 모른다. 그렇기 때문에 우리는 어떤 것도 '승리'라고 스스로 의미를 정할 수 있다. 인간의 한계 때문에 오히려 무한히 자유로울 수 있는 역설이다. 이것이 바로 톨스토이가 한 고뇌의 묘미가 아닐까?

진짜 보상은 남의 쓸모가 되는 것

둘째 아이와 3년 가까이 단짝인 친구 A에 대한 이야기다. A는 야구와 비슷한 운동인 소프트볼을 열심히 한다. 눈이 오고 비가 오고 캄캄한 겨울 저녁에도 거의 매일 몇 시간씩 연습하고 경기에도 나간다. 학교 다니는 것 말고는 배우는 게 없는 우리 집 아이와는 다르다. 그래서 나는 A가 당연히 소프트볼을 굉장히 좋아한다고 생각했다. 그랬더니 둘째가 그건 아니라고 말한다. 의아해서 물었다.

"A가 소프트볼을 싫어한다고? 근데 왜 해?"

"나도 모르겠어. 하기 싫어서 죽겠다는 건 아닌데, 분명히 좋아하지도 않아. 근데 왜 하는지는 나도 모르겠어."

몇 주쯤 지난 후, 다시 A의 소프트볼에 관한 대화가 재개됐다.

"A가 소프트볼 하는 이유를 알았어! 걔가 소프트볼 갈 때마다 돈을 받아. 그리고 홈런 칠 때마다 추가로 돈을 더 받는대."

"걔 운동이 아니라, 돈 벌려고 일하는 거였어? 근데 소프트볼 잘하면 돈 주는 학원이 있나?"

"학원에서 주는 게 아니라, 걔네 엄마가 준다고."

아이의 말인즉슨, A의 엄마가 소프트볼 학원비를 내주고, 차도 태워주고, 잘하면 인센티브까지 얹어서 돈을 준다는 것이다. 우리로서는 너무 신기한 이야기였다. 그런데 옆에서 듣고 있던 큰아이가 끼어든다.

"별로 신기한 거 아니야. A학점 하나 받을 때마다 엄마한테 돈 받는 애들도 되게 많아. 얼마 이상 점수를 받으면 뭐 사준다고 약속하기도 하고."

큰아이, 둘째 아이 둘 다 신이 나서 떠든다. 집안일을 도와주면 돈을 받는 친구들, 생일이나 크리스마스에 비싼 선물을 받는 친구들, 그리고 그렇게 받은 용돈을 마음대로 쓰는 친구들에 관한 이야기를 풀어놓았다. 그 친구들은 우리 아이들에게 불쌍하다고 말할 때도 있단다. 집안일을 공짜로 하고, 용돈도 안 받고, 숙제를 잘하거나 시험을 잘 봐도 보상이 없으며, 특별한 날에 선물을 안 받는 우리 아이들에게 속상하지 않느냐 묻는 친구들까지 있다고 했다. 그런 이야기를 두 아이가 서로 눈빛을 교환하며 키득키득 웃으며 말하는 것이다.

이런 양육 방식이 있다는 걸 몰랐던 것은 아니다. A와 우리 둘째는 거의 완벽하게 다른 세계관과 양육 목표 속에서 자라고 있다. 늘 강조하고 싶지만, 그중 무엇이 더 좋다는 정답은 절대로 없다. 각 가정의 사정과 아이, 엄마의 타고난 특성에 따른 개인적인 선택이 있을 뿐이다.

A의 부모는 전문직 고소득 종사자이고, 자녀는 둘이다. 수입이 더 좋은 엄마가 직장을 계속 다니고, 아빠는 프리랜서로 집에서 일하면서 아이

들을 돌본다. 취미로 야생 동물 사냥을 하고, 개인 요트와 캠핑카가 있어서 낚시와 캠핑도 즐긴다. 거대한 집에는 트램펄린과 수영장이 따로 있으며, 초대형 TV와 직소퍼즐 전용 테이블, 각종 게임기와 장난감이 즐비하다. 성인은 둘뿐인데 차는 네 대나 있다. A는 공부도 잘하고 부모가 시키는 소프트볼도 충실히 한다. 아마도 A는 스포츠로 대학 입시 원서를 잘 준비해서 좋은 대학에 갈 것이고, 부모들처럼 큰 집에서 고급 취향의 취미 생활을 하며 살아갈 것이다. 많은 부모들이 바라는 교육의 목표에 가깝다. 이렇게 노력하며 살고, 아이들에게 지원을 아끼지 않는 부모도 훌륭하다.

그렇지만 나는 이런 선택을 하지 않았다. 그런 삶이 나쁘다고 생각해서가 아니다. 열심히 공부해서, 돈을 많이 벌어서, 그 돈을 즐겁게 쓰는 것은 당연히 좋은 삶이다. 다만, 나의 경우 그 선택이 아이들 자신의 것이 되기를 바랐다. 그러기 위해서 나는, 아이들이 무엇을 성취하거나 배우거나 이루지 않아도, 그저 자기 자신으로 머물러도 안전하다는 느낌을 주는 것을 선택했다.

'내가 지금 내 자신이어도 괜찮다.'는 느낌은 어떻게 가질 수 있을까? 답은 간단하다. 그냥 내버려두면 된다. 그렇다고 아무것도 하지 않는 것은 아니다. 아이의 존재 자체가 가족에게 쓸모가 있다는 느낌을 주어야 한다. 내가 공부를 잘하거나 무엇을 이뤄서가 아니라, 스스로 즐거운 일을 하면서 타인에게 도움이 되어야 한다.

친구들이 자기들을 간혹 불쌍하다고 생각하는 것에 대한 두 아이들의 반응은 어떨까? 아이들에게 이에 대해 물었다.

"친구들이 너희를 불쌍하다고 생각하는 건 어때? 좀 부끄럽거나 진짜 억울하진 않아?"

그러자 둘째 아이가 말한다.

"난 좀 웃겨. 사실 나는 그 애들이 불쌍하다고 생각하곤 하거든."

"왜? 돈 벌면 좋잖아."

"돈은 좋지만, 나라면 기분은 나쁠 거야. 내가 소프트볼을 좋아하는지 아닌지 잘 알 수가 없잖아. 나는 숙제하는 거, 인형 만드는 거 다 내가 하고 싶으니까 하는 거야. 그런데 여기에 엄마가 돈을 준다고 한다면, 어떻게 기분이 좋을 수가 있지?"

"집안일을 하고 돈 받는 건 어때?"

"돈 받는 거 자체는 좋지. 하지만 슬플 것 같아. 난 가족의 일원이 되는 일을 하는데, 엄마가 나한테 돈을 준다면 엄마가 날 진짜 좋아하는지 의심스러울 거 같아. 물론 집안일을 하기 싫을 때도 있어. 하지만 우리 가족이 좋으니까 참으면서 하는 거야. 그런데 돈을 받기 때문에 하는 거라면 굉장히 슬프잖아. 어른이 되면 빨리 집을 나가서 따로 살고 싶어질걸!"

"친구들한테 그렇게 말했어?"

"아니, 그 애들이 나보고 불쌍하다고 하면 난 웃고 넘어가지. 서로 다른 걸 이해할 수 있으니까. 하지만 그 아이들은 이걸 어떻게 이해하겠어? 말로는 설명해줄 수가 없어. 이상하지만 우리처럼 살아보면 말이 되는 거라서 말이야."

대학교 원서를 준비하는 큰아이는 자기가 다니게 될 대학 근처로 가족 모두가 함께 이사 가서 살기를 원한다. 부모가 함께 이사 갈 형편이 아니라면 초등학교 5학년이 될 동생을 데리고 가서 자기가 도시락을 싸주고 학교도 보내면서 같이 살고 싶다고 한다.

큰아이가 성년이 되고도 가족과 함께 살고자 하는 것은 독립심이 부족하기 때문이 아니다. 아이는 식사 준비, 청소, 빨래 같은 가사는 물론이고, 학사 관리나 알바 월급 관리, 저축까지 뭐든 혼자서 해낸다. 아이는 동생을 돌보고, 가사를 담당하고, 자기 일을 스스로 처리하면서 느끼는 자신의 쓸모를 좋아한다. 그리고 이것이 바로 내가 아이들에게 가사, 학업, 친구 관계를 전적으로 스스로 해결하게 하는 이유다.

아이 스스로가 아닌, 부모가 원해서 하는 일들을 통해서는 이런 감정을 느끼기가 어렵다. 경쟁을 전제로 하기 때문이다. 따라서 학교 공부가 배움과 학문의 즐거움이 되기 위해서는, 공부가 집안일과 같은 일상적인 일들보다 더 우선순위가 되어서는 안 된다.

많은 사람들이 반려동물에 애정을 쏟는다. 그토록 의존적인 존재가 필요한 것은 인간들이 공통적으로 남에 대한 자신의 쓸모를 확인하고 싶은 욕구 때문인지도 모른다. 나에 대한 평가가 아니라, 나라는 존재 자체가 전면적으로 타인의 쓸모가 되는 기분 말이다. 이런 느낌이 아이들에게 꼭 필요하다고 판단한 이유는 자기가 진짜 원하는 것들을 스스로 알아내기 위해서다.

특별한 재능을 가진 소수의 사람이 아니라면 십 대, 이십 대에 자기가 하고 싶은 일, 자기가 원하는 삶의 구체적인 모습을 터득하기 쉽지 않다. 이를 위한 가장 좋은 방법이 남들에게 자신이 있는 그대로 필요한 사람이라는 느낌을 많이 가지는 것이다. 단지 수입이 좋고, 직업 안정성이 높은 그런 기준을 벗어나, 타인에게 쓸모 있는 일 말이다.

하고 싶은 일만 한다고 해서 자기 이익만 챙기고 남에게 피해를 주는 삶이 되는 것은 아니다. 오히려 인간이 진짜 하고 싶은 것, 자신의 삶을 통해서 이루고 싶은 것은 남들에게 자신만의 가치로 쓸모가 되고 인정받는다는 것을 아이를 키우면서 깨닫는다. 그 방법은 당연히 사람마다 다 다를 수밖에 없고, 또 그래야만 한다. 나만의 가치란 고유한 것이니까.

4

우리가 선택한 가족 실험

가족은 내가 어떤 사람인지
알게 해준다.
나와 같고, 나와 다른 모습으로.
물론 나를 아는 일은
때로 상처가 되기도 할 수 있겠지만.

천상천하 유아독존, 우리로 함께 살아가기

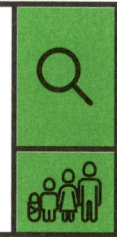

큰아이는 15개월 하고도 2주가 지났을 때 걸었다. 아기와 단둘이 있는 오전 시간, 잠시 자리를 비웠다가 아기를 눈으로 찾았는데, 거실 한복판에 우뚝 서 있는 것이다. 걷기는커녕 붙잡지 않고는 서본 적도 없었다. 매트 외에는 아무것도 없는 텅 빈 공간에서 아침 햇살이 쏟아지는 통에 아이의 실루엣만 선명하게 보였다. 표정이 정확하게 보이지 않았지만, 알 수 있었다. 긴장도 의심도 없는 편안한 표정일 거라는 것을. 팽팽한 침묵의 몇 초가 흐르고 아이는 뚜벅뚜벅 태연하게 걸어왔다. 나는 깊은 숨을 들이쉬었을 뿐, 아이가 어제도 그제도 그렇게 걸었던 것처럼 대했다.

아이가 왜 걷지 않는지 불안했던 적은 없었다. 남들보다 천천히 걷기 시작하는 것이 아이를 지켜보면서 생각해온, 아이의 성격과 딱 맞게 느껴졌기 때문이다. 아이는 온순하지만 겉으로 잘 드러나지 않는 고집이 있다. 그리고 새로운 것을 배울 때 일단 시도하면서 깨지기보다는 오랜 시간을 들여 스스로 편안해질 때까지 기다린다. 그 기다림의 시간에 가장 많은 정성을 들여 익히는 것이 사람들을 탐구하는 것이다. 15개월 만에 이를 다 알게 된 것은 아니고, 지금까지도 계속 이 아이만의 동기, 세상과 사람을 바라보는 독특한 시각 등을 함께 연구한다.

잡고 걷는 것조차 하지 않던 아이가 처음 걸음을 떼면서 뒤뚱거리지도 않고 완벽하게 걷는 것을 보며 가장 강하게 느낀 것은 첫 걸음마의 기쁨이 아니었다. 이 아이다운 고유한 특성을 내가 이해하고, 아이의 세계와 안전하게 연결된 느낌이 강렬했다. 나의 평소 성격과 다르게 호들갑을 떨지 않고 무심하게 지나간 것도 아이의 그런 조용한 성품에 내 자신도 저절로 동화된 것이었다. 좀 더 자라면서 보니 역시 아이는 자신이 넘어지거나 아플 때, 성취를 할 때 등의 순간에 요란스레 반응하는 것을 좋아하지 않는다. 그냥 필요한 조치만 취하고 무심하게 대해줘야 마음이 빨리 평화로워진다고 한다.

몇 개월에 걷는지, 글 읽기는 언제 어떻게 끝내는지, 성적과 석차는 어떤지, 몇 살에 어떤 책을 읽어야 하는지, 친구는 어느 정도 많아야 하는지, 얼마만큼 먹어야 하는지, 키와 몸무게는 또래와 비교해서 어떤지……, 이 모든 것이 개인으로 잘 살아가는 데에 있어서 중요하지 않다고 주장하는 책 『평균의 종말』에는 그 과학적·통계적 근거들이 잘 설명되어 있다.

개인은 말 그대로 개인이다. 이 세상에 오로지 한 명뿐인 독특함 자체다. 그런데 우리는 정해진 때와 정해진 길을 끊임없이 떠올리면서 불안을 이야기한다. 그럼 어떻게 오롯이 '나' 혹은 '나의 가족'만의 개별성에 집중할 수 있을까?

1. 맥락 발견하고 이해하기

'진정한 나, 내가 원하는 것'을 찾으라는 이야기가 불러일으킬 수 있는 가장 심각한 오해는 고유한 나의 특이성이 존재한다는 믿음일 것이다. 가령, '나는 사회성이 부족하다. 내향적이다.'와 같은 진술은 사실 큰 의미가 없다. 그보다는 '나는 ○○○한 상황에서 낯선 사람들과 말하고 싶지 않다.'에서 '○○○한'을 채울 맥락을 풍부하게 발견하는 일이 더 중요하다. 이 발견은 한정된 숫자도 아니고, 한 번의 발견이 영원히 지속되는 것도 아니다. 한 번도 닥치지 않은 맥락과 상황은 언제나 생기고, 시간이 지나면서 그 사람 자체가 바뀌기도 한다.

러시아의 천재 발달 심리학자 비고츠키는 '근접 영역 발달'이라는 이론을 고안한 바 있다. 누군가에게 어떤 과제를 혼자 해보라고 한다. 수학 문제나 요리와 같은 과제 말이다. 이 과제에 실패한 사람들이 나올 텐데, 여기에서 실패했다고 해서 발달 단계가 모두 같은 건 아니다. 그럼 이들은 어떻게 다를까?

이번에는 과제를 혼자가 아니라 다른 사람의 도움을 받아서 해결해보라고 한다. 그러면 여전히 못하는 사람도 있고, 혼자서는 못하던 것을 해내는 사람도 있다. 따라서 이 이론에 따르면, 학교에서든 회사에서든 시험이나 등수 같은 수치를 가지고 능력을 평가하는 것은 사실상 각 개인의 잠재력을 판단하는 데에 효과가 없다. 이렇게 위대한 이론이 나온 지 100년도 넘었는데도 우리는 여전히 시험 점수로 사람을 평가하는 것이 당연하다고 생각하고 있다. 그 이유는 무엇일까?

내가 대학원에서 근접 영역 발달 이론을 배울 때, 이의 단점이 '측정의 어려움'이라고 했다. 이날 배운 내용은 내게 두 가지 이유로 강렬한 기억으로 남아 있다. 하나는 이론이 너무나 멋있다는 것, 그리고 두 번째는 의아함이었다. '측정의 어려움'이 단점이라니? 나는 수치화된 측정을 하지 말아야 한다는 전제야말로 이 이론의 위대함이 아닐까 생각했다. 다른 사람의 도움이라는 것 자체가 개인마다 다 다를 수밖에 없지 않은가? 보고 따라 하는 것일 수도, 중간에 어려운 단계 일부만 대신 해주는 것일 수도, 말로 설명해주는 것일 수도 있다. 혹은 어떤 사람은 누군가 보고만 있어도 더 잘하게 되는 사람도 있다.

2. 과정 만들어 내기

'이 세상은 여전히 시험과 숫자로 확인되는 결과에 따라 보상을 하는데, 그렇다면 이를 벗어나서 어떻게 살아가야 하는가? 가령, 마흔쯤에도 특별한 기술이나 경력 없이 어떻게 살지?' 하는 의문이 생긴다.

『평균의 종말』의 저자 토드 로즈의 이력을 보자. 로즈는 하버드에서 박사 학위를 받고 현재 모교에서 연구를 하는 교수다. 하지만 그는 어려서부터 아이들과 자주 부딪치고 사고를 치고 공부도 못해서 학교에 적응하지 못했다. 고등학교도 졸업하지 못한 상태로 먹여 살려야 할 처자식까지 생겨 온갖 허드렛일을 하면서 생계를 유지해야 했다. 일터에서도 머리가 나쁘고 산만하다고 쫓겨났으니 전형적인 실패자였다. 그런데 그는 정말 자신이 그런 사람인지 의문을 품기 시작한다. 그래서 간신히 지방 대학에 입학하는데, 거기서 그가 성적을 유지한 전략이 재미있다.

보통 대학교 커리큘럼은 전반적인 내용을 다루는 개론에서 시작해서 구체적인 전문 분야로 난이도가 높아진다. 그런데 로즈는 자신의 지적 호기심이 이런 일반적인 난이도 구분과 단계를 따르지 않는다는 것을 깨닫는다. 즉, 개론이나 교양 과목에서는 지루함을 견디지 못해서 낙제할 것이며, 직접 실험하고 구체적인 것을 다루는 상급 과목에서 더 잘할 거라고 예상한다. 그래서 미리 교내 카운슬러와 협상해서 적극적으로 이수 학점의 순서와 과목을 자신의 성향에 맞게 조정하는 데에 성공한다.

그는 자신이 어떤 맥락에서 어떻게 행동하는지 안 후, 자기만의 '과정'을 창조해 내야 한다고 말한다. 흔히 초급-중급-고급이라고 정해진 교과 과정조차 그대로 따라서는 안 되는 것이며, 이것이 정말 나에게 맞는 과정인지를 스스로 탐구해야 한다.

나 역시 객관식보다 정해진 분량이 없는 자유 논술 시험에 강한 편이다. 일반적으로 객관식이 쉽다고 하는데, 나는 어이없는 오답을 자주 냈다. 몰라서 틀리는 것보다 귀신에 홀린 것처럼 도대체 왜 이런 답을 선택했는지 의아할 정도인 경우가 많다. 그래서 대학에서부터는 되도록이면 객관식 시험을 피하는 쪽이었다.

내가 중고등학생 과외를 하려고 처음 만나면 부모님이나 아이들 스스로 먼저 성적을 털어놓는다. 나는 성적에 대한 얘기는 제쳐두고 아이에게 묻는다.

"공부 재미있어? 이 부분은 어떻게 생각해? 교과서엔 설명이 잘 되어 있어? 왜 그렇게 생각하지?"

교과목의 내용을 교수하는 것이 아니라, 교과목 내용에 대한 아이의 반응을 같이 탐구한다. 가끔 아이들 중에는 절절매면서 "저한테 왜 그런 걸 물어보시는 거예요? 차라리 숙제를 더 많이 해올게요."라고 답하는 경우도 있다. 평소에 굉장히 순종적인 아이들이 이렇게 반항적으로 반응하는 것이다. 나는 문제를 족집게처럼 집어주지 않았다. 대신 스스로 자신과 맥락이 어떻게 반응하는지를 질문하게 도와줄 뿐이며, 그렇게 해서 성적이 오르는 것은 부수적인 결과다. 공부나 시험은 재미있지 않더라도, 학생 자신의 독특성을 발견하는 것은 흥미로운 일임을 스스로 깨닫는 것이 더 중요하다.

이런 질문들로 삶을 채우면 성공과 실패가 구분되지 않는다. 모든 결정과 외부의 환경 변화는 나의 다음 단계를 설계하는 데에 필요한 탐구 과정일 뿐이다. 내가 전업주부가 되든 교수가 되든, 내 자신에게는 차이가 별로 없다. 교수가 되면 맘껏 연구하지 못했을 것을 전업주부로서 하고 있으니 말이다. 나는 엄마와 아내, 옆집 사람, 친구로 살아가는 것이 내게 어떤 의미인지를 연구한다. 더불어 '나'라는 맥락 안에서 아이와 남편, 친구들은 어떤 사람인지를 함께 찾아준다. 그들이 각자 역할에 따라 어때야 한다는 기준이 아니라, 자기만의 과정과 모습이 드러나는 역할을 탐구한다. 그리고 나와 너무도 다른 아이, 남편, 친구들을 발견하는 데에 내가 함께하는 즐거움도 역시 크다.

정해진 기준, 수치와 비교하는 데에서 오는 불안은 시시때때로 우리를 덮친다. 끊임없이 변화하는 맥락 안에서 나의 독특성을 발견하면서 이러한 불안을 이겨 내는 과정 자체가 '나다운 삶'이 된다. 내가 그런 만큼 아이들과 남편의 고유성과 독특성을 발견해 나가는 과정 역시도 함께할 수 있을 것이다.

가족을 내버려둘 수 있는 용기

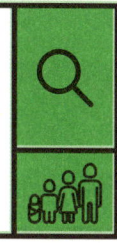

"제가 원하는 육아 방식에 남편도 동참시키고 싶은데 쉽지 않습니다. 어떻게 해야 할까요?"

내가 쓰는 글을 읽고 한 독자 분이 질문을 해왔다. 답은 개별 상황에 따라 구체적으로 달라지겠지만, 나는 일반적인 이야기를 해보고자 한다.

나는 이런 상황에 보통은 아무것도 안 하고 내버려두는 '방법 아닌 방법'을 쓴다. 이는 배우자뿐 아니라, 아이에게도 마찬가지다. 가족의 특수성, 즉 서로 사랑하고, 아주 오래 함께 살아야 하고, 그리고 서로 많은 것을 배워야 하는 관계이기 때문이다. 그래서 나중에 서로 책임지고 원망할 만한 말이나 강요를 하지 않고 '이렇게 해야 한다. 어떤 것이 옳다.' 식의 이야기를 하지 않는다. 다시 강조하지만, 이는 가족이기 때문에 더욱 그렇다.

모든 인간의 공통된 특성을 살펴보자. 좋고 나쁜 것이 아니라, 인간을 인간이게 하는 식욕이나 성욕처럼 보편적 특성 말이다. 그중 하나가 바로 고난과 불행이 아닐까?

　남이 보기엔 한평생 꽃길만 걷는 것처럼 보이는 사람조차 누구나 자기 몫의 불행과 고난이 있다. 나무랄 데 없이 좋은 가정에서 자라는 어린아이들도 사는 것이 쉽지 않다. 당장 먹고 싶은 사탕 하나를 빼앗기는 것도 그 아이에게는 엄청나게 힘든 고난이 맞다. 불행을 외부로부터 오는 사건이 아닌, 식욕, 성욕같이 인간의 보편적 특성이라고 생각하는 이유는 인간은 본능적으로 불안을 타고났고, 어떤 상황에서도 불행거리를 읽어 내고야 말기 때문이다(진화론에서는 불행에 대비하는 이런 성향이 온갖 위험 속 야생에서 살아남는 데에 유리하다고 설명한다. 철학에서는 행복이란 애당초 불가능한 개념이라고 하고, 종교에서는 원죄나 인생고라고 설파한다).

　또 다른 하나의 인간이 가진 본성은 자기 합리화다. 흔한 말로, '핑계 없는 무덤 없다.', '잘되면 내 덕, 못되면 조상 탓.'이라는 딱 그것이다. 고난이나 실패에 대해 인간은 자연스레 남 탓을 먼저 찾는다. 인성이 나빠서가 아니라, 본능적으로 당장 그렇게 해야 잘 살 수 있을 것 같기 때문이다. 남 탓이면 일단 마음이 편하지 않은가? 불행이 줄어들지는 않지만 어쨌든 이유를 쉽게 납득할 수 있고, 이 고난이나 실패를 벗어나려고 내가 뭔가를 애쓰며 하지 않아도 되니 말이다.

　고난·불행, 자기 합리화라는 두 가지 특성이 마음껏 발휘되는 관계가 바로 가족이다. 일곱 살짜리도, 열일곱 살짜리도 반항을 한다. 가족에게는 별것 아닌 일로 화내지만, 남들에게는 예의 바르고 수줍어하기까지 하는 아이들도 많다. 이 반항과 화가 따지고 보면 '부모 탓'을 하고 있는 것이다. 커서도 부모님 때문에 잘못된 결혼을 했다거나 적성을 못 찾았다고 한다. 부모님이 감금시켜놓고 강제한 것도 아닌데 그렇게 느껴지곤 한다.

자식만 그런 것이 아니다. 부모도 사회생활에서 오는 스트레스로 인해 화내는 대상이 주로 가족 중 누군가이다. 직장 상사에게는 쉽게 화내지 않는다. 가족이 직장 상사보다 더 중요하고 사랑하는 사람인데도 그렇다. 더 심하게 말하자면, 남 탓과 자기 합리화의 욕구를 실현하기 위해 가족이 서로 필요한 것인지도 모르겠다. 심지어 나의 뜻을 따라주지 않아서 나를 불행하게 하는 사람으로 지목되는 대상도 주로 가족이다.

가족의 이러한 특성이 일부에만 한정된 특수하거나 나쁜 경우는 아닐 것이다. 인간의 본성과 가족의 본질적 특성이기 때문에 어떤 가정이나 예외가 없다. 식욕이나 성욕이 그 자체로 나쁘거나 좋은 것이 아닌 것처럼. 그러니까 가족에 대해 이런저런 염려나 불만이 있다는 것은 지극히 당연한 일이다(역시 식욕이나 성욕이 심하면 식이장애나 성범죄로 이어지는 경우처럼, 가족에 대한 불만과 갈등이 병적이거나 범죄에 해당되는 정도의 특별한 케이스까지 말하는 건 아니다).

내가 자라면서 가족관계에서 겪은 어려움 때문에 이십 대에는 정신분석이나 심리학 공부를 하면서 내 상처를 치유하고자 했고, 삼십 대 초반 내 가족을 이룬 후에는 좋은 가정을 만들려고 갖은 애를 썼다. 그런데 아무것도 제대로 안 됐다. 이때 내가 공부한 바대로라면, '내가 아무리 노력해도 어려서 겪은 트라우마 때문에 안 되는구나.'라며 부모 탓을 하기 딱 좋다. 한동안 그렇게 울면서 사니까 속이 후련해지는 것 같기는 한데, 어쩐지 비겁한 기분도 들었다. 정확하게 표현하긴 어렵지만, 좀 웃긴 것도 같았다.

그래서 처음에는 가족이라는 제도 자체가 사회적으로 철폐되어야 하고, 아예 혼자 사는 것이 답이 아닐까도 생각했다. 하지만 이 생각도 포기했다. 왜냐하면 일단 가족은 인간의 본성을 배설하는 훌륭한 역할은 하고 있는 셈이니까. 그래서 당연한 의문도 풀렸다. 수천 년 동안 비극과 불합리의 온상인 가족 제도가 사라지지 않은 이유를 말이다. 이런 이유로 일부다처제든, 동성 결혼이든, 핵가족이든 형태는 계속 바뀌어도 가족이라는 개념 자체는 사라지기 어려울 것이다.

어린 시절의 상처를 치유하는 것보다 더 좋은 것은, 아예 치유할 상처 자체가 없음을 알게 된 것이다. 친정 부모님이나 내 자신의 문제가 아니라, 그냥 나의 착각이었던 것이다. 또 내가 엄마가 된 현재의 가족에 대해서도, 모범적이고 좋은 가족을 만들겠다는 목표가 사라졌다. 배우자건 아이들이건 내 말을 안 듣고, 내 마음에 들지 않는 것이 당연한 것이다. 또한 그들도 역시 나에 대해서 불만을 갖는 것이 아주 자연스럽고 건강하게 본성을 마음껏 펼치는 것이라고 생각했다.

우리는 이렇게 사느니 차라리 이혼하는 게 낫지 않을까 싶을 정도로 싸우기도 하고, 아이들끼리도 온 마음을 다해서 상대를 미워하며 열정적으로 싸우는 것이 결코 나쁜 게 아니라고 격려한다(부모와 아이들은 싸우지 않는데, 이것은 자녀가 어릴 때는 부모와 아이의 힘의 차이가 너무 커서 자칫 폭력이 되기 쉽기 때문이다).

아무것도 안 하고 내버려두는 우리 가족만의 '방법'의 예와 과정을 설명하기 전에, 인간의 본성에 대한 이야기를 지루하게 한 이유가 있다. 우리가 모두 동시에 같은 생각을 하는 것은 아닌데, 누가 누구에게 강요하지 않고도 다소 신기한 실험들을 함께 한다. 주로 이상한 아이디어를 먼저 내놓는 사람은 항상 나이긴 하지만.

내가 글을 쓴 『부모는 관객이다』 독자들 중 '아이를 그냥 지켜보는 것이 어렵다.', '좋은 방법이지만 못하겠다.'고 하는 분들에 대한 답을 먼저 하고 싶어서이다. 만약 이런 육아관이 좋긴 하지만 실천이 어렵다고 생각하는 분들에게, 미리 전제되어야 할 한순간의 깨달음에 대해 설명하고 싶다. 가족은 원래 내 말을 안 들어주는 게 당연하고, 가족 때문에 불행한 것도 자연스러운 일이라는 이해가 있어야 한다는 점이다. 그래야만 내버려 두기가 가능하다.

내버려두는 것은 방치나 포기가 아니다. 역시 자기 합리화의 본성을 이용한다. 식욕이나 성욕도 잘 이용하면 예술이나 아름다운 사랑이 되지 않던가? 마찬가지로 자기 합리화와 가족의 사랑, 지속성을 이용하면 서로 강요하거나 희생하지 않고도 각자 자신의 가능성을 탐구하는 삶을 함께 만들어갈 수 있다.

성장과 배움은 고난과 실패를 딛고 일어서는 데에서 온다. 그러기 위해서는 남 탓을 하고 싶은 본성을 억눌러야 한다. '이건 나의 결정, 나의 행동 때문에 생긴 일이야.'라는 태도를 갖는 것은 솔직히 쉽지 않은 일이다. '엄마가 챙겨주지 않았어.', '아빠가 너무 강압적이었어.', '차별 대우를 받았어.', '엄마가 못하게 했어.', '부모님이 싫어할까 봐 어쩔 수 없었어.' 등의 생각은 정말이지 저절로 들고, 때론 너무나 확실해 보인다. 부모 입장에서도 마찬가지다. '남들도 다 그러니까 어쩔 수 없었어.', '그 시대에는 다 그랬어.', '사회구조적인 문제야.', '우리 집 형편이 안 좋았잖아.' 등의 생각이 들 수도 있다.

이런 생각이 사실이 아니라는 게 아니다. 우리 사회의 불합리와 부당함을 고치는 노력은 모두가 집단적으로 끝없이 고민해야 하는 일이고, 마음의 상처와 병은 반드시 치료받아야 하며, 범죄자는 처벌받아야 마땅하다. 하지만 한 개인, 즉 내 삶의 주인공이 내가 되는 것은 그런 책임 소재와 잘잘못을 가리는 일과는 완전히 다른 차원의 문제다.

우리 가족끼리 잔소리나 강요를 하지 않기로 한 근본적인 이유는 나중에 탓 듣기 싫어서가 아니라, 각자 인생의 주인공이 되기를 바라기 때문이다. 모든 본성을 다 동일하게 채워야 기쁜 것은 아니다. 인간에게는 성장의 욕구, 주인이고자 하는 욕구도 있다. 유치원을 다니건 안 다니건, 자퇴를 하건 아니건, 마흔에 은퇴를 하건 안 하건, 그 결정 자체의 옳고 그름은 죽을 때가 되어도 알 수 없다. 인생을 두 번 살 수는 없으니 포기한 선택과 현실을 대등하게 비교할 수 없기 때문이다(물론 경험과 연륜이라는 것이 무가치하다는 의미는 아니다). 그것이 인생의 묘미 아니겠는가?

재미있는 점은 내가 결정하는 나의 인생에 대해서도 자기 합리화가 작동한다는 것이다. 자기 합리화를 하기 위해 남 탓을 했는데, 내가 궁리하고 내린 결정, 내 것에 대해서는 어떻게든 좋게 해석하게 된다. 그러니까 스스로 결정을 고민하는 것은 더 좋은 정답을 찾아내기 위한 이유도 있겠지만, 더 중요한 것은 나만의 소중한 인생을 만들기 위해서이다. 그래야 내가 원하고 선택한 것에 대해 본성에 따라 무슨 일이 벌어져도, 남들이 뭐라고 해도, '나는 내 인생이 좋다, 그래도 잘 살았다.'고 자기 합리화를 할 수 있게 된다.

우리 부부가 결혼할 때에는 둘 다 의식적으로 생각을 해보거나 대화를 나누지 않고도, 미래에 대한 대강의 그림이 비슷했다. 실현 가능성과는 별개로 어쨌든 사회적으로 의미 있고 영향력 있는 직업에서 보람을 얻고, 아파트 크기를 늘려가고, 아이를 잘 키워서 괜찮은 대학에 보내는 것이 그때 우리가 그린 미래다.

그런데 결혼 3년 만에 내가 변덕이 나 버렸다. 성실한 도시 중산층 직장인으로 사는 것이 싫다거나 문제가 있다고 생각한 건 아닌데, 태어난 아기를 보고 있자니 뭔가 새로운 것을 찾고 싶어졌다. 그래서 남편에게 시골에 가서 살자고 했다. 시골이 좋아서는 아니고, 집값이 싸니까 일단 돈으로부터 자유로운 시간들이 생겨날 거라고 생각했다. 남편의 반응은 그야말로 미쳤냐는 태도였다. "난 죽어도 시골에서 못 살아."란 대답과 함께. 남편한테 회사를 때려치우라고도 꾀었는데 어림도 없었다.

"나는 조직에 속해야 사는 사람이야!"

'아, 입력! 내 남편은 서울에서 회사 월급을 받으며 살아야 하는 사람이다.'

그렇다면 내가 원하는 방향을 위해 남편을 갈아치워야 하는지를 다시 고민했다. 남편이 또 답했다.

"난 죽어도 이혼은 안 할 거니까, 네 맘대로 해!"

'다시 추가 입력. 남편이 순순히 안 물러나네. 남편을 바꾸는 노력을 하느니 내가 다른 걸 해보자.'

다른 방향을 생각해보면서 깨달은 것은 내가 도시 중산층이 아닌 무엇에 대해 아무것도 모르면서, 단지 원하기만 할 뿐이었다는 점이다. 그러면서 괜히 남편 핑계를 대려고 그가 동의하지 않을 것을 뻔히 알고서도 애꿎은 남편을 들쑤신 것이다.

도시를 떠나서 뭘 하고 싶은지도 사실은 몰랐다. 원래 나는 시골이나 자연을 좋아하는 사람이 아니었다. 그래서 처음에는 그냥 '서울을 떠난 사람'처럼 살았다. 남편은 멋대로 살게 내버려두고, 나는 내가 하고 싶은 것을 했다. 보디 용품, 화장품 같은 것이나 별별 음식을 직접 만들어보고, 아무 책이나 읽고, 아이도 내가 키우고 싶은 대로 키우고, 대학원 공부도 내가 궁금한 것만 논문으로 쓰고, 아무 곳이나 다니고, 만나고 싶은 사람을 만나고, 돈 벌고 싶을 때는 과외나 상담도 하고, 부모님이나 남편이랑 싸우고 싶으면 실컷 싸우고. 그렇게 10년을 잘 지냈다.

그런데 어느 날, 뚱딴지같이 남편이 은퇴하겠다고 선언한 것이다. 회사생활에 지쳤다는 것이 이유였지만, 내가 보기엔 그냥 멋대로 잘 사는 나를 옆에서 보고 따라쟁이가 된 것 같았다. 다들 마흔쯤 되면 회사생활에 지치긴 하지만, 그래도 견디고 잘 다니지 않는가? 남편의 책 『40세에 은퇴하다』에서는 기러기 생활을 하는 가족이 그립기 때문이라고도 했지만, 내가 다 정리하고 한국에 돌아가겠다고, 가족이 이유라면 회사는 계속 다니라고 했음에도 불구하고 남편은 멋대로 전화를 끊더니 사표를 냈다. 그러곤 한 달 만에 내가 있는 미국으로 찾아왔다.

갑자기 몸담고 있던 조직과 도시가 없어져 버리자 남편은 상당히 고전했다. 그러나 세상 사람 누구도 그에게 그러라고 한 사람이 없고, 스스로 선택한 것이라서 그런 고전 역시도 자기만의 것으로 치렀다. 나는 가족이다 같이 한국으로 돌아가서 살아도 좋으니, 너무 힘들면 다시 한국에 가서 다니던 직장으로 복귀하라고도 했다. 이직과 재입사 사례가 드물지 않은 직장이라 그렇게 머쓱할 일도 아니었다.

하지만 남편은 고집스레 자기 결정을 지켜 내는 것이다. 그리고 불끈 떨치고 일어나 시작한 것이 설거지다. 시키지도 않았는데 자기 존재의 의미를 찾기 위해서 부단히 애쓰며 얼마나 성실히 설거지를 하던지!

남편은 '내 결정'에 대한 자기 합리화를 통해 그렇게 의미 찾기를 하고 있었다. 남편이 회사를 계속 다녔다면 회사 내에서 승승장구를 했을지, 혹은 더 영향력 있는 새로운 일자리로 이직했을지, 아니면 승진에서 밀려 평범하게 월급이나 받으며 살게 됐을지 그건 알 수 없는 일이다. 그러니 남편이 7년째 정규직함 없이 시골에서 아무리 즐겁게 살고 있다 한들, 그때 어떤 결정이 더 옳았는지는 영원히 알 수 없다.

하지만 남편은 회사를 그만두고 닥친 예상치 못한 고난과 우울감, 불안 앞에서 누구 탓도 하지 않고, 자신의 결정이 옳았다는 자기 합리화를 위해 삶을 열심히 가꾸었다는 것만큼은 결코 부정할 수 없다. 직장생활을 하는 것보다 지금처럼 사는 것이 더 좋아서 잘된 일이 아니라, 남편은 자기 결정에 남 탓을 할 수가 없어서 상황을 잘된 일로 만들어 버린 것이다.

가족을 동참시키고 싶다면 우선 타인은 내버려두고 나만 잘하면 된다. 그것을 보고 옆에서 따라 할 수도 있고, 아니어도 괜찮다고 생각하면 된다. 그다음은 결과를 보여주는 것이다. 이것은 어린아이들에게 가장 효과적이지만 남편에게도 잘 먹힌다.

남편은 나보다 아이들을 더 살갑게 챙기는 너무나 좋은 아빠이지만,

아이들에게 버럭 화를 내기도 하고, 일반적인 잣대를 대고 아이들의 모자라는 부분을 채근하기도 한다. 공부를 안 한다거나, 자매끼리 싸운다거나, 예의가 없다거나, 정리를 안 한다거나 하는 것들 말이다. 나야 아이들을 내버려둔다. 그러니 남편이 그런 아빠인 것도 놔두기로 한다. 그리고 아이들에게도 아빠를 놔두도록 훈련시킨다(이런 이야기를 아이에게 들려줄 수 있는 것은 아이가 결정적으로 문제되는 행동, 즉 타인을 해치거나 거짓말을 한 적이 없어서다).

"아빠가 화내는 것은 타당한 이유가 있는 거야. 그러니까 아빠를 놔둬야 해. 그에 대해 네가 동의하지 않으면 넌 그냥 계속 하던 대로 하면 돼. 물론 우리는 가족이니까 아빠가 왜 화를 내는지는 이해하려고 노력해야겠지. 하지만 같이 화낼 필요도, 아빠 뜻대로 따라야 할 필요도 없어."

이렇게 시간이 지나니까 남편도 아이들에게 화를 안 낸다. 화를 내는 것이 아이들의 문제에 대한 것이 아니라 '나의 화'임을 직접 깨달은 것이다. 둘째도 마찬가지다. 잘 울고 떼를 쓰고 예민한 둘째는 그냥 성향이 그런 것임을 안다. 따라서 가족들이 여기에 반응하지 않는다. 하지만 그것이 절대로 외면은 아니다. 오히려 적극적으로 왜 화를 내는지 같이 이해하려고 노력한다. 분명한 것은, 화를 내고 우는 것은 그 사람의 것이지, 다른 가족에게서 원인을 찾지 않도록 해준다.

가족끼리 너무 냉정하다는 반응도 많다. 물론 이게 우리 이야기의 전부라면 가족이 필요 없게 느껴질 수도 있다. 하지만 가족은 분명 만나게 될 인생의 고난과 실패가 왔을 때 반드시 필요하다. "내가 뭐랬어? 내가 이럴 줄 알았다."라는 생각은 들지 않는다. 조언이나 강요를 한 적도 없고, 온전히 각자 내키는 대로 한 것이니 당연하다. 다만 사랑하기 때문에 스스로 성장 중인 가족원이 겪는 어려움을 함께 도와준다. 가족은 실패와 고난을 막아주는 사람이 아니라(그건 누구도 할 수 없는 일이며, 인간은 어떻게든 곤란하고 어려운 과정을 겪게 되어 있다), 실패와 고난이 왔을 때 지지하고 지켜주는 사람이다.

그렇게 자기 결정을 하면서 사는 사람은 또 다른 무언가를 찾아낸다. 인생이 자기 것이면 자꾸 더 가꾸고 싶어진다는 사실을 우리는 자본주의의 완승을 보면서 알게 됐다. 인간은 자기 것이기만 하면 꽃 한 송이도, 작은 방 한 칸도 더 소중하고 살뜰하게 가꾼다. 나도, 우리 가족도 인생을 그렇게 가꾸어 나가길 바란다. 각자 멋대로 살면서 서로 함께하는 데에 자주 등장하는 대사가 있다.

"그건 네 문제인 거 같은데."

이는 우리 가족의 유행어다. 가령, 그림 그릴 때 빨간색을 쓸지 주황색을 쓸지 고민하면 자매끼리도 그렇게 말해준다.

"네가 뭘 그리든 그건 네 문제야. 대신 다 그리고 오면 네 그림에 대한 내 생각을 말해줄게."

'시험 공부를 할까, 인형을 만들까?', '요새 살이 쪘는데 아이스크림을 먹을까, 말까?' 그렇게 물어도 똑같이 대답한다. 개인적인 문제이니 네 맘대로 하고 네가 책임지라고 한다.

"네 행동의 결과일 뿐이지, 벌은 없어."

성적이 나쁘거나, 엄마가 만든 밥이 맛이 없어서 굶거나, 사고 싶은 물건을 못 사는 것은 그냥 결과다. 공부를 안 하는 것에 대해 벌이 있을 순

없다. 자기의 삶이니까. 어려서부터 공부에 대한 부분을 내버려두면 그 사실을 잘 이해한다. 어른도 더 많은 소비를 하고 싶으면 직업을 갖고 매일 출근하면 된다. 부모가 아이들에게 화를 낸다면 아이 역시 그처럼 화를 내는 아이가 된다. 그 자체가 좋고 나쁜 것이 아니라, 그냥 내가 화를 내서 속 시원했다면 그 역시 의미가 있는 것이고, 당연히 결과가 따를 뿐이다.

흔히 가족끼리 "가족이 아니라면 누가 이런 쓴소리를 해주겠어?"라고들 한다. 하지만 다른 사람들은 가족만큼 엄격하지 않다. 가족만큼 자세히 파헤쳐 봐주지 않으니 말이다. 별것 아닌 일로 바깥에서 나쁜 소리를 들을 일은 생각처럼 많지 않다. 따라서 가족끼리도 서로 설렁설렁 봐주면 된다. 또한 "함께 살려면 의견이나 행동을 서로 맞춰서 고쳐야 하지 않은가?"라는 의견도 많다. 하지만 반대로 생각하면, 밖에 나가면 맞추고 따라야 할 규칙이 천지인데, 가족끼리라도 제멋대로 살면 안 되는 것일까? "어려서 모르는 현실이 있는데, 어떻게 어린아이가 하고 싶은 대로 내버려둘 수 있지? 그건 방임이 아닐까?"라는 주장 역시 곰곰이 생각해보자. 사실 아이들을 키우다 보면, 어른보다 아이들이 엄청난 것들을 알고 있는 경우가 많다. 또 어려서 잘 안 되는 것은 커서도 안 될 확률이 높다. 타고난 급한 성격이 어른이 되었다고 느긋해질 리 없으니, 생긴 대로 사는 법을 배우는 것이 서로 더 행복한 길이다.

물론 반드시 가르쳐야 할 진실은 있다. 사실 너무나 간단하다. 거짓말하지 않기, 그리고 남을 해치지 않기. 끝!

먹는 일의 사소함과 위대함

음식을 먹는다는 것은 몸이라는 기계에 연료를 공급하는 의미를 넘어 중요하고 거대하고 복잡한 일이다. 적어도 나에게 먹는 일이란 삶의 모든 것을 가장 구체적으로 드러내는 일인 것같이 느껴진다. 특히 가족들과의 삶에 있어서 핵심적인 역할을 한다.

'밥상머리 교육'이라는 말은 그저 한국에만 국한되는 고리타분한 옛날이야기가 아니다. 가족이 어떻게 사회 계층의 문화적 사고방식을 아이들에게 전수하는지를 연구할 때 가족의 저녁 시간을 연구하는 경우가 많다. 가족들이 어떻게 음식을 준비하는지, 밥 먹으면서 그날 하루 있던 일을 이야기하고 거기에 반응하는 행동, 대화의 진행 과정과 순서 등을 분석한다. 그러면 대화의 전개 구조, 가사에 대한 분배 방식 등 수많은 것들을 알 수 있다.

백인 중상류층의 문화적 선호, 사고의 전개 방식, 세계관이 식사 시간에 아이들에게 전달되는 과정을 보면 식사가 학교와 사회에서의 성패에 얼마나 영향을 미치는지가 드러난다. 자식에게 돈이나 부동산을 물려주고 명문 대학과 같은 스펙을 준비해주면서 계층이 대물림되는 과정보다 이 사소한 하루하루의 일상에서 벌어지는 문화 전수 과정이 더욱 지속적이고 강력할 수 있다.

자연 재료를 직접 요리해서 온 가족이 둘러앉아 화기애애한 분위기에서 식사 예절을 지키며 골고루 식사하는 것만이 정답이라는 의미가 아니다. 새벽에 출근해서 저녁도 함께 먹을 수 없는 직업을 가진 한 엄마는 아들들을 훌륭하게 키워 냈다(언제나 모범생이었다는 것이 아니라, 흔한 아들들처럼 주먹싸움도 하고 친구들이랑 어울려 놀러 다니기도 했지만, 이 과정을 통해 성숙한 어른으로 컸다). 이 엄마는 비결을 이렇게 말한다.

"나는 아이들 옆에 붙어서 이것저것 챙겨줄 시간이 전혀 없었어요. 교육에 신경 쓸 정신도 없었고. 그래서 딱 한 가지만 하기로 했어요. 단 한 끼의 식사도 사 먹이거나 남의 손에 맡긴 적이 없어요. 새벽에 아이들의 아침상을 차렸죠. 아무리 사고를 치고 혼날 행동을 해도, 항상 내 손으로 따뜻한 밥을 해 먹였어요."

이 아이들은 엄마가 차려 놓은 밥상을 보며 음식을 먹은 것이 아니라, 엄마의 최선을 읽었을 것이다. 여기서 밥이 중요한 이유는 일회성의 이벤트일 수 없기 때문이다. 하루 세 번 365일, 그리고 수십 년이었을 테니까. 또 다른 직장맘은 말한다.

"이유식부터 내 손으로 직접 해 먹였어요. 직장에 다니면서도 말이에요. 얼마 후 힘들어서 죽을 것 같았어요. 그래서 내가 살려고 음식 배달 서

비스를 이용하기 시작했는데, 메뉴가 다양해서 그런지 아이들도 더 맛있게 먹고, 나도 드디어 아이들을 보고 웃을 수 있게 됐어요. 이제는 아이들을 잘 먹이고 입히는 것보다 어떻게 하면 아이들에게 나의 밝은 모습을 보여줄까 생각해요. 그러려면 잘 쉬는 게 먼저더라고요."

이 엄마가 아이에게 전달한 메시지는 자기 자신을 먼저 돌보는 것이 남을 위하는 첫 걸음이라는 것, 그리고 좋은 엄마라는 자기 만족감보다 아이의 기쁨을 먼저 생각한다는 메시지가 될 것이다.

경제적으로 여유가 많지 않아서 먹고사는 일에 바빴던 한 아빠는 돼지, 닭 같은 동물을 직접 키웠다. 그리고 아이들과 키운 짐승을 도살해서 가공하고 요리해서 먹는 과정을 함께한다. 성인이 된 아이들은 어떤 상황에서도 살아남을 수 있다는 자신감, 아빠가 직접 정성 들여 키운 짐승을 먹는 경험을 하면서 더 부유한 친구들을 부러워하지 않고 자신만의 삶을 사는 용기를 키웠다고 말한다. 최고의 경험이었다고 말이다. 그들에겐 부자 친구들의 부모들이 돈으로 제공해주는 것들과는 완전히 다른 차원의 것들을 아빠와 함께했다는 사실이 중요했다.

어떤 엄마는 학원에 가기 전에 집에 와서 밥 먹는 시간이 아깝다고 외식비를 쥐어주기도 하고, 또 어떤 엄마는 도시락을 싸와서 학원 앞에서 기다리기도 한다. 이들 각각의 '먹는' 방식이 좋고 나쁜지를 함부로 논할 수 있을까? 그보다는 이런 일상 행동들에는 각자의 분명한 가치 판단이 있고, 그 메시지를 아이에게 전달하고 공유했다는 것이 중요하다.

나는 아이를 공부하는 학원에는 보내지 않을 것이다. 밥을 희생하는 일은 더욱 없을 것이다. 그러면 말하지 않아도 아이들이 '우리 엄마는 학교 공부보다 밥 먹는 것을 중요하게 생각하는구나.'라는 내 생각을 알아준다. 그런데 이렇게 생각하는 것은 나만의 가치관이다. 이는 사람마다 당연히 다를 것이고, 그것을 두고 우열을 가리는 것은 어리석다.

코로나 전에 큰아이는 동네 호수에서 조정을 했다. 그래서 일주일에 두 번씩은 집에서 저녁을 먹을 수 없었다. 우리 집에서 조정은 학교 공부보다 중요했으니 도시락을 쌌다. 대단한 것은 아니다. 집에서 구운 빵에다 집에서 만든 잼이나 견과류 버터를 발라주거나, 김밥이랍시고 달랑 김치 하나를 넣어 말아주는 식이었다.

전에는 아이들과 매년 적어도 한두 달 동안 한국에서 지냈다. 그럴 때 아이들에게 한국 문화를 가르쳤다. 가장 좋은 것이 식사 관습이다. 한국 식당에서는 인원이 둘이든 셋이든 흔히 메뉴판을 하나씩만 주는 것을 보고 의아해하며 아이가 묻는다(요즘은 인원수대로 메뉴판을 주는 곳들도 많이 생긴 것 같지만).

"한국에서는 왜 메뉴판을 하나만 주는 거야?"

"남들이 뭐 시키는지 같이 보거든. 한 메뉴판을 보고 나눠 먹을 음식을 조정하기도 하고, 더 옛날에는 가장 나이 많은 어른이 알아서 다 시키기도 했어. 어른이 시키는 대로 다 똑같이 주문하는 경우도 있고. 어쨌든 내가 뭐 먹고 싶은지 크게 고민하지 않아도 괜찮았어. 남들이 뭐 시키나 눈치껏 알아내고, 거기에 어떻게 맞춰야 하는지를 생각하는 거야. 그러니까 각자 메뉴판을 보면서 다른 사람이 뭐 시키는지 알아보지 않아도 되는 미국이랑 좀 달라."

아이들은 이런 것을 알면서 재미를 느끼고 즐거워한다. 그래서 한국에 가면 어른들의 행사나 모임에도 가능하면 아이들을 동행시키고, 아이들 역시 그것을 좋아한다.

"식사에는 순서가 있는데, 한국에선 어른이 먼저 숟가락을 들 때까지 모두 기다려야 해. 미국에서도 호스트가 식사의 시작을 알리기는 하지만, 한국과는 좀 다르지. 미국에서 호스트는 '역할'이야. 그 역할과 그 사람이 동일한 건 아니라서 언제든 바뀔 수 있잖아. 하지만 한국에서는 아빠, 나이 많은 사람, 이런 역할이 그 사람 자체야. 역할과 개인이 잘 분리되지 않는 거지. 그러니까 한국에서는 '내가 무얼 할까?', '나는 어떤 사람인가?' 하는 생각보다는, 내가 이 조직에서 어떤 역할과 위치에 있는지를 파악하고 거기에 기대되는 행동을 하는 걸 중시하는 편이야."

그런데 이런 한국 식탁의 원리는 요즘에 아이들 위주의 식사 풍경과도 동일한 가치관이 반영된 듯하다. 서양인들이 처음 한국, 일본 등의 동양권 문화를 접하고 놀라는 점이 있다. 굉장히 엄격한 위계질서를 가진 사회이면서, 막상 그 질서 안에서 가장 아래를 차지하고 있는 아이들에게는 매우 관대하게 대하는 것이다. 그 좋은 예가 아이들에게 밥을 먹이느라 어른들이 아이들과 씨름하는 장면이다.

미국 식당에서 어린아이들과 식사하는 가족을 보면 내가 보기에도 정말 놀랍다. 돌도 안 돼 보이는 애 앞에 시리얼을 대강 흩뿌려주고 애가 하나씩 집어 먹든 말든 내버려둔다. 한국처럼 아이에게 밥을 먹이느라고 부모 중 하나가 절절매는 광경을 목격한 적이 없다. 동양권에서 아이에 대한 관대함은 이렇게 표현되는 것 같다. 그리고 이를 두고 엄격한 위계질서에 대한 일탈이나 배출 행위라고 해석되곤 한다. 그리고 이젠 이런 엄격한 위계질서가 많이 사라졌음에도, 한국에서 아이들은 '애가 그럴 수도 있지.'라며 좀 더 너그러운 특별 대우를 받는다. 특히 미국에서는 아이들이라도 자유와 자기표현을 위해 그에 상응하는 책임을 요구받는 것에 비해, 한국 아이들은 아직 어리다는 이유로 더 광범위한 자유가 허용된다.

내 친구들을 만나는 자리에도 아이들을 데려가는 것은 그 모든 식사 과정을 즐기고, 배우고, 역동을 이해하고, 사람을 관찰하고, 이야기를 듣고, 원하면 참여하도록 하기 위해서다. 그래서인지 내가 자주 만나는 친구는 아이들이 먼저 안다. "그분은 아이와 이야기하는 걸 좋아하지 않으니까 오늘은 나 혼자 놀 거리를 좀 챙겨가야겠네." 혹은 "그분은 나랑 대화를 잘하시잖아. 지난번엔 이런 걸 얘기했는데, 오늘은 뭘 여쭤볼까?"라면서 미리 준비를 한다.

예전에 우리 집에서 한동안 말다툼의 소재였던 것 중 하나가 바로 아이의 서양식 에티켓 교육이다. 포크, 나이프를 바른 손에 쥐고, 한 번에 하나씩 잘라서 먹고, 식기를 어떤 위치에 놓아야 한다는 식의 에티켓을 가르쳐야 하는지에 대해 말이다.

남편은 아이가 양손을 자기 멋대로 바꿔가면서 썰고 먹는 것이 못마땅하다고 했다. 자기처럼 그런 규칙을 중요하게 여기는 사람과 함께 밥을 먹으면 쓸데없이 나쁜 인상을 주게 될 것이기 때문에 아이들에게 이 에티켓을 어려서부터 제대로 가르쳐야 한다고 주장했다.

반면, 나는 규칙부터 가르치는 것보다는 일상에서 굳어진 규칙에 담긴 이유나 감정들을 먼저 느끼게 해야 한다고 주장했다. 그러고 나면 규칙을 스스로 판단할 수 있게 된다고 말이다. 규칙 자체보다는 스스로의 생각과 질문이 우선해야 하는 것이라고 판단했고, 그러면 나중에 반대로 그렇게 형식을 지키지 않는 사람을 만나도 성급하게 그를 오해하지 않을 거라고 생각했다.

모든 것은 질문에 있다. 우리가 당연하게 받아들이는, 특히 먹는 일만큼 분명하게 자주 반복되는 이 당연한 일상에 바로 세계관과 가치관이 들어 있다. 먹을 거리를 사고, 준비하고, 요리하고, 먹는 모든 과정에 말이다. 법처럼 어디에 정해지거나 쓰여 있는 것이 아니다. 우리의 사소한 행동과 선택 하나에 질문 거리가 즐비하다. 아이에게 무엇을 가르치고 싶거나, 내 인생의 무엇인가를 바꾸고 싶을 때 가장 쉽게 힌트를 얻을 수 있는 것은 단연코 먹는 일이다.

경쟁력 있는 집밥

 나는 설거지도 안 하고, 요리라고 할 만한 일도 안 한다. 그렇지만 즐겁게 먹고 산다. 요리를 비롯한 집안 살림에 소질이나 취미가 없고 게으른 나도 하는 정도인, 꽤 쓸 만한 방법을 소개할까 한다. 처음에 이런 질문에서 시작된 우리 집의 실험이다.
 '요즘 세상에 집에서 밥을 해 먹는 것이 과연 합리적인가?'
 가끔 한 끼 정도는 마음먹고 온갖 재료를 사고 시간을 투자하면 외식이나 간편식, 냉동 식품, 반조리 식품보다 맛있고 재미있게 만들 수 있다. 하지만 하루 세 번, 매일, 수십 년 이를 반복하는 것은 요리가 아니라 노동에 가깝다. 냉정히 판단하자면, 이렇게 지속적인 집밥은 결코 싸지도 맛있지도 않고, 영양 불균형이 와서 건강에 좋지도 않다.
 물론 건강에 좋은 식단을 계획할 수도 있지만, 나같이 요리에 소질이나 관심이 없으며 체력도 받쳐주지 못하는 사람에게는 무리다. 차라리 건강에 좋은 음식을 양심적으로 생산하는 곳을 찾는 편이 낫다. 요샌 직거래 생산자를 찾다 보면 훌륭한 철학을 가진 분들을 어렵지 않게 만날 수 있다.

거기에 노동은 어떤가? 마트에 가서 식재료를 사고, 옮기고, 씻고, 저장하고, 마지막에는 먹지 못한 부분을 버리는 데에도 엄청난 노동이 투입된다. 요리나 설거지 자체의 노동은 극히 작은 일부일 정도이다. 거기에서 끝이 아니라, 메뉴를 계획하고 선택하는 정신적 스트레스까지 더해진다. 그래서 결혼 전에 자취를 하던 시절, 나는 단 한 번도 요리를 하지 않았다. 아무리 이사를 해도 주방 살림이 없으니 홀가분하고 좋았다. 이것저것 골라 먹는 즐거움도 컸을 뿐더러, 이 세상에는 먹는 일 말고도 고민해야 하거나 재미있는 일들이 너무 많았다.

가족이 생기고 나자 집에서 직접 해 먹는 것에 대한 의구심이 더욱 커졌다. 친정 엄마가 한평생 우리 가족을 먹여왔던 것을 드디어 나의 입장에서 살펴보게 됐다. 엄마의 일생은 "도대체 뭘 해 먹어야 하나?"라는 끝나지 않는 근심의 연속인 듯 보였다. 무거운 돌을 산 정상으로 나르면 즉시 굴러 떨어져서 매일 이 고행을 반복해야 하는 벌을 받은 시지푸스가 연상됐다. 물론 엄마는 분명히 가족을 사랑했고, 그래서 이들을 먹이기 위해 온 힘을 다했고, 큰 보람과 나름의 즐거움도 느끼셨을 것이다. 알베르 카뮈가 『시지푸스 신화』에서 눈물겹도록 아름답게 묘사한 것처럼 인간은 그런 쓸모없는 고행의 상태에서도 의미를 찾을 수 있는 존재여서일까? 하지만 결국 한 사람의 삶을 갈아 넣어서 한 가족이 먹고 산다는 것만큼은 변함없는 사실 같았다. 그러니 엄마의 희생, 손맛, 집밥이 주는 위안을 사회문화적으로 칭송하는 것은 아마도 이런 희생에 대한 불만을 누그러뜨리거나, 희생의 당위성을 얻고자 하는 장치가 아니었을까 의심도 들었다. 다른 대안도 없는데, 누군가는 해야만 하는 일이니 말이다.

하지만 냉정히 말해, 내가 가정을 가진 이 시대에는 집밥이란 진짜 특별한 취미가 아니고서는 굳이 할 이유가 없다. 산 위로 돌을 자동으로 올려주는 케이블이 개발된 것이나 마찬가지인데, 굳이 직접 돌을 밀어 올릴 필요가 없는 것과 같다. 아이의 이유식부터 시작해서 집밥이란 현대인들의 예측 불가한 일상의 스케줄, 그리고 대량 생산과 물류의 시대임을 고려하면 경쟁력이라고는 조금도 없음을 부정하기 어렵다.

그렇다면 '경쟁력'이란 어떤 의미일까? 운동이라고는 전혀 하지 않아 십 대에도 100미터 달리기를 23초에 골인했던 내가 올림픽 금메달리스트와 경쟁해서 이기는 방법을 생각해보자. 1초라도 기록 단축을 하기 위해서 열심히 훈련한다고 해서 과연 내가 승리할 가능성이 있을까?

하지만 만약 '경쟁'의 정의와 의미를 새로 정하면 어떨까? 이는 창의적인 경쟁이 된다. 스톱워치라는 전제를 필요로 하지 않는다면, 100미터 달리기 경쟁 중에 시간 기록은 여러 경합 방법 중 하나일 뿐이다. 중년 아줌마의 단거리 달리기에 대해 멋진 글을 쓸 수도 있고, 달리기 어플을 개발하거나 클럽을 조직해서 사업을 일으킬 수도 있다. 혹은 국제 대회에서 우승해야 하는 압박 대신, 달리기 자체의 기쁨과 환희를 즐길 수도 있다. 아무도 몰라주겠지만, 나 자신만은 확신할 수 있는 승리 아닌가?

정리하자면, 각 경쟁에는 성공을 정의하는 목표가 있고 이를 측정하는 수단들이 따로 있다. 원래는 100미터를 빨리 달리는 것이 목표이고, 초를 재면서 목표에 접근하는지를 측정한다. 하지만 우리는 새로운 질문을 던짐으로써 목표와 측정 방법을 새롭고 창의적으로 만들어 낼 수 있다. 달리기를 해서 진짜 얻고 싶은 것은 무엇인가? 100미터를 세계에서 가장 빨리 달린다는 것의 궁극적인 목적은 남들보다 육상 실력이 뛰어나다는 인정을 얻는 것이다. 자기와의 고독한 싸움이라고 포장해도 마찬가지다. 자기와의 고독한 싸움이 궁극적인 목적이라면 사십 대 아줌마도 자신의 23초 기록을 1초라도 줄이면서 그 목표에 도달할 수 있다.

집밥으로 돌아가보자. '맛있게, 건강하게, 싸게' 세 번 먹는 것이 목표라면 집밥은 해보나 마나 경쟁력이 없다. 하지만 목표와 측정의 방법을 달리 한다면 거기서 경쟁력이 생길지도 모르겠다는 생각부터 시작했다. 그게 무엇이 될지 처음에는 절대로 알 수가 없다. 이런 종류의 경쟁은 목표와 측정 방법을 알아내는 동시에 성공이 보장되는 일이니, 처음에 시간이 걸리는 것을 각오해야 한다. 100미터 달리기에서 스톱워치를 버리고 금메달리스트를 이기는 방법이 뭔지 어떻게 단번에 알겠는가?

일단 집밥을 포기해보았다. 진정한 경쟁력을 알아내려면 막강한 상대와 경쟁하는 노력 자체를 하지 않아야 한다. 그리고 막강한 상대의 장점들을 최대한 많이 이해해야 한다. 그러고 나면 드디어 상대의 약점들이 느껴지기 시작한다. 그래서 일단 집에서 소금을 제외한 모든 조미료, 향신료, 그리고 복잡한 조리 도구를 없앤다. 외식이나 공장 부엌이 가진 장점들을 흉내낸 모든 것을 없앤다. 이 상태로 집에서 밥을 해 먹어본다. 특별한 준비 없이 콘도에 놀러 가서 해 먹는 것과 비슷할 수도 있는데, 그보다도 더 간소하고 단순하면 좋다. 전기밥솥 같은 것마저도 없으면 좋다.

밥물 등을 청소해야 하고, 남은 밥을 다음 끼니에 먹게 보관하거나 버려야 한다는 귀찮음이 있으니 말이다. 코팅팬, 전자레인지, 전기주전자, 토스터 등도 대부분 없앤다.

처음에는 외식이나 간편식 소비가 늘어난다. 한동안 그렇게 해보면, 드디어 이런 식사의 약점을 직접 경험하고 깨닫게 된다. 그다지 편하지 않다는 점 말이다. 가격, 맛, 메뉴, 건강에 해로운 정도 등 아주 많은 것을 고려해 선택해야 하고, 그 선택이 매번 성공하는 것도 아니다. 가족들의 의견과 시간을 조율해 나가서 먹는 것은 말할 것도 없고, 전화 걸고 기다리고 포장 쓰레기 뒷정리를 해야 하는 배달식도 귀찮은 일이다. 마트에서 간편식을 사 먹는 것도 벌거롭고 질리기는 마찬가지다.

이런 문제를 느낄 수 있던 것은 역설적이게도 집밥의 허접함이 극에 달했기 때문이다. 집에서 우리가 먹는 것에는 어떤 이름도 없다. 호박전이나 호박나물이 아니라, 그냥 호박에 물을 조금 뿌려 열을 가해서 익혀 먹는다. 소금 간은 하기도 하고, 안 하기도 한다. 밥은 압력솥에 전부 현미밥으로 하는데, 하루 중 아무 때나 심심할 때 해 놓고 먹고 싶어지면 그냥 차갑거나 미지근한 상태로 먹는다. 백미는 식었을 때 맛이 없는데, 현미는 식은 맨밥을 꼭꼭 씹어 먹어도 괜찮다는 것을 차차 알게 되었기 때문이다. 이런 식으로 재료의 특성을 익혀 나가면 설거지할 것도, 상 차리고 치울 것도 거의 없다. 물로 익히지 못하는 식재료나, 재료 준비를 위해 별도의 조리 도구가 필요하거나 물로 헹구는 정도 이상의 설거지가 필요한 식재료는 집에서 안 먹는다. 대표적인 것이 고기다. 너무 먹고 싶으면 주저 없이 나가서 사 먹으면 그만이다. 여기서 정말 궁금할 것이다.

'이렇게 먹는 것이 가능해? 야채의 비린 맛과 쓴맛은 어떡하지? 그냥 만날 외식만 하겠다…….'

나도 이 실험을 시작하면서 그게 궁금했다. 나는 먹는 즐거움이 인생에서 최상위에 있는 인간이니까. 그런데 신기하게도 점점 외식이 줄고 이 허접한 집밥이 늘어난다. 이유는 귀찮아서다. 허접하기 때문에 우리의 집밥은 강력한 경쟁력을 확보하게 된 것이다. 일단 이런 식으로 먹으니 너무나 편하다. 하루에 열 끼를 집에서만 먹어도 하나도 귀찮지 않다. 그렇다고 해도 맛에 대한 의구심은 가시지 않을 것 같다. 이렇게 먹는 맛은 어떨까? 너무 역하지는 않을까?

직접 해본 나도 이것이 최대 미스터리다. 요새도 우리 식구들의 식사 자리에서 심심치 않게 등장하는 대사인데, "어떻게 이게 먹을 만한 맛인 거지?"라는 것이다. 호박을 그냥 익혀서 먹으면 호박 맛이 나는데, 진짜 그냥 호박 맛인 거다. 훌륭하게 맛있지도 않고 맛없지도 않고, '아, 호박 맛이구나.'라면서 먹는다. 맛의 미스터리는 여기서 끝이 아니다. 우리 가족은 호박전이나 호박나물을 좋아하는데, 아무리 좋다고 해도 한 달 내내 이들을 먹는 것은 힘들다. 질리기 때문이다. 그런데 그냥 호박은 365일 먹어도 질리지 않는다. 맛있어서가 아니라, 첫날에도 365일째에도 딱 그 정도로 '먹을 만'하다.

지인들이 우리 집에 방문할 때 가장 궁금해하는 것 역시 식사다. 보통 손님이 오면 접대용 음식이나 외식을 한다. 그런데 우리 가족의 실험적 삶에 특별한 관심을 가진 사람들은 미리 신신당부를 하는 경우가 많다.

"제발 손님 대접한다고 따로 준비하지 말고, 평소랑 똑같이 주세요."

우리가 구체적으로 무엇을 먹는지 미리 겁을 잔뜩 줘도 막무가내일 때 "욕하지 말아요."라고 다짐을 받고 실행에 옮긴다. 지금까지 대략 십여 명 쯤 되는 이 방문자들의 반응은 신기하게도 우리 식구와 똑같다.

"사실 오기 전에 걱정을 하긴 했어요. 먹고 뱉고 싶어지면 어떡하지 싶어서요. 근데 생각보다 훨씬 괜찮아요. 훌륭한 음식을 먹었을 때처럼 감동적으로 맛있는 건 아니지만, 이런 식으로도 먹을 만하다는 생각이 들어요."

여기에 사후 후기까지 모두 똑같다. 각자 집으로 돌아간 다음, 따라 해본 이야기를 들려준다.

"집안일이 줄어드는 게 너무 좋을 것 같아서 집에 가서 똑같이 해봤는데, 저흰 도저히 못하겠어요. 그 맛이 안 나요! 그러다 어영부영 원래대로 돌아갔죠."

이들은 우리 집에서 제공하는 집밥의 진짜 경쟁력이 맛의 영역이 아니라, 단순함과 편안함에 있음을 충분히 인식하지 못한 것이다. 식기와 식탁조차 일반적인 식사에 맞춘 형태가 아니다. 군대식판처럼 각자 식기 하나씩 들고 알아서 퍼먹는다.

거기에 또 하나의 비결은 맛의 자유가 아닐까? 호박전, 호박나물, 된장찌개의 호박에는 엄격한 맛의 기준이 있다. 익힘의 정도, 소금 양, 써는 크기 등에 있어서 기준이 있다. 그 기준에 맞지 않으면 맛없는 음식이 되니까 좀 먹다 보면 곧 질린다. 그런데 우리처럼 호박을 익혀서 먹으면 때마다 호박의 당도가 다르고, 익혀진 정도도 다르고, 자르는 것도 제멋대로인데, 그냥 오늘의 호박은 이런 맛이거니 생각하며 먹는다. 맛의 기대와 맥락으로부터 해방되는 것이다.

사실 이런 식사는 평생 해본 무수한 실험 중 가장 기이하고 이상한 경험이다. 그래서 줄곧 다른 가족들에게는 권하고 싶지 않다고 말한다. 나 역시 이 실험을 하면서 가족에게 강요한 적이 없다. 내 자신부터 '이게 얼마나 오래갈까?' 의심하며 시작한 거니까. 그래서 언제든 정상으로 복귀하려고 마음먹고 있는데, 어쩌다 보니 어이없게 계속 이어지고 있다. 그것은 아마도 우리 집밥이 고유의 경쟁력을 얻었기 때문이라고 생각한다. 간편식과의 경쟁에서 이미 정해진 기준(특히, 맛)을 버리고 오로지 고유의 맛, 고유의 노동 절차를 택했기 때문이다.

집밥의 경쟁력은 여기서 멈추지 않았다. 자체의 생명력을 가지고 진화한다. 우리 가족은 밀을 갈아서 빵을 만들고, 콩을 불려 된장, 간장, 낫토를 직접 만들고, 요구르트와 과일잼도 만들고, 야생풀을 채취한다. 먹는 일에 오히려 너무 많은 노동이 투입되는 것이 아니냐고 할지도 모르겠다. 비법은 바로 집밥의 시스템을 만드는 데에 있다. 간단하게 말해서, 매일 반복할 수 있는 체계다. 말 그대로 매일 똑같은 것을 먹는 것이다. "오늘 뭐 먹지?"라는 질문이 아예 성립되지 않게 말이다.

매일 우리의 식사를 대강 살펴보자. 아침은 전날 개인 그릇을 하나씩 만들어 냉장고에 넣어 두고서 각자 꺼내 먹는다. 아이들의 경우, 자는 엄마를 깨우지 않고 아침을 먹고 가는 것이다. 보통 먹는 내용물은 어떨까? 매일 밤 우유를 데워 요구르트메이커에 넣어 두면 아침에 완성돼 있는 요구르트에 냉동실의 야생 블랙베리 한 컵을 넣어 먹는다. 우리 가족이 8월 한 달 동안 매일 수확해서 냉동시켜 둔 것이다. 이게 반년치고, 나머지 반년은 냉동 블루베리를 먹는다. 그리고 여러 견과류 열 알 정도를 생으로 먹는다. 또 치아씨, 아마씨, 햄프씨 등을 두 순갈 정도 먹고 보리, 귀리, 메밀을 볶아 섞어둔 곡물류를 두 순갈 넣는다. 즉, 요구르트에 다양한 내용물을 넣어 먹는 것이 바로 아이들의 아침이다. 매일 메뉴가 똑같이 고정된 것은 아니다. 아이들 취향에 따라서 요구르트만 먹기도 하고, 이것저것 넣어보면서 자기가 원하는 대로 결정해서 먹는다.

점심의 경우, 일주일에 두 번 빵을 구워 잘라서 냉동한 것을 매일 꺼내 다시 토스트해 먹는다. 빵에는 버터, 너트버터, 잼 등을 발라 먹고, 가끔 치즈를 얹어 굽거나 크림치즈를 사서 발라 먹기도 한다. 도시락을 쌀 때에도 빵, 치즈 조각, 너트버터, 잼, 말린 과일, 다크초콜릿의 조합으로 아이들이 직접 싸 둔다.

저녁에는 제철 야채들을 대접에 한가득 수북하게 해서 먼저 배를 적당히 채운다. 브로콜리, 콜리플라워, 비트, 연근, 각종 버섯, 부추, 시금치, 양파, 미니양배추, 케일, 셀러리 등 아무 야채나 가능하다. 야채를 오븐에 구운 후 아무 양념 없이 그대로 먹는 것이다. 설거지를 최대한 간편하게 하기 위해서다. 전에는 앞서 언급한 호박처럼 쪄 먹었는데, 구운 야채가 훨씬 맛있다는 것을 발견하고 이렇게도 먹는다. 종종 취향껏 소스를 얹어 먹기도 하지만, 그것은 각자 알아서 선택한다. 야채를 먹은 후, 같은 그릇에(설거지를 줄이기 위한 것이기에 매우 중요하다!) 현미밥에 집에서 만든 낫토, 고추장, 올리브오일과 소금, 굽지 않은 생김, 두부(야채 구울 때 같이 넣고 데운 것), 직접 맘대로 담근 김치(양배추, 배추, 무를 썰어서 소금에 절여 물을 빼주고 새우젓, 마늘, 고춧가루, 설탕을 넣고 섞어서 김치 흉내를 내 담근 것이다)를 먹는다.

'입맛이 짧거나, 도저히 이렇게 못 먹겠다고 하는 가족이 있으면 어떻게 하지?'

이는 아주 좋은 소식이다. 이런 시스템에서는 누구도 하기 싫은 귀찮은 일을 할 필요가 없다. 그런데 이 이상을 원하는 사람이 있다면 '직접' 하면 된다! 사실 내가 그랬다. 친정 엄마가 한 번 먹은 건 연속으로 못 먹는 분이라서 매끼 새로운 반찬을 먹고 살았다. 그런데 내가 매끼 새로운 식사를 원해서 직접 요리를 해야 하는 상황이 되면 저절로 입맛이 교정된다. 한두 번은 잘하다가 서너 번째가 되면 노동이 싫어서 그럭저럭 먹을 만한 것들이 앞에 놓이면 진심으로 맛있게 느껴진다.

혹시 꾸준히 직접 노동을 해도 지치지 않는 사람이 있다면 그건 모든 가족에게 경사다. 덕분에 얻어먹으면 되기 때문이다. 대신에 재료 구입, 손질, 이후 설거지까지 혼자서 다 해결하게 두어야 한다. 이때 시스템의 힘이 또 발휘된다. 자처해서 노동하는 사람은 혼자만 일한다면서 화가 생기지 않게 된다. 이미 시스템이 존재하는데 자기가 원해서 추가 노동을 한 것이 명백하니까.

가끔 우리 집 아이들이 먹고 싶은 것이 있는데 혼자 노동을 하기 싫으면 함께 나눠서 해보겠다고 나선다. 아이들이라 재료를 사러 가는 것은 부모가 해줘야 한다. 그래서 우리가 사줄 때까지 기다렸다가 나머지 모든 일은 자기들끼리 알아서 한다. 그런데 이렇게 한두 번 하고 나더니 끽 소리도 안 하고 그냥 주는 대로 먹는다. 아무것도 안 해도 얻어먹는 음식 맛이 최고임을 그렇게 깨달은 것이다.

"밀까지 직접 갈아 빵을 구워 먹고, 낫토, 간장, 잼, 요구르트 등 전부 만들어 먹는 게 어떻게 노동이 없는 거야?"라고 반문한다면, 위 시스템에서 메뉴 구성 기본 원칙의 특성을 잘 살펴보라. 우리 집밥은 시간에 얽매이지 않는다는 점이 핵심이다. 미리 아무 때나 내킬 때 만들어 놓고, 먹고 싶을 때 바로 먹는 것 말이다. 야채도 하루 중 심심한 시간에 씻어서 트레이에 깔아 오븐에 넣어 놓는다. 밥도 아무 때나 그렇게 생각날 때 지어 놓는다. 한 영양학자가 말하기를, 찬밥이 탄수화물 구조의 변화로 칼로리 관리나 당뇨 예방에 유리하다고 하니 그 또한 희소식이다. 꼭 그 이유로 이렇게 먹은 것은 아니지만 말이다. 곡물의 경우에는 2주에 한 번씩 볶아 두고, 낫토도 3, 4일에 한 번씩 만들고, 된장과 간장은 그야말로 심심할 때 만든다.

결국 아무 때나 마음대로 하고 싶을 때 하는 것이 중요한데, 그것이 가능한 음식이 바로 발효 음식이다. 대부분의 다른 음식들은 맛있는 때가 정해져 있다. 주로 조리 직후인 이 골든타임을 맞추려면 정해진 시간에 얼른 만들어 내고 제때 제공해야 하기 때문에 시간의 노예가 될 수밖에 없다. 그렇지만 발효 음식은 시간을 내 마음대로 조절할 수 있다. 최고의 맛을 내는 시간 범위가 굉장히 넓기 때문이다. 게다가 요즘에는 냉장고나 오븐, 요구르트메이커 등 신식 기계를 이용하면 정말이지 식은 죽 먹기다(게다가 가격도 엄청나게 싸다). 미생물도 생명이라 아이나 농작물을 키우는 것처럼 처음에 환경만 잘 조성해주면 스스로 강인하게 자란다. 이렇게 준비한 발효 음식이야말로 가장 빠른 패스트푸드다. 게다가 몸에도 좋으니 그야말로 금상첨화가 아닌가?

이렇게 만든 된장은 밥에 쓱 비벼 먹기만 해도 맛있다. 집에서 콩을 불려 만든 된장은 살균되지 않아 살아 있는 발효 상태라서 맛이 정말 좋다. 발효 음식 만들기가 어렵다고 생각한다면 그것은 현대 기술의 진보를 잘 모르는 것이다. 따뜻한 물이 철철 나오고, 냉장고가 있고, 오븐 안의 온도계와 용기까지 너무 편하다. 된장이든, 간장이든 현대 일반 가정 부엌에서도 만들기가 정말 쉽다.

결론적으로 말해서, 재료 준비, 설거지, 요리, 심지어 배달시키고 쓰레기 치우는 일만 해도 이 노동을 다 합하면 내가 빵을 굽고, 된장, 간장, 고추장을 만드는 것보다 적지 않을 것 같다. 그리고 발효 음식이 시간에 따라 달라지는 맛에 익숙해지면 똑같은 음식이라도 질리지 않는 장점이 있다.

365일 이렇게 먹는 건 아니다. 먹고 싶은 것을 참는 것도 아니고, 요리하고 싶을 땐 즐겁게 한다. 강제로 고집스레 실천하는 것이 목표가 아니라, 어떤 음식이건 노동이건 자유로운 내 선택이기 위해 필요한 원칙이다. 예외 없는 규칙은 없으니까. 규칙은 그 자체보다는 모두가 천천히 시간을 들여서 쌓아 나가는 시스템이라서 더 의미 있다.

집밥,
노동 나눔이라는 멤버십

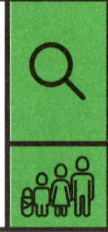

우리 집에서 음식 준비는 내가 한다. 그런데 구체적으로 따져보면 꼭 그렇지가 않다. 내가 부엌에 들어가기 전에 아이들이나 남편을 불러서(그때마다 가장 한가한 사람이 누구인지 정확하게 알고 있다) 시킨다. 냉장고에 있는 야채, 찬장에 있는 마른 재료들, 실온 보관 장소에 있는 양파 같은 것들을 꺼내 놓으라고 한다. 강제로 시키는 것은 아니다. 오늘 먹고 싶은 메뉴를 이야기할 때 우리 가족들은 스스로 먼저 이렇게 말한다.

"잡채가 먹고 싶어. 내가 야채를 씻고 썰게.", "코코아가 먹고 싶어. 내가 우유를 데우고 설거지를 할게.", "김치 먹고 싶어. 내가 마늘을 다지고 소금 절임 물을 비울게.", "스무디가 먹고 싶어. 과일을 씻고 쓰레기를 치울게."

가족 모두가 좋아하는 프렌치 양파 수프를 끓이려면 양파를 볶는 데에만 거의 1시간이 걸리기 때문에 돌아가면서 20분씩 볶을 수 있는지부터 먼저 의논한다. 치즈 가는 일을 할 사람도 정한다(보통 이 일은 90프로의 확률로 둘째가 담당한다. 둘째는 아직 키도, 손도 작아서 면제되는 노동이 많기 때문에 이렇게 자기가 할 수 있는 일은 냉큼 찾아서 한다. 그래야 나중에 자기 목소리를 낼 수 있으니까).

혹은 먹고 싶은 메뉴가 있는데 할 일이 많아서 바쁘면 대신 해줄 사람이 있는지 알아보고 다닌다. 아무도 안 해주겠다고 하면 포기한다. 그러나 그런 경우는 별로 없다. 누군가와 일을 서로 나누자고 설득하고 협상하다 보면 어떻게든 노동의 분배가 되기 때문이다. 누구도 특별히 먹고 싶은 것이 없거나 노동을 하고 싶지 않은 날에는, 앞서 이야기한 최소의 익힘과 재료 자체의 맛으로만 승부하는 매일의 메뉴로 먹는다. 바로 이것이 온전히 내가 제공하는 형태의 식사다.

만일 내가 요리하는 동안 쌀을 쏟았다거나 계란을 떨어뜨리는 등의 돌발 상황이 발생하면, 나는 소리 높여 상황을 알린다. 그러면 가족 중 누군가 뛰어와서 깨끗이 치워준다. 한창 요리하고 있다 이런 일이 발생하면 나는 너무 속상하고 짜증나서 포기해 버리고 싶기 때문이다. 내 성격이 이렇다는 것을 가족 모두가 안다. 식사 준비를 다 하고 모두 계획대로 밥을 먹으려면 다른 누군가 와서 치워줘야 하는 것이다. 그러면 나는 마치 이런 실수를 저지른 적이 없던 것처럼 계속 하던 일을 한다. 요리가 끝나면 남은 재료들을 제자리에 정리해서 넣는 것도 온 가족이 나눠서 한다.

대신 우리 가족에겐 무엇을 전담해야 하는 의무가 따로 없다. 가령 돈 버는 일은 아빠의 일이거나, 집안일은 엄마의 일, 공부하는 일은 자식의 일……, 이런 경계가 존재하지 않는다. 각자 주로 하는 일들이 있긴 하지만, 책임은 없다. 가족들에게 무엇을 해 먹일까 걱정하지 않는다. 내 일이 아니라, 우리의 일이기 때문이다. 아빠가 주로 돈을 벌지만, 그 액수가 '책임'이라고 하기에는 너무 작다.

대신 나머지 가족들은 힘을 합쳐 필요한 돈의 액수를 줄인다. 값비싼 외식이나 여행을 하자고 하면 아이들이 먼저 싫다고 한다. 그렇게 많은 돈을 쓰면 그만큼 벌어야 하는데, 그러기 위해 아빠나 엄마가 일하러 가는 것은 싫다는 것이다. 그러면서 더 적은 돈을 들이고 노는 방법들을 궁리한다.

최근에는 고등학생 큰아이도 돈을 벌기 시작했다. 경제적 형편이 어려워서라기보다는, 돈 버는 것도 가족 모두의 일이니 스스로 관심이 많은 것이다. 따라서 아이가 버는 돈으로 가족들의 생활비를 하는 것은 아니고, 자기가 사고 싶은 뜨개질 재료를 사거나 엄마, 아빠는 절대로 사주지 않는 불량 식품과 동생 장난감 등을 사는 데에 쓴다.

우리 가족은 구성원이 고작 넷인 집단이지만, 인간이 집단 안에서 협력하는 형태를 설계하고 선택하는 데에 있어서는 큰 회사나 국가 구성의 원칙처럼 생각해볼 수 있다. 우리 가족은 위에서 아래로 의사 결정을 하거나, 업무를 분담하는 체계는 선택하지 않기로 했다. 내가 모범으로 삼은 조직 형태는 '합법적이고 주변적인 참가의 공동체'다. 이는 앞서 2장에서 소개한 바 있는 상황 학습 이론을 부연설명한 내용인데, '상황 학습'보다 더 적확하게 표현되는 것 같다. 상황 학습은 아이에게 무엇을 가르치는 교육 방법론으로서 다뤄지지만, 실제로는 이것보다 더 큰 개념이기 때문이다.

상황 학습은 하나의 문화, 집단, 조직이 어떻게 공동체로서 지속적으로 존재하는지를 설명한다. 공동체가 존속하기 위해 중요한 핵심은 새로운 신입 구성원을 길러 내는 과정이다. 그래서 교육 이론에 속하긴 하지만, 오히려 문화와 조직이 어떻게 세대를 거듭하면서도 그 성격을 유지하는지가 이 이론에서 더 재미있고 의미 있는 질문이다.

내가 이 내용을 처음 접했을 때는 큰아이가 겨우 세 살쯤이었는데, 정말 흥분이 되었다! 이 내용을 우리 가정에 잘 적용시킬 수 있다면 구성원 각자의 개성이 건강하게 살아 있으면서도 변화에 유연해서 지속적인 가족 공동체를 만들 수 있을 것 같았다.

다소 추상적인 듯 보이는 '합법적이고 주변적인 참가의 공동체'가 의미하는 바에 대해 차례로 알아보자.

1. 합법적

교회에 교인으로 등록을 하고, 피트니스클럽의 회원권을 구매하는 행위는 구성원으로서의 합법성을 획득하는 일이다. 가족 구성원으로서 이런 합법성은 결혼을 하거나 자녀로 태어나면 거의 자동적으로 주어진다. 이런 합법성 말고, 흔히 부모는 돈을 열심히 벌고, 아이는 학교에 잘 다니고 공부를 잘하면 합법성이 올라간다. 하지만 우리 가족은 이런 합법성 대신 다른 기준을 채택하기로 했다.

다른 가족 구성원에게 직접적인 쓸모가 되어야 한다는 것이다. 중요한 것은 '직접'이다. 경제 활동을 해서 돈 버는 것은 중요한 일이긴 하지만, 가족과의 관계에서는 부차적이고 간접적인 기여다. 1차적으로는 사회에 기여하고 자기 자신의 만족을 위한 일이기 때문이다. 학생이 공부를 하는 것도 역시 마찬가지다. 이는 자신의 장래를 위한 것이고, 역시 가족 구성원으로서보다는 사회 구성원으로서의 역할에 우선한 것이다.

이런 합법성 기준을 채택한 것은 역시 달라진 사회 상황에 기반한다. 모두 가난하던 예전에는 돈이든 식량이든 구해와서 가족을 먹여 살리고, 자식은 커서 부모를 부양해야 했다. 이제는 그런 시대가 아니다. 그래서 예전에는 생존을 위해서라도 가족이 필요했지만, 이제는 가족 없이도 사는 데에 전혀 지장이 없다. 그러니 이 시대에 가족의 일원으로서의 합법성은 직접 서로에게 필요와 쓸모가 되는 것이어야 한다.

2. 주변적

원래 주변이라는 것은 신입 구성원이 집단의 핵심 멤버가 되어가기 위해 배움을 시작하는 위치를 말한다. 어른이 위, 아이가 아래인 상하 조직으로 가족을 생각한다면 아이가 주변이고 어른은 핵심 멤버가 된다. 하지만 어른도 처음으로 아내, 남편, 부모가 된 만큼 사실은 가족원 모두가 주변이다. 특히 그냥 좋은 배우자와 좋은 부모가 아니라, 구체적인 상대에게 딱 맞는 사람이 되는 것은 오랜 학습 과정과 시간이 필요한 일이다.

위에서 말한 합법성의 기준, 즉 가족에게 구체적으로 쓸모 있으려면 이러한 배움의 과정이 필수적이다. 주변에서 핵심으로 발전해가는 과정은 바로 가족 구성원에게 직접적인 쓸모가 되기 위해 서로 알아가는 과정이다. 예전처럼 생계를 책임지거나, 엄한 교육을 담당하거나, 무조건 자애로운 것처럼 정해진 기준이 있는 것이 아니다. 요즘에는 아이마다, 배우자마다 다 다른 요구가 있기 때문이다.

가령, 내가 엄청나게 빠른 속도로 음식 준비를 하고 의사 결정을 내리는 대신, 남편은 그 과정에서 발생하는 실수를 처리하고 빠른 의사 결정의 허점을 지적하는 것과 같이 각자의 역할을 찾아내는 것이다. 서로에게 아주 구체적인 쓸모가 된 셈이다.

3. 참가

가족이 지속되기 위한 일에 전면적으로 참가하는 것을 의미한다. 공장제 생산 조직에서는 한 사람이 똑같은 일만 한다. 그 일 하나에는 능숙해지겠지만, 자신의 일이 전체적으로 무엇인지, 어떤 기여를 하는지는 알 수 없다. 결국, 노동은 하면서도 생산에는 참가하지 못하는 셈이다. 아이들에게 집안일을 따로 지정하지 않고, 필요가 생길 때마다 일을 시키는 것도 바로 전체에 참가시키기 위함이다.

우리 아이들은 모든 집안일의 전반적인 과정을 이해하고 있다. 비록 냉장고에서 재료를 꺼내는 일만 할지라도 아이는 어떤 과정을 거쳐 식사가 준비되는지를 알고 있다. 이 참가가 중요한 이유는 자신이 하고 있는 일이 정확하게 어떤 의미가 있는지를 알면서 하기 때문이다. 앞에서 예를 든 것처럼, 어떤 메뉴를 먹기 위한 전 과정의 수고로움을 정확하게 아는 것이다. 바로 이 과정이 아이가 주변에서 핵심으로 이동하는 경로이다.

일터에 나가서 직접 돈을 벌지 않아도, 우리 가정이 어떤 가치를 기준으로 돈을 쓰는지를 이해하는 것도 마찬가지다. 아이들은 값비싼 장난감이나 전자 기기 대신, 어떤 방식으로 여가 시간을 보내야 하는지를 스스로 결정한다. 일을 시켜도 불평하는 법이 없고, 용돈을 달라고 조르지도 않는다. 시킨 일이 싫으면 다른 사람과 협상하거나, 하지 않아도 되는 대안을 생각해 낸다. 전체를 알기 때문에 가능한 일이다. 돈 역시 써야 할지 말지 스스로 판단을 내린다. 그리고 육체적으로 어른과 거의 비슷해지는 초등학교 5, 6학년쯤이 되면 모든 집안일을 부모 없이도 혼자서 해낼 수 있다. 한번은 큰아이가 이런 이야기를 한다.

"아이들끼리 공부든 노는 거든 돈 쓰는 일이든 뭔가 계획하거나 결정할 때, 나는 그냥 혼자 결정하고 대답하거든. 그런데 다른 아이들은 매번 '엄마한테 물어보고 알려줄게.'라고 해. 왜 마음대로 할 수 있는 게 그렇게 없는 거지?"

사실 우리 집 아이들은 물질적으로나 시간적으로 제한이 많다. 하지만 그 제한이 부모의 일방적인 것이 아니라, 가족 모두가 의사 결정에 참가한 결과물이기 때문에 아이들이 합법성을 가지고 전면적인 참가자로서 행동한다.

따지고 보면 집밥의 경쟁력을 생각하는 것은 가족의 경쟁력, 가족의 존재 이유를 궁리하는 것과 다름없다. 이미 건강, 맛, 노동 절약의 측면에서 집밥에는 전혀 경쟁력이 없는 것처럼, 현대 사회에서 전통적 가족은 존재 가치가 사라져가고 있다.

그런데 이 상황 학습은 공산주의나 현대의 공공교육 기관처럼 이론적으로 고안된 것이 아니다. 실제 오래도록 존재해왔던 배움의 공동체, 예를 들어 산파들은 새로운 산파를, 도축업자는 새로운 도축 기술자를 어떻게 키우는지와 같은 자생적 현상을 보며 패턴을 찾아낸 것이 이 이론의 토대이다. 인간이 세대를 걸쳐 지식과 문화를 전수하는 자연스러운 집단 생활의 형태인 셈이다. 내가 이에 흥분했던 이유는 새로운 변화의 시대에 오히려 가장 인간의 본질적인 학습과 교육 욕구에 맞는 방법인 것 같아서였다.

더욱이 주변에서 핵심으로 발전해가는 과정이 너무나 역동적이지 않은가? 각각의 개성을 잃지 않으면서 자신만의 이야기를 발견해 나가는 동시에, 타인과 집단을 지속시킨다는 더 큰 목적에도 부합된다. 그래서 우리의 실험은 계속될 것이다. 아이들이 성장해 따로 살아도 이런 가족 공동체의 지속성이 어떤 식으로 유지될지 나 역시도 궁금하다.

완전한 이별도, 완전한 속박도 없는 관계

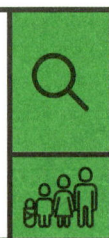

2018년이 시작된 지 얼마 안 된 어느 날, 친정 엄마가 전화를 했다. 언제나 그렇듯 한두 시간씩 엄마 혼자 이야기를 쏟아 내고 나는 "응, 응." 건성으로 답하면서 손에 잡히는 책을 훑어봤다.

그런데 이날은 깜짝 놀랄 만한 소식이 있었다. 89세 되신 할머니, 그러니까 엄마의 시어머니가 본격적으로 치매 증세를 보이기 시작해서 혼자 계시기 어려워졌다는 것이다. 마흔도 안 돼서 홀로되신 할머니는 평생 지리산 밑 시골 동네에서 혼자 사셨다. 엄마는 당신도 일흔의 나이라 여기저기 아픈데, 갑자기 치매의 시어머니를 모시고 살아야 되는 것에 대한 걱정을 쏟아 냈다. 그리고 당신 결혼생활의 문제와 나를 포함한 자식들이 잘못 자란 것에 대해 할머니 탓을 하며 신세한탄을 늘어놓았다. 45년이 넘는 결혼생활 동안 시어머니와 어떤 사연이 있는지 당사자가 아니고서야 누가 이해를 하겠는가? 그래서 심드렁하게 한마디했다.

"그렇게 싫으면 안 모시면 되지, 뭐가 문제야? 아빠가 비싼 요양시설로 모시든, 시골에 내려가서 할머니랑 같이 살든 엄마는 가만히 보고만 있어. 괜히 나서서 따지고 들면 결국 엄마가 모시게 된다니까."

말하고 나서 아차 싶었다. 엄마가 넋두리를 할 때, 그냥 "응, 응." 하지 않고 다른 반응을 했다가는 "네가 뭘 안다고?" 하면서 난리가 난다. 그런데 난생 처음 엄마가 내 말에 의외의 반응을 했다.

"그래? 정말 그럴까?"

엄마답지 않은 반응에 당황한 것은 오히려 나였다.

'어? 이 반응은 뭐지?'

그리고 며칠 후 결정했다. 내가 할머니 집에 가서 두 달 동안 같이 살기로! 고등학생, 초등학생인 아이들이나 남편의 일을 생각하면 갑자기 한국에 간다는 것은 불가능에 가까웠다. 하지만 당시 너무나 중요해 보였던 그 일들은 지금 글을 쓰면서 구체적으로 무엇이었는지 기억도 나지 않는 반면, 두 달 동안 지리산 근처 시골에서 보낸 시간은 아마도 평생 기억에 남을 것 같다.

일단 초등학생인 둘째를 한국에 데려가서 전교생이 35명인 시골 학교에 보내기로 하고, 남편은 집에 남아 일하면서 큰아이를 돌보기로 했다. 낡은 시골집은 방 안에서도 입김이 보일 정도로 추웠다. 치매 초기인 할머니는 "남편 밥도 안 해주고 여기 와 있다가는 남편한테 귓방망이를 맞고 소박당한다."고 잔소리를 하셨다. 전기세가 아깝다며 보일러를 몰래 꺼 버리거나 밤에 TV를 못 보게 하는 통에 할머니한테 소리도 질렀고, 낮에 하루 종일 주무신 할머니가 밤에는 다리가 아프다고 큰소리로 앓는 통에 잠을 제대로 못 자기도 했다. 내가 매일 차려드리는 식사 세 끼가 맛없다는 투정을 듣고, "그럼 굶으세요!" 하고 쌩하게 대꾸한 적도 있다. 할머니를 목욕탕에 모시고 가서 머리를 말려드리는 일은 의외로 즐거웠다. 할머니는 아기보다 착하고 귀여우셨고, 할머니의 주름진 피부를 만지는 게 좋았다.

둘째를 데리고 농네를 쏘다니며 할머니들이랑 수다 떨면서 사투리를 받아 적고(나이대별로 사투리가 다르다는 것을 알게 됐는데, 너무 재미있었다), 고작 다섯 명인 아이의 같은 학년 친구들을 데리고 알파벳 공부도 같이 하고, 동네 야생화를 따 천연염색을 하거나 전통가마 방식으로 도기를 굽고, 조각하는 사람들을 찾아다녔다.

고백하자면, 엄마나 할머니를 위한 효심이나 가족에 대한 의무감 때문에 그곳에 갔던 것은 아니다. 엄마에게 가족관계를 맺는 것은 대단한 각오나 희생이 필요한 게 아니라는 것을 보여드리고 싶었다. 사랑하지 않아도 되고, 의무감을 느끼지 않아도 되며, 내 이익에 맞도록 행동하고, 그냥 존재 자체로 서로 이득을 주고받아도 괜찮은 관계가 가족이란 것을 말이다. 실제로 나도 치매 할머니와 살아보는 것이 내 인생을 풍요롭게 만드는 굉장히 좋은 기회라고 생각했을 뿐이다. 할머니가 평생 살아오며 존재의 한 자리를 만들어왔던 모든 것, 그리고 90년이라는 한 인생의 마지막 모습을 바로 옆에서 지켜볼 수 있는 기회가 아닌가? 엄마나 아빠처럼 직접적인 부양의 의무 없이도 말이다.

이 모든 것은 할머니가 가족이기 때문에 의미가 있었다. 할머니, 엄마, 아빠가 살아온 삶은 내 인생의 전제 조건이다. 그들의 삶이 펼쳐지는 것을 보는 것은 내 삶을 이해하고, 앞으로 내 삶이 저물어가는 것을 조망하게 한다. 논리적으로 설명하는 것보다 훨씬 더 감정적이고 즉각적이다.

그리고 이 모든 것은 내가 가족에게 가지고 있는 의무감, 도덕심, 부채감을 완전히 버리고, 가족에 거리를 두고 지켜보기 때문에 가능했다. 왜냐하면 가족은 가족이니까. 죽어도, 만나지 않아도, 가족은 나를 구성한 역사이니 남보다 더욱 냉정한 거리를 두고 보아도 된다.

나는 나의 아이들도 그렇게 키운다. 내가 불편하고 희생하는 방식으로 좋은 엄마가 되려고 하지 않고, 그저 멀리 두고 바라본다. 할머니의 삶이 먼저 끝나가는 것을 담담하게 지켜보듯이, 아이들이 각자의 삶을 시작하면서 혼란스럽고 우왕좌왕하는 것을 지켜본다. 남이라면 관계가 끊어지면 상관없어지는 관계라서 더 노력해야겠지만, 가족은 그냥 가족이라 내가 해줄 수 있는 일, 하고 싶어지는 일들이 저절로 생긴다. 내가 하고 싶은 범위 안에서 그런 것을 하는 것만으로도 우리는 가족으로 연결된다.

나와 성격이 맞지 않아서 자주 만나 사랑할 수 없는 엄마에게 내가 무엇인가 해드릴 기회이기도 했다. 엄마에게도 스스로 느끼는 며느리로서의 의무감에서 오는 신경질과 방어적 태도에 휴식을 주고 싶었다. 내가 할머니를 돌보는 두 달이 해결책일 수는 없지만, 엄마가 할 수 있는 일만 하면 된다는 마음의 여유를 찾길 바랐다. 내가 할머니와 함께 지내면서 요양사나 사회복지사들을 여럿 만났는데, 이들에게서 배운 할머니 상태에 따른 대처 방법들을 부모님에게 들려줬다. 아빠도 엄마의 날선 이야기보다 내 이야기를 침착하게 받아들이셨다. 내가 미국에 돌아온 후, 두 분은 복지 제도와 경제적 부담을 조율해가며 해결책을 찾아 나갔고, 할머니는 일 년 반 후 편하게 돌아가셨다.

　일흔이 넘어가면서 엄마도 아빠도 나를 더 어려워하고, 그러면서도 내게 더 가혹하게 대한다. 젊은 시절의 날카로움이 아니라, 서너 살 아기처럼 억지를 부리고, 억울하다며 분노를 표현하고, 떼를 쓰기도 한다. 젊은 시절에는 내가 분노로 잘못된 선택을 할까 봐 조심스러운 마음이었다면, 이제는 정말 나의 힘을 두려워한다. 그것은 아마도 이제 드디어 내가 부모님이 영향을 줄 수 없는 먼 거리에서 당신들을 지켜본다는 것을 깨달았기 때문인 것 같다. 내가 거리를 두면서도 여전히 부모님의 딸일 수 있는 것은, 부모님이 내게 준 자유와 결코 벗어날 수 없는 구속, 그 모든 것을 나의 일부로 받아들였기 때문이다.

　위대한 소설가로 추앙받는 프란츠 카프카는 아버지의 눈에 나약하고 쓸모없는 인간에 가까웠다. 적어도 카프카는 그렇게 느꼈다. 그는 아버지의 무시와 실망에 분노하고 절망하며 의기소침해졌다. 그러면서 사업가인 아버지가 전혀 이해하지 못하는 분야인 사색하고 글 쓰는 일에 도전했다. 그는 아버지에게 반항한 걸까, 자유를 얻은 걸까, 아니면 아버지로부터 씻을 수 없는 상처를 입은 걸까? 카프카가 『아버지께 드리는 편지』에서 내린 답은 부모와 가족이 무엇인지, 좋은 부모, 나쁜 부모의 구분이 얼마나 불필요한지를 잘 보여준다. 이보다 더 효과적이면서도 아름답고 찌르듯 아프게 표현할 수 없을 것 같다.

　글을 쓸 때는 제가 실제로 한 걸음 자립하여 아버지를 벗어날 수 있었기 때문입니다. 비록 그 도피에서는, 뒤쫓아온 발에 밟혀 일부가 떨어져 나간 몸뚱이를 옆으로 질질 끌고 가는 벌레가 연상되었을지라도 말입니다. 어느 정도는 안전했습니다. 숨을 들이쉴 수도 있었지요. 아버지는 저의 글쓰기에 대해서도 당연히 즉각적인 거부감을 보이셨지만, 그 거부감초자 예외적으로 반가웠습니다. …(중략)… 제 글쓰기의 주제는 아버지입니다. 아버지의 가슴에 기대어 푸념하지 못하는 것들만 글에서 털어놓았을 뿐입니다. 글쓰기는 아버지와의 작별을 의도적으로 지연하기 위한 방책이었습니다. 이 작별은 아버지에 의해 강요된 것이지만, 제가 정한 방침에 따라 진행되었던 것입니다.

이번에는 또 다른 부모와 자식의 이야기를 다룬 영화를 하나 소개한다. 왕년의 이탈리아 국가대표 축구선수인 로베르토 바조의 이야기로 만든 넷플릭스 영화 '로베르토 바조'다(바조의 허락을 받고 만든 영화라고 한다). 어려서부터 축구 천재였던 바조는, 1994년 미국 월드컵 결승에까지 오르는 데에 결정적 역할을 했다. 브라질과 만난 결승전, 그는 연장전 끝에 승부차기의 마지막 순서로 나온다. 스물일곱 살의 바조에게 이는 한평생을 기다려오던 순간이었다. 그의 아버지는 그가 아무리 축구를 잘해도 그에게 냉담하기 그지없으며 "네가 아무리 축구를 잘해도 너는 그저 여덟 명의 자식 중 하나일 뿐"이라고 선을 그었다. 그러면서 그에게 줄곧 이런 말을 했다.

"넌 1970년 월드컵에서 이탈리아가 브라질에서 패했을 때 약속했어. 브라질을 꺾고 월드컵 우승을 이루겠다고."

그러니 1994년 승부차기의 순간은 정말 드라마틱하고 결정적인 순간이었다. 그런데 바조는 골문 앞에서 너무도 어이없게 공을 날려 버리고 패배한다. 이후 바조는 마음을 잡지 못하고, 감독과의 불화, 잇단 부상으로 불운하게 남은 선수 생활을 하다 은퇴한다. 그는 아버지에 대한 서운한 마음과 약속을 지키지 못한 죄책감, 모두에 시달린다. 그런데 나중에 아버지가 말한다.

"사실 넌 그런 약속을 한 적이 없어. 그때 겨우 세 살이었고, 자느라 경기를 보지도 못했거든."

그러면 아버지는 왜 이런 거짓말을 한 걸까?

"네가 걱정스러웠다. 너는 보기 드문 재능을 가지고 태어났지만 도무지 열정이 없어 보였거든. 난 네게 의지를 심어주고 싶었어."

바조의 아버지를 어떻게 평가해야 할까? 부모는 아이에게 과연 어떤 존재일까? 바조는 아직도 종종 승부차기 실축의 악몽을 꿀 정도로 상처를 입었지만, 축구를 하지 않는 인생도 행복할 수 있음을 확인하며 평온하게 살고 있다. 그러면서 자신의 실패가 오히려 다른 사람에게도 더 깊은 의미를 주지 않았을까 생각한다고 말한다.

부모는 모두 다 다르다. 하지만 얼마나 좋은 부모였건 나쁜 부모였건, 언젠가는 부모를 떠나보내야 한다(그것이 죽음이든, 감정적 거리든). 그 떠남으로 인해 우리는 자유를 얻지만, 그 자유에는 속박이 포함돼 있다. 부모를 나의 일부로 받아들이고, 그 바탕 위에서 내 삶을 만들어가는 과정이기 때문에.

솔직하고 당당하게

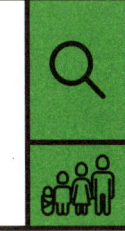

둘째가 생후 3개월 무렵, 아기와 남편을 한국의 시댁에 두고, 만 여섯 살인 큰아이와 함께 미국으로 돌아와 대학원 공부를 이어갔다. 박사 과정 입학 허가를 받아두고 전혀 계획하지 않은 임신 사실을 알았을 때, 딱 하루 동안 울었다. 공부를 그만둬야 하는 것이 억울했다. 하지만 이틀째부터는 스멀스멀 기분이 좋아졌다.

'그래, 공부 안 해도 된다. 앞으로 평생, 난 공부하고 싶었는데 애 키우느라 희생했다고 말할 수 있게 된 거야.'

되려 이런 생각이 들기 시작했다. 그런데 남편이 둘째 양육을 책임지겠다면서 하고 싶은 공부를 하라고 했다. 이미 공부를 때려칠 생각에 마음이 부풀었던 나는 "학위만 따고 백수로 살 거야."라고까지 했는데, 그래도 괜찮다는 것이다. 얼떨결에 아쉬운 마음(?)을 달래며, 반 강제로 공부를 계속할 수밖에 없었다. 오만 종류의 사람들이 "그러다 남편 바람난다.", "둘째 애착 형성에 문제가 생긴다.", "애는 엄마가 키워야 한다."라면서 걱정과 조언을 했다. 처음에는 그렇게 말하는 사람의 오지랖에 화가 나거나 불안해졌다. 이때의 마음을 이겨 낸, 내가 살아오면서 적용한 원칙이 있다.

'솔직하고 당당하게!'

일단 내가 남들에게 신경 쓰는 것에 대해 솔직하기로 했다. 남들이 하는 말에 어떤 식으로든 반응하고, 기억에 남기는 것은 내가 그 부분에 대해 신경 쓰고 있다는 뜻이다. 남들이 어떤 의도로 어떻게 말하는지에 동요하는 대신, 그 예언들의 가능성에 대해 솔직하게 받아들이기로 했다. 그런 결과가 생기더라도 책임지겠다고 마음먹으면서. 여기서 말하는 책임이란 문제를 해결하거나 방지한다는 뜻이 아니라, 그런 문제 때문에 힘들어지고 후회될 때, 그 감정을 충실하게 겪어 내겠다는 다짐이다. 많은 사람들의 경고를 듣고도 결국 내가 선택한 것임을 인정하겠다고 말이다.

그리고 나 자신을 세상에서 가장 중요하게 생각한다는 것을 솔직하게 인정하기로 했다. 가족들에 대한 미안함, 아기에 대한 불안이 얼마나 진심인지를 스스로에게 질문하다 보니, 어쩔 수 없다는 것은 핑계였음을 인정했다. 결국 나는 오로지 '내' 생각만 한 것이다. '나는 왜 이토록 이기적일까?'라며 괴로워하던 것도 딱 하루였으니. 이틀째부터 이 생각이 사라진 것은 내 맘속에서 결론이 났기 때문은 아니다. 오히려 죽을 때까지 생각해도 답이 안 나올 것을 알았다.

나는 당당해지기로 했다. 이제는 어떤 변명도, 두려움도, 죄책감도 없이 당당하게 내 결정에 따라 행동하기로 했다. 나쁜 결과가 와도 당당하게 마주하고, 나를 최우선으로 생각하는 것이 나라는 사람의 고유한 특성이라고. 그러니 적어도 내가 얻을 수 있는 좋은 점을 당당하게 누리기로 했다. 나중에 아이가 비뚤어져서 나를 증오하거나, 남편에게 이혼당하게 되더라도 억울하지 않으려면 '내가 애도 남편도 돌보지 않고 얼마나 신나게 잘 놀았던가? 이 정도 대가는 당연하지.'라는 생각이 들 정도로 최선을 다해 만끽하자고 생각했다. 실제로 아이를 먼 나라에 떼어 놓고서 하는 공부는 귀찮기보다는 꿀맛이었다.

위험한 결정을 내가 했고, 나는 나 자신을 우선시하는 사람이라는 인정 뒤에 오는 당당함은, 곧 아기에 대한 간절한 기도가 된다. 이 무식해 보일 정도의 당당함을 아기가 받아주기를 바라면서, 그러기 위해서 아기를 있는 그대로 받아주겠다고 다짐하게 됐다.

방학에 한국에 가면, 주변 사람들이 큰애와 둘째를 차별한다고 걱정을 했다. 둘째 앞에서는 큰아이를 예뻐하는 것도 감춰야 하고, 엄마가 둘째를 사랑하는데 어쩔 수 없이 공부하러 가는 거라고 잘 설명해줘야 한다고 했다. 하지만 난 그러지 않았다. 아이가 두 살이 넘어가 말을 시작하면서 미국은 어떤 곳인지, 왜 거기 사는지, 거기서 뭐 하는지를 물었을 때 나는 아주 신나게 잘 지내고 있다고 얘기해줬다. 아이가 더 자란 후 함께 살게 되고 나서 최근까지도 이때 이야기를 함께 나눈다.

"엄마가 처음에 널 임신했을 때는 사실 너무 싫었어."

이렇게 시작하는 이야기다.

"그런데 엄마가 그때 얼마나 바보 같았는지 지금 알겠어. 너 같은 애를 엄마는 한 번도 본 적이 없으니까. 네가 이렇게 사랑스럽고 웃기고 특별한 사람일지 어떻게 상상할 수 있었겠어?"

"난 한국에 사는 것만 좋은 줄 알았어. 과자를 마음껏 먹고 TV를 하루 종일 볼 수 있으니까. 그래서 내가 미국에 안 간다고 했지. 그런데 나 역시 몰랐어. 미국에서 또 얼마나 즐거울지!"

솔직하고 당당한 엄마의 말에, 아이도 솔직하게 자기 이야기를 해준다. 당당하다는 것은 변명하지 않고, 다른 사람의 탓도 하지 않고, 나답게 내 삶을 살아가는 것임을 배우고 있다. 내가 원하는 것을 얻기 위해 어떤 대가를 치러야 하는지에 대해 솔직해지는 것이다. 어쩌면 이런 태도를 두고 거만하다고 할 수도 있다. 하지만 좋은 엄마가 되겠다는 분에 넘치는 욕심, 내 아이를 어떤 상처도 없이 완벽하게 키우겠다는 갈망이 작아지는 만큼 특별히 겸손하거나 죄책감을 느낄 필요가 없어진다.

나의 모자람과 이기심을 인정하고 당당해지는 만큼, 자신의 입장에서 나를 못마땅해하는 이들에게 화내거나 혹은 나와 다른 결정을 내리는 사람에 대해 함부로 판단하지 않게 됐다. 그리고 무엇보다 중요한 것은, 내가 사랑하는 사람들을 당당하게 고유하다고 인정하면서 그들이 더 발전하거나 고칠 점이 없는 존재라고 보는 것이 훨씬 쉬워진다.

마지막으로 솔직하고 당당하게 살아가기 위해 지켜야 할 가장 중요한 점이 있다. 바로 남을 미워하지 않는 것! 당당하게 자신으로 있기 위해서는, 나를 비난하는 사람조차 그들의 솔직함이라고 여길 수 있어야 할 것이다.

우연이기에
더 아름다운

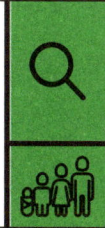

 삶은 매 순간 어떤 일이 일어난다. 시험에 합격하기도 하고, 누군가와 다투기도 하고, 돈을 벌거나 잃기도 하며, 병에 걸리거나 다치고 또 회복되기도 한다. 이 모든 일에는 명확한 원인이 있는 걸까?

 시험에 합격한 것은 내가 공부를 열심히 했기 때문이고(불합격한 것은 내가 공부를 게을리했기 때문이듯), 병에 걸리는 것은 내가 건강 관리를 안 했거나 병에 걸리는 유전자 때문이고, 치유가 되는 것은 약을 잘 먹었기 때문일까? 남편이나 아이와 충돌이 있는 것은 내가 혹은 상대방이 잘못된 행동을 했거나, 그것도 아니면 어린 시절에 겪은 트라우마 때문일까? 아이가 물을 쏟은 건 아이의 부주의한 성격 때문일까, 아니면 내가 컵을 식탁 끝에 놓아두었기 때문일까?

 물론 그럴 수도 있다. 하지만 나는 이런 원인과 결과가 과연 사실의 영역에 속하는 것인지를 의심한다. 인생에 일어나는 어떤 일에도 그것만으로 직접적인 원인인 것은 없는 것 같다. 아무리 정교하고 과학적인 원인이 있다 해도, 적어도 그것이 사는 데에 큰 쓸모는 없을 거라고 믿는다. 인과를 따지면, 어떤 일이 발생했을 때 책임을 묻게 된다. 내가 원인이면 죄책감에 시달리고, 남이 원인이면 남을 미워하고 보상받기를 원하게 된다. 이런 태도는 무책임과는 차이가 있다. 돈을 빌렸으면 갚아야 하고, 범죄를 저질렀으면 처벌을 받아야 한다. 하지만 이렇게 명백한 책임이 있는 일은 삶에서 자주 발생하지 않는다.

산악인인 존 크라카우어가 쓴 에세이집 『클래식 크라카우어(Classic Krakauer, 국내 미출간)』에 실린 '추락 이후'라는 글에서는 우리가 삶의 불확실성을 있는 그대로 받아들이지 못해서 기어코 원인을 찾아내고, 그에 따라 책임을 물어야 하는 이 시대의 경향에 대해 이야기한다. 위험도가 높은 암벽 등반이나 고산 등정을 위한 특수 장비를 생산하는 회사들은 손해배상 소송에 휘말려 존폐 위기에 몰리기도 한다. 인간의 한계에 도전하는 고위험 등반인 만큼 비극적인 사고들이 잦을 수밖에 없는데, 그 사고 원인을 놓고 장비 문제라면서 거액의 소송전이 뒤따른다.

물론 어떤 경우는 앞으로의 안전을 위해서 반드시 필요한 소송도 있고, 혹은 거액의 돈을 노린 탐욕의 법정 다툼일 수도 있다. 하지만 크라카우어는 많은 경우, 소송을 제기하는 사람들은 물리적 피해보다는 분노와 억울함에 시달리면서 더 큰 고통을 당한다고 말한다. 그들에게는 등산을 하면서, 혹은 삶을 살아가면서 누군가 잘못이나 원인 제공을 하지 않았는데 예상치 못한 나쁜 일이 벌어질 수 있음을 도저히 인정할 수 없는 것이다. 비극에는 반드시 원인 제공자가 있다는 굳은 믿음 때문에 사고를 당한 사람들은 진심으로 분노하고, 언제 끝날지 모를 재판에 매달린다.

나는 이십 대에 폴 오스터에 열광했다. 그의 소설은 한마디로 '우연의 미학'이라는 평을 듣는다. 그의 소설 속 인물들은 끊임없이 우연이라고 할 수밖에 없는 상황에 던져진다. 물론 거의 모든 이야기가 우연답게 지극히 황당해서 우리 주위에서 흔히 접할 수 있는 평범한 인물이나 상황이 아니다. 그럼에도 불구하고, 중요한 것은 그의 이야기에 개연성이 없다는 느낌이 들지 않는다는 것이다. 그 이유는 무엇일까?

어쩌면 우리의 삶이 겉으로는 아무리 평범하고 그럴 듯한 원인과 결과로 보일지라도, 본질적으로는 아무 개연성 없는 우연들을 우리가 헤쳐가고 있기 때문이 아닐까? 바로 이 점을 폴 오스터는 소설로 보여준다. 『뉴욕 3부작』은 이렇게 시작한다.

"모든 일은 잘못 걸린 전화에서 시작됐다."

소설 속 인물들은 이런 우연을 필연처럼 진지하게 받아들인다. 없는 원인을 찾기보다는 우연을 자신의 것으로 수용하는 것이다. 그러고는 설명하기보다는 행동함으로써 앞으로 나아간다.

이십 대에는 나도 명확한 인과에 따라 삶을 바라봤다. 어떤 사회적 지위를 얻으면, 어떤 남편을 만나면……, 그 원인에 따라 결과적으로 어떠한 인생을 살 것이라는 전망을 굳게 믿은 것이다. 그래서 어떤 사회적 지위라는 결과를 얻기 위해서, 그 원인으로서 나는 어떤 행동을 해야 할 것이라고 생각해왔다.

예전에는 생리 날짜에 부부싸움을 하고 나서, 남편이 "네가 생리 때문에 예민해서 그래."라고 말했을 때, 정말 불같이 화를 냈다. 나를 화나게 한 남편의 행동에 원인이 있어야 하니까. 하지만 지금은 담담히 인정한다. 그렇다고 해서 싸움에 진지하지 않은 것은 아니다. 생리통 때문이든, 남편의 잘못된 행동 때문이든, 혹은 나의 성격 문제 때문이든 그것은 중요하지 않다. 물론 알 수 없는 무수한 작은 것들이 조합된 우연 안에 내가 던져졌다고 해서, 거기에 진지하게 반응하지 않아도 되는 것은 아니다.

결혼 후, 남편과 엄마가 똑같은 이유로 나를 화나게 한다는 것을 알게 됐다. 간단하게 말하자면, 나를 챙겨준다면서 과하게 잘해주고 나서는 시시콜콜 잔소리를 해댄다. 물론 정도는 엄마가 백 배쯤 심하지만 양상은 똑같다. 정말 황당했다. 처음에는 위에서 말한 것처럼 원인부터 찾았다. 내가 엄마와 불화를 겪으면서 결국 똑같은 남자를 찾은 걸까, 아니면 남편과 엄마는 다른 사람인데 내가 가진 문제점이 비슷한 특성을 끌어내는 걸까? 아니면 나는 그냥 운이 나쁜 걸까?

그래서 처음에는 일단 남 탓(엄마 탓, 남편 탓)부터 하고 미친 듯 화를 냈다. 내 논리를 동원해서 생각해볼수록 원인은 분명히 남편과 엄마가 제공했다는 것이 명백한 듯 느껴졌고, 그럴수록 분노에 불타올랐다. 위에서 말한 크라카우어의 에세이에 나오는 사람이 자신이나 사랑하는 사람이 당한 불행한 사고의 원인을 찾느라 분노에 휩싸이는 심정의 백만 분의 1쯤은 이해될 것 같았다.

그래서 원인 찾기를 포기했다. 나와 다르고 나를 힘들게 하는 사람들을 어쭙잖게 이해하려고 했다거나, 사랑하거나, 용서하겠다는 것이 아니다. 물론 그러려고도 해봤지만 그 마음은 그리 오래가지 않았다.

'이유가 무엇이든 그게 뭐가 중요한가? 원인은 없고, 나는 이런 관계의

패턴 속에 던져진 것뿐이다.'

어느 순간, 나는 이렇게 생각하기 시작했다. 그랬더니 갑자기 모든 것이 재미있다. 원인은 모르겠지만, 어쨌든 패턴이니까 두 관계를 놓고 비교와 실험도 할 수 있었다. 게다가 더 재미있어진 것은 큰아이를 낳고 나서다. 아이를 지켜보니 남편과 성격 면에서의 유사점이 굉장히 많은 것 아닌가?

이것이 나에게는 어떤 식으로 작용하는지 지켜보기로 마음먹었다. 남편의 꼴 보기 싫은 점을 닮은 내 아이를 관찰하면서 얻는 재미는 아이를 키우며 느낀 즐거움 가운데 가장 컸다. 엄마, 남편과의 충돌이 드디어 괴로움과 분노가 아니라, 내 삶에 던져진 신비라고 여겨지기 시작했다. 사실 지금까지 내가 화를 내는 대상은 엄마하고 남편 딱 둘뿐이다. 이건 정말 신비롭고 경이로운 것이다. 화를 더 이상 내지 않았다는 것은 아니지만.

인과관계를 따짐으로써 과학이 발전하고, 이성적 사고를 할 수 있고, 공공에 적용되는 법과 질서를 유지할 수 있다. 하지만 삶의 신비와 경이는 우연에 있고, 그 신비로움에 우리의 고통을 제외시켜야 할 이유는 없을 것이다.

가족의 효용

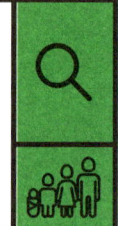

어떤 사람은 느닷없이 만나지기도 한다. 어제까지 몰랐던 사람인데, 갑자기 인생에 등장해서 생각을 확 바꿔주는 만남이 있다. 최근에 그런 사람을 만났다.

처음에는 나랑 아무런 공통점이 없어서 그냥 지나가는 사람이겠거니 싶었다. 주류 예술계에서 막 이름을 알리기 시작해서 생계를 꾸려갈 정도가 된 그림작가였는데, 이제 갓 터졌으니 앞으로 얼마나 더 크게 성공할지는 모르는 일이었다. 나는 음악이든 시각예술이든 예술적 감수성이 제로에 가까운 사람이라 이 작가의 작품에 대한 감흥은 별로 없었다. 그나마 그녀에 대해 궁금한 것이라면, 순수 예술로 먹고살 정도로 이름을 날리겠다는 의지를 어떻게 포기하지 않고 관철할 수 있을지, 뭐 그 정도였다. 아무도 사주지 않을지 모르는 그림을, 물감을 사서 계속 그려야 하지 않은가? 물론 미술에 대한 정규 교육 없이 그야말로 혼자서 그림을 그려

온 사람이란 점도 조금은 흥미를 끌긴 했다.

그래서 이야기를 시작했다. 그런데 그녀는 예상치 못하게, 가정 폭력 때문에 십 대 시절 가출한 이야기부터 시작해서 부모로부터 당한 상처와 학대 등 자신의 어두운 과거를 들려주는 것이다. 그런데 가정 폭력 때문에 가출한 것과는 별개로, 학창 시절에는 부모님이 엄청난 정성과 지원을 쏟았다고 했다.

"그 미친 교육열이 문제였어요. 줄곧 맞으면서 살았던 게 아니라, 부모님이 빚까지 내가면서 열정적으로 교육을 하셨지요. 대입 전까지는 한 번도 맞은 적이 없어요. 그런데 대학 실패가 확정된 날, 저는 기절하고 고막이 터질 정도로 맞았어요. 그날로 집을 나온 거예요. 아무것도 못 챙기고 그냥 맨몸으로."

"그럼, 이후에 다시 집에 가지 않았어요?"

"안 갔지요."

"부모님이 찾지도 않았어요?"

"네, 안 찾더라고요."

"찾았는데 너무 잘 숨으신 거 아니에요?"

그러자 부모님이 자신을 단 한 번도 찾지 않았다는 증거들에 대해 이야기해줬다. 나는 정말 혼란에 빠졌다. 어쩐지 나는 좀 이상하다고 느꼈다. 그래서 다시 물었다.

"자식을 때리고 찾지 않은 부모는 정말 잘못한 거고 이상해요. 그건 의심의 여지가 없어요. 그런데 작가님도 사실 좀 이상한 것 아닌가요? 가출한 후, 수많은 엄청난 일들을 당하셨는데, 차라리 집에 돌아가서 부모님께 잘못했다고 빌어볼 수도 있었잖아요."

그녀는 의아하다는 듯 반문했다.

"내가 무슨 잘못을 했는데요?"

"작가님은 아무 잘못도 하지 않았어요. 하지만 당장 가출해서 추위에 떨고 굶어서 쓰러지느니 집에 되돌아가는 게 보통 사람들이 하는 선택일 거예요."

"그래요? 그게 정상이에요? 전 한 번도 그렇게 생각해본 적 없어요."

작가는 심드렁하게 답했다. 나는 소신껏 내 생각을 읊었다.

"혹시 딱 한 번 가출한 딸을 찾지 않는 부모님이나, 집에 다시는 돌아가지 않은 작가님이나 어쩐지 닮았다고 생각해본 적 없어요? 잘못이 똑같다는 게 아니라, 성격 말이에요. 유전을 말하는 거예요. 그리고 작가로 성공하기 위해 필요한 고집이나 의지, 뚝심……, 이런 것도 그런 유전적 성향이 아닐까요?"

그러자 작가는 곰곰이 생각해보니 맞장구를 치기 시작했다. 그리고 부모님의 고집과 외골수적인 성향이 자기에게 그대로 유전된 것 같다는 예들을 많이 들려줬다. 그리고 덧붙였다.

"나는 지금까지 내가 저주받아서 태어난 인간이라고 생각했어요. 평범한 사람들은 한 번 겪기도 힘든 불행이나 사고를 너무나 여러 번 겪어서요. 하지만 용서할 수 없는 부모님의 행동들이 사실 나에게도 물려준 유전적 성격에서 비롯됐다는 생각은 지금 처음 해봤어요. 그 성격 때문에 지금 나의 성공이 가능하다는 것도 어쩐지 조금 납득이 돼요."

아무런 공통점이 없다고 생각했던 작가에게서 갑자기 내 모습이 보였다. 그녀에게서 발견한 나의 모습은 역시 성장 과정에서 괴로웠던 부모님과의 불화와 상처였다. 물론 나는 그렇게 심하게 맞은 적도 없고 가출하지도 않았지만, 불화와 상처를 이해하는 방식에서는 그녀와 같았다. 부모님이나 내 자신 중 누가 잘했는지, 잘못했는지의 문제를 떠나서 생각해야 함을 깨달은 것이다.

나에게 고통이던 부모님의 행동이나 말의 배경이 되는 유전적 성향은 무엇인지 생각해봤다. 남에 대해서는 잘 보이지만, 내 자신을 연구하는 것은 어려운 일이다. 부모님과 나는 도무지 공통점이라고는 하나도 없다. 부모님과 나를 동시에 아는 사람 중에 나보고 부모님의 성격을 닮았다는 사람은 아무도 없고, "너 같은 성격이 너희 부모님 밑에서 나오다니 신기하다."라는 말은 많이 들었다.

실마리는 바로 여기에 있었다. 날 괴롭게 했던 것은 부모님의 극단적인 불안감이었다. 모든 일이 잘 안 될 것이라는 불안으로 내 행동을 통제하신 것이다. 반면 나는 극단적으로 자유로웠다. 그저 반항이 아니라, 그것을 뛰어넘을 정도로 자유로운 것 말이다. 가출해도 12시간이 채 안 돼서 내가 졸리고 배고프면 조금의 자존심이나 주저함 없이 그냥 귀가해 버렸다.

'가출했다고 뭐 꼭 며칠 밤을 새야 하나? 싫으면 그만두지 뭐.'

이렇게 반대되는 성향 안에 부모님이 가진 불안이 내 안의 어디에 있을까 찬찬히 생각해보았다. 이 오랜 생각들은 내 지극히 개인적인 시시콜콜한 일상사이므로 생략하겠다. 다만, 나도 드디어 46년 만에 처음으로 부모님의 불안을 내 안에서 찾은 것이다.

그분들의 불안감은 내 안에서 타인에 대한 민감함으로 드러난 것 같다. 타인이 하는 이야기를 예민하게 듣는 습성 말이다. 그리고 부모님의 불안으로부터 달아나겠다는 강력한 동기는 나를 느리고 낙천적인 사람으로 만들었다. 타인에 대한 예민함과 낙천(혹은 게으름)이 합쳐져서 나는 대강 살면서도 즐거울 수 있는 것 같다. 부모님이 지금도 극단적으로 부정적이고, 미래를 불안해하고, 자식들이 희희낙락 기뻐하는 것을 좋지 않게 보는 딱 그만큼 나는 반대로 즐겁다는 것을 처음으로 깨달았다.

즐겁다는 것이 내 장점인 것만은 아닐 것이다. 너무 즐겁다 보니 치열하게 목표를 정해 도전하는 힘이 약하다. 이는 장단점, 잘잘못의 문제가 아니다. 나는 드디어 내가 어디에서 왔는지 희미하게 깨닫기 시작했다. 물론 그렇다고 상처가 아프지 않은 것도, 부모님에 대해 갑자기 살가운 마음이 생긴 것도 아니다. 행해진 행동과 뱉어진 말이 사라지는 것은 아니니까.

다만 유전이든, 같은 생활 환경을 공유하기 때문이든 가족들은 닮는다. 그런데 가장 닮지 않는 것도 역시 가족이다. 우리 집 두 아이들만 봐도, 둘이서 어떻게 이토록 다를 수 있는지 매일 놀랍다. 혈연관계는 아니지만, 남편과 나도 마찬가지로 너무나 다르다.

그런데 과연 그럴까? 어쩌면 가족은 공유하는 특성을 바탕으로 자신의 특별함을 만들기 위해 다름을 선택하는지도 모르겠다. 흔히 형제자매들끼리 자신의 독특함을 드러내기 위해 형제와 다른 것을 선택하는 심리적 기제에 관해 이야기한다. 이런 눈에 보이는 동기 말고, 가족끼리 주고받는 상처에도 어쩌면 같은 원리가 숨어 있는 것은 아닐까? 같기 때문에 상처를 주고, 또 그런 같은 성향으로 인해 그 상처를 넘을 수 있는 힘이 있는 것이다.

내 친정 엄마에서 나로, 그리고 우리 집 둘째로 이어지는 명백한 유전적 성향 하나가 있다. 부주의해서 쉽게 넘어지고 멍들고 다친다. 어려서 내가 다치고 오면 엄마는 나를 마구 혼냈다. 내가 일부러 다친 것도, 남을 다치게 한 것도 아니고 당장 아파 죽겠는데 화를 내니 엄마가 미웠다. 그런데 나는 둘째가 다치면 조치가 필요하지 않은지만 확인한 후 무심하다. 애 아빠는 위로해주고 달래주느라 법석인데 말이다. 친정 엄마가 나의 아픔까지 마치 당신이 아픈 것처럼 예민하게 받아들여서 나를 혼낸 성향과 강도로, 나는 최선을 다해 아이의 아픔을 보지 않으려고 하는 것 같다. 둘째가 다쳐서 한바탕 울고 시간이 흐른 후 아이를 불렀다.

"네가 다쳤는데도 엄마가 달래주지 않아서 섭섭해?"

"응, 조금. 하지만 보통은 너무 아파서 그런 생각할 정신이 없어."

"다행이다. 엄마는 네가 아픈 게 너무 싫어서 아무 일도 안 일어난 것처럼 행동하는 거 같아."

"엄마는 엄마 하고 싶은 대로 하는 게 나도 좋아."

가족은 내가 어떤 사람인지 알게 해준다. 나와 같고, 나와 다른 모습으로. 물론 나를 아는 일은 때로 상처가 되기도 할 수 있겠지만.

무엇이든 열려 있는, 최첨단 가족

한 매체와 인터뷰를 했는데, 답변이 길지도 않고 딱히 어려운 질문이 아닌데도 하루 종일 쓰고 지우고를 반복하면서 고생했다.

'돈을 덜 쓰는데', '건강한 식사를 하는데', '물건을 사지 않는다고 하는데', '아이들이 학교 성적 경쟁에서 벗어나서'…….

질문들은 이렇게 시작해서 구체적인 방법이나 어려운 점, 다른 사람에게 들려줄 조언들을 물어보았다. 우리 가족의 현재 상황을 얼핏 보면 물건을 거의 사지 않고, 아이들이 학교 성적에 대한 스트레스 없이 지내는 것은 맞다. 그런데 이런 것들이 우리에게 최종적이고 중요한 가치인 적은 없다. 돈 같은 경우, 아껴 쓰겠다고 의식적으로 목표를 세우고 치열한 노력을 했던 이유는 오히려 집을 늘려가려고 돈 벌 궁리를 하고 애쓰던 시절이었다. 그걸 멈춘 것도 그만두겠다는 결단이기보다는 일단 '우리가 원하는 만큼 쓰고 산다면, 그 액수는 과연 얼마일까? 단, 우리가 진짜 원하는 만큼을 알아보자.' 하는 생각에서였다. 이 액수를 알고 나서, 거기에 맞춰 더 벌어야 한다면 그래야겠다고 생각한 것이다. 그래서 처음에 남편이랑 둘이서 놀기 시작했을 때에는 여러 카페를 찾아다니면서 디저트를 먹는 데에만 한 달에 수십만 원씩 쓰기도 했다. 그러다 보니, 어떤 방법이나 과정상의 어려움을 대답하기 전에 주어진 질문에 대해 딴지 거는 듯한 답을 하게 되는 것이다.

우리가 최대한 돈을 안 쓰는 건 아니다. 오히려 정확하게 말하자면 최대한 만족할 만큼 쓰려고 한다. 삶이 편해지고 풍요를 누리기 위해서라면 뭐든. 우리는 수도자도, 사회운동가도 아니고, 어떤 주의를 신봉한 적도 없고, 행복하게 살고 싶은 평범한 사람들이다. 한 달에 한 번씩 코스트코에서 세일 정보를 담은 안내가 오는데, 온 식구들이 돌려가면서 열심히 본다. 사인펜 들고 신나게 동그라미까지 친다.

그런데 막상 사려고 하면 우리 전체 생활의 질이 떨어질 것 같다는 사실을 알게 되는 것이다. 예를 들어, 최근에 온 가족이 다른 집에 초대받았을 때 에어프라이어로 튀긴 감자튀김을 먹어보고 너무 맛있어서 우리도 사기로 했다. 그런데 에어프라이어를 어디에 둘지 생각해보는 것이다. 겉보기에는 부엌에 아무것도 없는 공간이 많지만, 우리는 빈 작업대에서 다함께 정말 많은 것들을 만들 수 있다. 피자를 만들기 위해 함께 밀을 갈고 반죽을 만들어서 숙성시키고 넓게 밀어 재료들을 얹은 후, 마침내 구워진 피자를 함께 꺼내며 탄성을 지르면서 어떤 맛일지 궁금해하는 일에서 얻는 만족감이 아주 크다. 미소된장을 만들기 위해 온 가족이 함께 콩을 짓이기고, 몇 달에 한 번씩 얼마나 익었나 보려고 다 같이 모여 맛을 음미하며 이야기를 나누는 일도 마찬가지다.

　에어프라이어는 사지 않았지만 이미 산 것들을 예로 들어보면 전기 오븐, 압력솥, 온도 조절기 같은 것들이 있다. 피자를 굽기 위해 야외에 장작을 때는 흙 오븐을 만들까도 생각해봤다. 하지만 장작으로 오븐 온도를 조절하는 것이 얼마나 어려운 일인지 알게 됐다. 그래서 버튼만 몇 번 누르면 되는 전기 오븐을 쓴다. 콩을 삶는 것도 옛날에는 끓어 넘치는 솥 앞에서 몇 시간씩 있어야 했다는데, 요새는 압력솥 성능이 너무 좋아서 화력과 타이머만 맞춰 놓고 딴짓을 하다 30분이 지나면 다 완성된다. 요구르트, 된장, 낫토 등의 발효도 온도 조절기가 있어서 너무 쉽고 편하다. 옛날에는 직접 온도를 느끼면서 조절할 수준이 되기 위해 오랜 시간 장인에게 전수받아야만 알 수 있는 것들을, 지금은 현대적 기기 덕분에 혼자서도 금방 배울 수 있다. 품질 좋은 밀이나 콩을 엄청 싼값에 살 수 있는 것은 말할 필요도 없다.

　이 모든 것들은 이 시대의 혜택과 우리만의 개인적 결정이 합쳐진 것이다. 에어프라이어를 사서 행복해지는 사람도 있고, 직접 몇 시간씩 장작불을 조절하면서 행복한 사람도 있다. 빵을 굽는 베이커들이 쓴 책에서 몇 번이고 읽는 구절이 있다. 아침이 밝기도 전 추운 날씨에 야외로 나가 곱은 손으로 잘 마른 장작에 천천히 불을 붙이고, 그 불이 생명력을 가지고 조금씩 자라나는 걸 관찰하면서 그 속도에 맞춰 장작을 배치하고 추가하는 긴 시간의 고독과 엄숙함에 대해서. 장작불로 구운 빵이나 피자가 더 맛있다거나, 친환경적이라거나, 더 행복을 준다거나 하는 건 중요하지 않다. 자신만의 행복을 찾는 방법, 그것을 느낀 과정을 스스로 알아내기로 작정하면 에어프라이어를 사서 느낄 수도 있고, 전기 오븐을 사서 느낄 수도 있다.

　옛날 방식이기 때문에 행복한 것도 아니고, 혹은 반대로 현대적인 기술이라서 행복한 것도 아니다. 자신만의 행복을 설계할 수 있기 때문에 행복한 것이다. 그게 가능한 것은 우리가 사는 세상의 발전된 기술과 풍요로움 때문이다. 그래서 우리는 공산품이든 뭐든 물질 문명을 거부하겠다고 생각한 적이 없다.

　이렇게 구체적인 목표나 방법이 없는데도, 여전히 어떤 방향으로 나아가는 일은 어쩌면 불가능하게 느껴진다. 때로는 이것저것 좋은 것만 취하려고 하는 기회주의처럼 보이기도 한다. 나도 헷갈릴 때가 많다. '과연 이게 맞는 걸까?' 스스로에게 질문을 던지는 일이 때로 피곤하다. 그럴 때 가끔 떠올리는 하나의 건물이 있다.

　시애틀에 있는 6층짜리 상업용 건물인 불릿 센터. 이는 향후 최소한 250년 동안 상하수도나 전기 난방 공급 없이 완벽하게 자립할 수 있는 건물이다. 빗물을 받아 정화해서 쓰고, 하수 역시 자체 정화한다. 전기, 난방은 태양열로 충당한다. 몇 년 전, 이 건물의 투어 프로그램에 참가했다. 친환경 건축을 공부하는 학생 가이드의 설명을 듣고, 나는 친환경보다 더 큰 깨달음을 얻었다.

　이 건물에 쓰인 기술, 자재, 공법 그 어떤 것도 최고나 최첨단은 없다. 대신 설명에 의하면, 진정한 첨단은 '대화'라고 했다. 건물의 세세한 부분을 담당하는 엔지니어, 자재 도매업자, 허가를 내주는 공무원과 주변 시민들 모두가 함께 자신이 아는 것들을 나누면서 이뤄진 결과다. 눈에 보이는 이 근사한 기능의 건물이 주인공이 아니다. 작은 부분을 담당하는 사람들이 아무리 작고 사소한 것이라도 자신이 아는 것을 모조리 내놓고 다른 부분들과 합해졌을 때, 그 미미한 장점들이 모이는 과정이 바로 주인공인 것이다. 그걸 누군가 혼자 한 것도 아니다. 물 한 방울을 아끼거나 0.1퍼센트라도 효율적으로 정화하는 것보다 더 중요한 것은 진정한 대화였다. 자립하는 건물은 그러다 보니 저절로 생긴 결과물이었을 뿐이다. 내가 건축 용어를 아는 것이 없어서 정확하게 옮기긴 어렵겠지만, 핵심은 다음과 같다.

먼저 에너지를 아끼기 위해 가장 중요한 과제는 단열이었다. 단열을 위한 건축 공법이 있었는데, 문제는 자재가 공법과 맞지 않았다. 공법을 포기하려고 했는데, 이 이야기를 들은 건축자재 도매업자가 지금은 쓰이지 않는 옛날 자재를 아이디어로 내놓았다. 단열 효과는 좋았는데, 그것을 활용할 공법이 없던 시절에 포기되어 그동안 모두들 잊고 있던 것이다. 그런데 그 자재를 저비용으로 다시 생산하는 것도 문제였다. 이번에는 생산업자가 자신이 알고 있던 옛날 방식의 비용 절감 방법을 내놓아서 해결됐다. 즉, 무조건 새로운 기술과 발견만이 문제를 해결하는 것이 아니다.

두 번째, 건물을 짓는 것과 사용하는 사람이 분리되지 않았다. 건물의 자립 여부는 사용해봐야 알 수 있다. 예를 들어, 보통 사무실의 창고는 창문이 없는 구석에 설치되는데, 이 건물은 자연광을 최대한 활용하기 위해 거의 대부분의 벽에 창문이 설치됐다. 자연히 창고는 중앙에 위치했다. 그리고 엘리베이터 사용을 줄이기 위해 전망이 가장 좋은 곳에 속이 탁

트이도록 계단을 넓게 배정했다. 강요하지 않아도 저절로 계단을 사용하고 싶게 만들었다. 물론 사용자들이 실제로 그렇게 행동하지 않는다면 건물의 자급은 달성될 수 없었다. 사용자들의 에너지 소비를 통제할 수 없으니 말이다. 그런데 실제 사용이 시작되고 나서 사람들은 친환경을 위해서가 아니라, 예전에는 알지 못했던 동기와 즐거움으로 새로운 행동을 했다. 정말로 계단의 전망이 좋아서 걸어 다니고, 둥글게 배치된 사무실 동선이 일하는 사람들과의 소통에도, 자연광을 이용하는 측면에서도 좋다는 것을 발견한 것이다.

가이드는 불릿 센터가 '살아 있는 빌딩'이라고 설명했다. 자급하고 자립한다고 해서 외따로 존재하는 것이 아니라 과거와 현재, 기술과 철학, 주변 자연환경과 인간이 만든 모든 조건들 사이의 끊임없는 대화 덕분에 살아 있을 수 있다는 것이다.

다시 생각해보니 우리 가족은 어떤 주의도 따르지 않지만 삶을 기회주의자처럼 헤쳐 나가는지도 모르겠다. 좀 더 풍요롭고 좋은 것을 더 많이 누리겠다는 방향으로 멈추지 않고 간다는 것 자체가 말이다. 주어진 기회를 알아채고, 실험해보고, 진화하고, 새로운 무언가에 항상 열려 있어서 이 과정을 반복한다. 또 이 과정은 결코 혼자 이뤄지지 않는다. 우리 가족 안에서 '대화'로 실천한다. 이 대화는 일상적인 수다를 포함하지만, 결국 우리가 함께 만들어가는 살아 있는 가족의 구조물이 되어간다.

에필로그
우리 가족을 소개합니다

나는 아침에 일어나 하루 중 처음 듣는 소리가 만날 똑같다. 일어나자마자 눈을 비비며 엄마 방으로 비틀비틀 들어가서 인사를 건넨다.

"엄마, 안녕."

엄마는 대답을 한다.

"아, 그래. 어떻게 됐어?"

"응?"

"대답 안 하면 못 나가."

그럴 때마다 난 무슨 얘기를 할지 너무 혼란스럽다. 어떻게 됐냐고? 방금 자고 일어났는데, 어떻게 될 일이 없지 않은가. 그런데 엄마는 이 질문에 대답하지 않으면 못 가게 한다. 그래서 매일 조금 다른 걸 얘기해본다. "잤어.", "일어났어.", "꿈 안 꿨어."……

그러면 엄마는 "음, 그래. 이제 가."라고 하고, 그럼 나는 방을 나간다.

하루의 시작이 이렇게 황당하고 웃기지만 이후에는 엄마가 나한테 잔소리하는 게 없다. 내가 공부를 하는지, 안 하고 뭘 하는지 그냥 내게 맡긴다. 그래서 매일 아침 엄마가 날 부르는 것도 아닌데, 내가 먼저 엄마 방에 찾아가는 것이다.

대부분의 아침엔 동생을 보지도 못한다. 내 온라인 수업이 시작되는 시간과 동생이 학교 가는 시간이 달라서, 동생은 나보다 거의 1시간 반 일찍 일어나야 하기 때문이다. 보통 다른 가족들이 이런 상황이라면 부모님이나 언니 등 누군가 어린 동생의 등교 준비를 도와준다고들 하는데, 우리 집에선 일절 그런 일이 없다.

내 동생은 아주 얌전히 침대에서 일어나 문도 조심스럽게 여닫고, 쥐보다도 더 조용하게 스스로 등교 준비를 한다. 그러곤 아무도 깨우지 않으려고 인사도 없이 스쿨버스를 타러 간다. 물론 내가 일찍 일어나 동생의 얼굴을 마주하는 날도 있다. 그럼 동생에게 "안녕." 인사를 하는데, 동생은 그에 대해 아주 조용히 속삭이며 답한다.

"언니, 안녕."

그리고 등교를 하는 동생이 너무 귀엽다. 한번은 궁금해서 동생한테 물어본 적이 있다.

"혹시 넌 혼자 일찍 일어나서 조용히 준비하는 거 싫지 않아?"

동생은 조금 생각을 해보다가 이렇게 대답했다.

"음, 조용히 하려면 많이 신경 써야 하지만, 그래도 나 혼자 준비하는 거 재미있어."

나는 이런 느낌을 이해한다. 왜냐하면 나도 그랬으니까. 나 역시 더 어려서부터 혼자서 학교 갈 준비를 다 하는 것이 어쩐지 자유롭고 어른 같은 기분이 들어서 좋았다.

우리 집에서 잔소리하는 사람은 엄마가 아니라 아빠다. "빨래해라.", "이것 좀 치워라.", "공부해라.", "대학 준비해라.", "생각 좀 하고 살아라." 등은 모두 아빠가 하는 말이다. 아빠가 이럴 때마다 엄마는 "아이고, 애한테 왜 그래? 애 좀 놔둬!"라고 한 번 말하곤, 그다음엔 모르는 체한다. 가끔 나는 아빠의 잔소리 때문에 화가 난다. 그래서 우리 집에서 제일 많이 싸우는 게 나랑 아빠다. 서로 큰소리는 안 내지만 조용히 노려보면서 툴툴거린다.

아빠 성격 중 가장 거슬리는 게 있다. 아빠는 대부분 먼저 미안하다고 하는데, 말로 미안하다고 하는 게 아니라, 괜히 내게 다가와서 맛있는 걸 주며 "먹을래?"라고 한다. 처음 몇 년 동안은 난 이게 아빠 방식의 미안하다는 표현이란 걸 이해하지 못했다. 그래서 아빠가 그럴 때마다 짜증이 났다. 그런데 자라고 나서는 언젠가부터 '이게 한국 아빠들의 방식인 건가? 사랑을 표현하는 거구나.'란 생각을 했다. 그 후로 이제 우리 집에서 서로 음식을 나누며 마음을 표현하는 사람은 아빠와 나, 둘이 되었다.

다른 사람들이 우리 가족의 이야기를 들으면 "너무 이상하다."고 한다. 우리 가족은 보통 사람들이 스트레스 받거나 나쁜 일이라고 생각하는 것에 대해 함께 웃다 보면 오히려 기쁨을 얻는다. 우리 같은 가족은 세상에 없을 거라고 믿는다. 우리가 최고의 가족이라는 게 아니라, 우리는 각자 자유롭고 즐겁다. 그래서 이상한 게 사실이지만, 즐겁게 산다는 게 중요하다.

나는 아주 어렸을 때, "엄마처럼 되고 싶다."는 이야기를 아주 쉽게 했다. 물론 나도 크면서 이 마음이 바뀌지 않을까 생각했다. 하지만 이제 만 18세인 나는, 이를 더 확신하게 됐다.

우리 가족 관계처럼 행복을 주는 게 내 인생에 없다. 친구들이나 학교에서 지내는 시간도 즐겁지만, 가족과 있을 때에는 더 좋은 모습을 보이려고 노력하지 않아도 돼서 편하다. 그냥 내 자신이면 충분한 것 같다. 그래서 엄마, 아빠, 동생도 각자 자기만의 모습으로 편하게 있어도 된다. 그런 가족관계를 나도 만들고 싶다. 그래서 나도 빨리 아이를 낳고, 또 행복하고 이상한 가족을 만들고 싶다. 엄마, 아빠가 만든 것보다 더 즐거운 가족 말이다. 내가 젊은데, 엄마보다는 더 잘할 수 있지 않을까?

(나는 이 글에 진심을 담고 얘기했습니다. 한국어가 서툴러서 제대로 표현 못한 느낌도 드는데, 의미가 잘 전달되기를 바랍니다.)

_김세민(큰딸)

오히려 최첨단 가족

초판 1쇄 발행 2021년 12월 20일
초판 2쇄 발행 2021년 12월 25일

글 박혜윤
펴낸이 강재인
디자인 [★]규
펴낸곳 책소유

등록 2017년 12월 4일(제666-98-00428호)
주소 (16025) 경기도 의왕시 내손로57, 1406동 16층 4호
전화 070-8624-5528
팩스 0505-350-4545
이메일 emma_book@naver.com
홈페이지 http://booksoyou.com
인스타그램 @booksoyou

ⓒ 책소유 2021, Printed in Korea.
ISBN 979-11-962540-9-4 (03190)

- 저작권자나 발행인의 허락과 승인 없이 이 책의 모든 글과 그림, 디자인을 무단으로 복사, 복제, 전재하는 것은 저작권법에 위배됩니다.
- 잘못된 책은 서점에서 교환해 드립니다.
- 책값은 뒤표지에 있습니다.